浙江工商大学文化精品研究工程

改革开放40周年浙商研究院智库丛书

朝廷之厨

杭州运河文化与漕运史研究

周鸿承 / 著

浙江工商大学出版社 | 杭州
ZHEJIANG GONGSHANG UNIVERSITY PRESS

图书在版编目(CIP)数据

朝廷之厨:杭州运河文化与漕运史研究 / 周鸿承著.
—杭州:浙江工商大学出版社,2018.12

ISBN 978-7-5178-3083-2

Ⅰ.①朝… Ⅱ.①周… Ⅲ.①运河—文化研究—杭州
②漕运—交通运输史—研究—杭州 Ⅳ.①K928.42
②F552.9

中国版本图书馆 CIP 数据核字(2018)第 277558 号

朝廷之厨:杭州运河文化与漕运史研究

CHAOTINGZHICHU: HANGZHOU YUNHE WENHUA YU
CAOYUNSHI YANJIU

周鸿承 著

责任编辑	唐 红 谭娟娟
封面设计	王妤驰
责任印制	包建辉
出版发行	浙江工商大学出版社
	(杭州市教工路 198 号 邮政编码 310012)
	(E-mail:zjgsupress@163.com)
	(网址:http://www.zjgsupress.com)
	电话:0571 - 88904980,88831806(传真)
排 版	杭州朝曦图文设计有限公司
印 刷	杭州高腾印务有限公司
开 本	710mm×1000mm 1/16
印 张	13.5
字 数	211 千
版 印 次	2018 年 12 月第 1 版 2018 年 12 月第 1 次印刷
书 号	ISBN 978-7-5178-3083-2
定 价	48.00 元

丛书编委会

总 主 编：陈寿灿

副总主编：李　军

副 主 编：范　钧　鲍观明　吴　波

编　　委（按照姓氏笔画）：

于希勇　马　良　马淑琴　王江杭　刘　杰

肖　亮　余福茂　周鸿承　姜　勇　宫云维

徐　锋　徐越倩　高　燕　陶　莺　黎　常

总　序

　　当代中国社会 40 年的改革开放历程与当代浙江发展的"浙江模式"及当代浙商的成长是一个相互辉映、互促互进的动态历史进程。一方面，当代中国改革开放伟大进程既成就了当代"浙江模式"的发展奇迹，也成就了当代浙商的辉煌，并因此成为考察"浙江模式"与浙商成就的基础视界；另一方面，当代"浙江模式"与浙商以其自身的耀眼成就与成长轨迹诠释了中国改革开放 40 年的时代特点，涉及各历史时期的政治、经济结构性样态与转型范式。 与之相应的是，作为改革开放之潮头阵地的浙江经济及作为改革开放之急先锋的浙商所代表的发展理念、未来趋势也在某种程度上指明了当代中国全面改革开放的可能方向。

　　所谓"浙江模式"，是指在由计划经济向市场经济及由农业社会向工业社会转型的进程中，发源于"温州模式"的以市场为主导、民营经济为主体及服务型地方政府建设为特征的当代中国改革开放进程中最具活力的经济模式。 "浙江模式"的最主要特色在于创新——特别是通过民间尝试性制度创新——形成了民间投资、民间运营和民间分享的"民有、民营、民享"的自我循环体系，型塑了内生型的自组织的增长动力系统，并在结合社会发展与政府治理模式创新的基础上，较早且较为系统地解决了经济体制改革中的企业改制与产权改革等问题。 可以说，"浙江模式"极为动态地呈现了经济体制改革图景中社会发展的内生型逻辑：一方面，制度变革首先为个体私营经济、民营经济的发展开辟了道路，并因此成为促进当代中国个体经济、民营经济发展的直接力量；另一方面，基于个体创业或集体创业的浙江个体私营经济和民营经济发展实践，成为中国改革开放的先锋，并为制度变革提供了坚实的基础和实践依据，从而成为推动制度变革的积极力量。

20 世纪 90 年代以后，"温州模式"扩展至台州、宁波、绍兴、金华和杭州等地。进入 21 世纪，"浙江模式"又率先在乡村振兴、电子商务、海外并购、绿色金融等领域迅速发展，极大地拓展了"浙江模式"的恢宏图景，不但在当代中国改革开放与现代化建设中的道路开创与引领方面有所建树，更重要的是，"浙江模式"还在当代中国发展的"中国经验"的型构中，为全球发展中国家的发展提供了极其有益的"中国道路"与"中国方案"的战略借鉴。因为，在本质上，"浙江模式"代表的是新兴的中国特色社会主义市场经济模式，是中国特色社会主义道路的基本方向与策略指引下的市场经济，而"浙江模式"的成功代表了中国道路与中国方案的科学性与有效性。

当代浙商是浙江模式的最先锋力量，他们因特色的发展道路与辉煌的成就成为当代中国社会经济领域最引人瞩目的群体。当代浙商，萌芽于 20 世纪 70 年代末期即改革开放初期，在 80 年代商品经济和市场发育的进程中积聚了最初的资本力量；而后，在 90 年代市场经济体制建构的实践中迅速成长，并伴随着国有经济战略性调整和企业改制、产权改革等一系列的改革绘就了恢宏的浙商新画卷。当代浙商在 90 年代之前的发展历程，最为生动地呈现了他们自主改革、自担风险、自我发展、自强不息的"四自精神"。进入 21 世纪以来，当代浙商又成为中国经济融入全球化进程的先锋力量，迅速在经济全球化的进程中积极布局，在世界创业与全球并购中崭露头角。可以说，在当代中国，特别是在改革开放以来的社会进程中，当代浙商因其在国内外众多经济热点领域中的活跃表现与巨大成就而成为被公众广泛认可的地域性商帮。它既充分诠释了当代中国改革开放的伟大进程，又深刻揭示了作为浙商成长的"浙江模式"的实践价值。尤其值得关注的是，不论是当代浙江经济发展的"浙江模式"还是当代浙商创造的巨大成就，都离不开特定的文化支撑与引领。马克斯·韦伯在其《新教伦理与资本主义精神》一书中阐明了一个关于经济发展与文化支撑的真理性命题，即"任何形态的经济发展都必定内蕴了特定的文化力支撑，缺少这种文化力的支撑，任何形态的经济发展都不可能获得持续的生命力"。这一命题说明，当代浙江经济发展必定基于特定的文化力支撑，毫无疑问，浙学传统才是浙商文化、浙江经济发展的源头活水。而浙学传统所代表的并非一般意义上的地域性学术，因为，无论是从其学术要旨的维度还是从其学术的实践精神维度考察，浙学传统所代表的其实是中国传统文化的承继与创新性发展，并在这种承继与创新性发展中成就独特的浙商精神，其要旨有三：①以义和利的义利观。浙商精神中的以义和利的义利观既是对儒家传统的义利观的继承，又在永嘉事功学说的基础上有所开掘：一方面，永嘉事功学说的基本旨趣在于经世致用，它承继了二程的"义为利之和"的义利观，强调义和利并没有绝对的分别，即所谓的"圣人以义为利，义安处便为利"；另一方面，永嘉事功学说虽提倡事功趣向，但其事功并非以个体功利为目标，并非如道学家所批判的"坐在利欲的胶漆盆中"那样，而是始终把国家民族的社会公利置于私利之上。叶适所倡导的即是"明大义，求公心，图大事，立定论"的"公利主义"精神。②知行合一。知行合一是阳明心学的核心要旨，一方面它强调知中有行，行中有知，反对把知与行截然二分化。故王阳明说："知是行的主意，行是知的工夫，知是行之始，行是知之成。"另一方面，阳明心学的知行与道德是高度一致的，在四句教中就有"知善知恶是良知，为善去恶是格物"，故此，其知行观内蕴了深刻的道德追求。正是这种以知善为善行的取向成就了浙商的儒商气度。③包容开放精神。从中国传统文化发展的角度看，两宋以来，浙学绝非只意味着狭隘的地域性文化发展：永嘉学派、金华的婺学代表了儒家文化在浙江的传承与发展；象山心学虽盛于赣，但象山之后心学的最盛况发展却仍在浙江，先有甬上心学承象山衣钵，后有阳明心学之气象大成。朱氏闽学源于且盛于福建，但朱熹之后，闽学在黄榦之后便转向浙江，黄震是闽学在浙江最具代表性的学者，也是闽学后期最具代表性的学者。由此不难看出，浙学发展最为完美地体现了创新与融汇乃是成就学术气象的根本。在浙学激荡成长的过程中确立起来的浙江精神、浙商传统也因此成为最富于包容与开放的精神。

值此当代中国改革开放 40 年之际，我们推出"改革开放 40 周年浙商研究院智库丛书"，拟在当代中国改革开放的恢宏图景中审视当代浙江经济、社会发展的"浙江模式""浙江经验"与"浙商精神"，既在历史的回溯与反思中深究未来浙江发展的应然方向与实践路径，又在"浙江模式""浙江经验"与"浙商精神"的系统阐述中挖掘后发地区可资借鉴的思想资源与实践经验。收入本丛书的研究成果，不同于传统意义上的浙江经济发展研究与浙商研究，它们不求面面俱到，但求视界独特；不求论述系统，但求思想创进；它们既着眼于揭示当代浙江经济社会发展与浙商精神的文化真谛，又努力澄清人们在相关问题上的认知误区。

《中国范本：改革开放 40 年义乌国际贸易综合改革的理路与成就》一书通过介绍改革开放以来义乌市场的发展历程，义乌国际贸易综合改革试点的确立与进展，"一带一路"背景下义乌市场竞争新支点、电子商务与物流业的新发展等内容，展现了义乌打造国际贸易综合改革的创新之路。《以利养义：改革开放 40 年浙商参与公益研究》则从改革开放以来社会主义市场经济体制建立与完善的视角解读了浙商及其文化，并从企业家的社会效应维度审视了浙商的公益参与，阐明了浙商的公益参与在促进经济增长和社会进步方面的重要作用。《中国模式：中国跨境电商综合试验区试点实践与创新经验》在全面回顾当代中国改革开放 40 年以来电子商务及跨境电商发展历程、趋势与动因的基础上，从微观、中观和宏观的角度系统阐述了跨境电商相关理论；在总结我国跨境电商综合试验区试点背景与历程、试点方案、试点成效与存在问题的基础上，从业务模式、"单一窗口"、产业园区、物流模式、制度创新的角度系统阐述了我国跨境电商综合试验区试点的主要内容和实践创新，并从杭州、宁波、义乌跨境电商综合试验区试点建设背景与基础、现状与问题、成效与对策的角度总结了跨境电商综合试验区试点的浙江经验。《治理转型：浙江服务型政府建设研究》主要论述了浙江省服务型政府建设在简政放权、规制权力、效率提升和民生保障等方面的经验，并提出了服务型政府建设的未来趋向。《"撤村建居"：人的现代化和社区融合》一书以多元中心的理论为主导，主要探讨了"撤村建居"社区的基层社会治理以及基层社区重建与"城市化"建设方面的重要问题，阐明了突破"城乡二元分治"的基本路径及如何通过完善基层民主自治实现"人的城市化"等问题。《健康浙江：社会健康治理的方法与实践》一书以当代中国改革开放 40 年为背景，系统梳理了"健康中国"发展的主要脉络，并在中日社区健康教育比较的基础上，阐述了浙江杭州市 30 个街道、300 个社区在社区健康教育方面的典型案例和成功经验，阐明了将社会工作方法融入公共健康教育，以及从以卫生管理与控制为目的的行政主导型健康教育到个人自发参与学习的以居民需求为核心的公共卫生健康教育发展的实践路径。《浙商与制度环境的共生演化：企业家精神配置的视角》一书基于企业家精神配置理论，对转型经济背景下浙商的行为进行解释，构建了企业家与制度之间的互动分析框架，并在总结不同时期浙商成长路径、机制和模式研究的基础上，从理论层面和实践层面诠释了浙商 40 年的技术创新和制度创新行为。《浙学传统与浙商精神》深入探究了浙江思想文化与社会经济发展的互动关系，阐明了浙江文化与浙学思想传统及浙江精神之间的内在关联，并揭示了浙学的基本精神对当代浙江乃至中国的经济社会发展、文化建设的重要价值和普遍意义，以及其中存在的一些问题。《中国商业史研究 40 年》是第一部针对改革开放以来中国商业史研究的学术总结类专著，作者系统梳理了近 40 年来的中国商业史研究及其走向，并简要介绍了相关的研究论著、研究团体和研究机构等。《南宋临安商业史资料整理与研究》通过对正史、地方志、笔记小说等有关南宋临安商业资料的整理，深入研究了南宋临安的商业状况，再现了700 多年前杭州商业的繁荣盛况。 《朝廷之厨：杭州运河文化与漕运史研究》一书通过中西方历史文献、档案资料的比较研究，立体地呈现了杭州历史上的漕运文化的历史变迁、演变特征与区域特点，并在大力倡议"一带一路"及大运河文化带构建的时代背景下，探讨杭州漕运文化的历史遗产价值。《〈童子鸣集〉笺注》在对《童子鸣集》进行点校的基础上，对童珮生平及交游进行了翔实的考证，并将相关成果以笺注形式呈现，在为学界提供扎实可靠的古籍整理文本方面有所建树。

整体地看，当代中国改革开放的 40 年，是浙江经济快速发展的 40 年，也是浙江经验、"浙江模式"发展的 40 年。"浙江模式"并不意味着一个固定的产业模式，作为一种具有典范性的发展模式，"浙江模式"的独特之处在于，它的每一发展阶段都是当代中国改革开放的先锋与旗帜，这里既体现了浙商的创新进取精神，也体现了浙商精神与浙学传统在当代浙江发展中的文化力，而这种创新进取的浙商精神与浙学传统的文化力恰是未来浙江经济、社会发展的不竭的动力源泉！

是为序。

陈寿山

2018 年 10 月 30 日

本著作是以下项目资助成果：

杭州运河(河道)研究院运河学研究课题"杭州运河漕运史研究"

序

　　周鸿承博士的《朝廷之厨：杭州运河文化与漕运史研究》一书即将付梓，可喜可贺！我从事运河史研究多年，每每憾于研究人才的缺乏以及研究选题的"冷僻"，而今读得此书，有眼前一亮之感。虽发于萌蘖，且待其婉琰。

　　在"大运河申遗成功"与"大运河文化带建设"的背景之下，运河之水有些"温热"。这种温热来自几千年河流本身积蕴的力量，也来自国势强盛背景下的文化自信。沸腾与冷却的辩证，也让运河的研究者们，将理性思考与感性情愫放置在一起，来考量作为研究对象的运河的真正价值与内涵。可以说，运河"本体"与"漕运政治"是以往研究的重点，而今"运输"之河道兼具了"文化传承"的功能，又或者说，运河的复杂性已经让其成为一个新的学术研究增长点。事实上，作为一个复杂的系统，大运河连接的不仅是地域意义上的南北、地理意义上的水系、经济意义上的市场、政治意义上的漕运军政，还有文化意义上的技术、生活、认同等内容，任何一个学科都无法实现对运河的整体认识。因此，观察运河，非若一行游览；研究运河，需要视角多元。

　　周博士本书的主旨意含二重：其一即是"从经济、社会、政治等多元视角探讨杭州漕运的历史"；其二"论述新时代杭州漕运文化在杭州城市现代化进程中所扮演的角色"。二者合一，以突出研究"重要的理论意义与应用价值"。这样的写作主旨虽是从杭州的地域性出发，但也能形成比较意义上的大运河整体性价值的判断；虽以历史上的

"漕运"立足，但又能突出大运河的现实功用。全书将经济、社会和政治三者融为一体，侧重于河道、漕运与政治变动关系的研究：既讨论漕运经济的政治性作用，商业市场的社会化发展，也探讨大众的观念、情感和心态；既研究河道的开挖疏浚的过程，也关注某个群体的社会地位及观念的流变；既注重文本的分析，也运用图片和地图考察已经成为中国符号的大运河的世界形象。

其实，从研究层面而言，对于区域性运河的研究，有两个问题必须要解决：一是区域性运河漕运与河道管理的特性，以及其存在会形成区域社会怎样的特殊发展轨迹；二是必须把区域性运河放置在整个运河，甚至整个中国社会发展的脉络中来讨论，以此来更细化地认识大运河形塑中国社会文化的作用。事实上，做到以上其中的任何一点都很不易。原因在于以下几点：首先，文献记载的统一性在很大程度上主导了研究者对漕运和河道工程建设的认知，若没有相对细致的资料，以及对文献资料仔细爬梳的功力，研究者难以在文献记载的大同小异中找到一个区域的特质。其次，受功能论的影响，运河与区域社会发展关系的研究，往往被局限在大运河"促进"或者"阻碍"区域社会发展的畛域中，而事实上，这种观点放置在整个运河区域无疑都是适用的。所以，进行运河史的研究，有贡献的做法是既要归纳特点，同时还应将更多的精力放在揭示漕运与社会、经济和人群如何互动的"机制"上面，明白在一定时间和条件之下，人们从事社会活动的最基本的行事方式，特别是办成事应该遵循的基本规律。如何解释运河区域社会内部的起承转合式的发展脉络，也往往因为学术价值观和细致资料的难以获得而被有意无意地忽略。再次，也是最重要的一点，运河流经多个区域，但是这些河段、区域、城市并非一个独立的个体，若只以地方史的切入点进入，那研究就会脱离"大运河"的背景与中国发展的轨道，或者说，一地一段运河的特点和价值，只有被放置在整个大运河和中国社会发展的过程中才能最容易被发掘。通览本书，作者试图在这些问题上进行创新性的研究。

杭州之于京杭，是空间上的一个端点，其承载了运河开挖、疏浚、漕粮中转运输的整个过程。从历史进程来看，《越绝书》所记肇始于春秋时期的百尺渎（钱塘江北）及钱塘江以南的"山阴故道"，即江南河和浙东运河的前身。虽然此时"钱唐县"或"杭州城"这样的县治或城址尚未出现，但在整个江淮、太湖及宁绍平原之上，运河系统已经相对完备。公元前222年，秦始皇始设钱唐县、余杭县（两者均隶属于会稽郡，郡治在今苏州市），并在原百尺渎等运河的基础上通过开凿通陵江等一系列运河工程，完成了南北贯通钱塘江、吴淞江、长江的完整江南运河。处于江南运河南端的钱唐县也因此得运河之利，既通漕运贸易，又行灌溉之利，地方经济得到进一步发展。隋开皇九年（589），废钱唐而置杭州，杭州之名首次出现在历史中。南北大运河的开通，杭州因为浙东和浙西运河的双重作用，而成为运河上的重要枢纽，并因兼具河港与海港的双重作用而迅速成为重要的"东南名郡"。五代时期，吴越国以杭州为都城，大规模地修建与扩张杭州城，运河也随之被纳入城内。其后南宋定都杭州，运河与杭州相互"成就"的关系日益明显，正所谓"南宋时期的运河文化使杭州成为孕育中国近世文化的摇篮"。可以说，自隋至南宋末年，杭州城内水网的畅通，是杭州城市正常发展的条件；运河对江河湖海的沟通性也保障了杭州城市位置和地位的稳定。从河政管理的角度，至宋代，杭州运河河道开挖与疏浚已基本完成。因此，管理已经不仅仅局限在疏浚河道方面，而是逐渐转化为对运河环境以及周边建筑的管理保护，这也正是杭州运河河道管理在这一时期所表现出的特色。例如，由于商业的快速发展，运河两岸的住户往往侵占纤道（纤夫拉纤的专用通道），盖造房屋，以利商贸。这种做法会直接导致运河河道狭窄，影响到漕运和商运。苏轼任杭州太守时，就极力遏制市民侵占运河纤道之风，对纤道管理进行立法保护。宋至元明清时期，杭州城市建设规模和布局，也凸显了明显的运河特征，"两市三镇"（湖州市、北关市、临平镇、塘栖镇、笕桥镇）、"九大粮仓及码头"是不同历史时期因运河交通所构建起来的商品交易市场与人群聚落；"城南左厢、城北右厢"也是在杭城"水路互市"的需求之下，城市版图的扩容。

如上，在追寻杭州与大运河关系的过程中，作者着意强调了"地点感"和"时间序列"，即在明晰的地点感的基础上，严格按照事件发生的先后序列重建历史的过程，不管是运河的开挖疏通，还是杭州城的建设与迁移，都在地域空间全息地反映了多重叠合的动态的社会经济变化的时间历程。

杭州漕运与整体漕运制度的发展历程基本一致。北宋时期，漕运制度逐渐成熟，形成了漕粮调配、收缴、发送、押运、下卸、进仓和储备的系统的管理。在漕运管理方面，两宋时期多有创举，如宋仁宗宝元元年（1038），设置发运司总理江南六路漕粮存储与运输，并借鉴利用刘晏和籴的经验，将平籴法应用于转般法，保障了地方漕粮代输京师的稳定性，也在客观上减少了谷贱伤农或谷贵伤民的现象。关于杭州地区漕运的种类，除漕粮外，漕船由南而北运行时所携带的商货还有农产品、棉纺织品、丝织品、油类、酒类、干鲜果品等各种食物和纸张、竹木藤各种杂货以及铁铜器、药材等，这反映了区域社会经济的发展与市场分工的建立。在漕运脉络的梳理过程中，作者特意强调了江浙漕运行帮会社的演变过程。南宋时期，杭州市场因为高度的商业化而造成的行业细化，形成了专业的市、行、团、作，这种行业的专门化组织形式也被运用到漕粮运输中，即所谓的"团并成纲"：漕船二十五艘组成一纲，而十纲为一团，与"小组"的纲相对的，则是"大组"的团。作者通过考证认为，这种组织形式被继承下来，明清时期的"帮"即是宋代团的翻版。

大运河是水利工程、漕运和商运通道，也是区域民众的基本生活场域，运河的畅通和断流，在很大程度上决定着杭州区域社会的发展水平和民众的生活方式、水平和状态。漕运制度与运河通道背后的权力争夺，不仅仅在中央、地方、商业、手工业组织之间展开，漕帮组织、河工组织、信仰人群乃至每一个生活在运河岸边的个体生命，都会参与其中，或多或少地影响着运河，又或多或少地被运河所改变。一条运河所呈现的，是真实生动的社会全景，是多重视野下的多层面相互叠加的鲜活历史。 因此，面向社会应更加重视"社会人"在结构变迁中的主观性作用和价值，这一方面可以解决运河区域社会稳定、变迁及内在发展动力的主体因素，另一方面，只有深挖"人"的日常生活的内容，即其劳作、交往、消费、娱乐、礼仪等层面的问题，在再现地域各阶层日常生活的真实而生动的历史场景和基本生活情态的基础之上，实现对区域自身社会发展特性、动力的综合性认识，进而完成人的主体价值和社会能动性的考察。 作者关于漕运经济与杭州城市生活及漕运习俗与信仰的研究篇章，就是在这样的框架中展开。

漕运与民众生活的最紧密、最直接的关系呈现即"语言和习惯"。 语言和习惯包含了一个地域民众的历史文化背景，也蕴含着人们的生活和思维方式。 杭州城市文化中有大量因运河而生成的行业与地域性语言。 南宋以来杭州对民间泛指的各行各业俗称为"五行八作"，每个行业中又有特殊的市语与隐语。 明代田汝成在《西湖游览志馀》一书中就写道："乃今三百六十行，各有市语，不相通用，仓猝聆之，竟不知为何等语也。" 这些语言之所以"仓猝聆之，竟不知为何等语也"，正说明行业的多样化以及民众生活的丰富性。 作者深入挖掘这些语言，对杭州运河区域民众生活鲜活的一面进行了生动的解读。

与其他区域相比，杭州民众民间信仰最大的特点莫过于河、江、海、溪交融交汇所形成的水神信仰的多样化。 其中既有大多数漕运区域都敬奉的金龙四大王、天妃，又有杭州区域特色的潮神、财神、仙人叔婆、路头神、龙王等。 尽管人格、自然神形成的时间、路径大同小异，但事实上都是官民博弈的拉锯战之中相互妥协并各自得利的形象塑造，是人群流动和文化影响的心理互通。 不同的是，在杭州，运河是江、海、湖、溪的沟通者，因此，其信仰带有很强的融合性。 当然，说到杭州，就必然会讨论到"罗教"的问题，由于未见新鲜资料，故关于其原发地的讨论，尚需进一步论证。

在有关运河人群的章节中，作者用更多的笔墨描述了因运河而形成的市场的开放性和多层次性。 隋唐大运河开通后，尤其是南宋时期浙东运河的作用十分明显。 杭州往北，商人可沿江南运河与太湖流域、长江流域和黄河流域互通往来。 商者从杭州北上可去湖州、苏州和常州，过常州继续往北，可抵东都洛阳。 杭州往东，走浙东运河，可东至明州（宁波），南至广东、福建等地，进而连接海外市场。 所以，较之其他区域，杭州商人群体更趋于"外向型"。 杭州为物资集散和中转站，不仅有本地出产的丝织品、锡箔、纸张等货品，还有来自湖州、嘉兴、金华、台州、宁波等地的土特产，它们又通过大运河和海运转售于各地，"以番舶日充贸易者，且遍于远洋绝岛，获利不资"。 可以说，内地与海外的沟通，得益于浙东运河以及钱塘江、新安江、杭州湾等水系，所以杭州凭借海运贸易，成为我国运河文化对外传播最为重要的贡献者。 商人群体于其中，应是最大的贡献者。从地方社会研究的角度来看，持续交易关系和利益斗争，即便并非自由市场，也有可能推动形成约束性的市场共同体和市场伦理，自由市场更是逐渐瓦解了以往的许多身份垄断，所以关于市场及商业发展所形成的社会分层及结构的变化等问题应该是更有价值的研究课题。

本书最大的创新莫过于对杭州河漕文化在海外传播与影响的记述与讨论，作者花费大量精力从不同历史时期、不同国家、不同身份的外国人的文献中搜索其对杭州的所见、所知、所感、所议，将大运河及杭州纳入到世界的范围之内，考量其世界性意义。 最为可贵的是，作者还选用了大量图片，将杭州运河河道、闸坝及沿岸的桥、寺庙、建筑、城市风貌、市井生活，鲜活地呈现在读者面前，既弥补了图像资料的欠缺，也让读者在"听邻居讲自家的故事"的过程中，了解他人眼中的"自我"。

文化层面的杭州之于"运河文化带"而言，不仅仅是这条线性人工河道上的一个地域性城市，更是一个与运河相关的社会文化生命体。 在这个社会文化生命体中，杭州本土知识系统一直以开放的姿态与外地政治、经济、思想等层面的价值观念交互作用。 同时，杭州在不同历史阶段（南宋）所创造与发展的运河文化体系，也成为大运河文化中极具有"中国意义"的内容之一。 因此，在"大运河文化带"

建设的新的"运河"时代，我们当然不能认为遥远的历史能够为我们今天所面临的问题提供现成的答案，这从来都不是历史研究的任务。但一项好的历史研究可以为我们揭示出行政管理、社会调控的矛盾以及解决矛盾的思考路径，尤其是依然在历史脉络延伸中流淌着的运河，之于今，是可以咀嚼的故事，更是可以品味的现实。正如意大利著名的历史学者贝奈戴托·克罗齐（Benedetto Croce）所说："当生活的发展逐渐需要时，历史就会复活，过去史就会变成现在。罗马人和希腊人躺在墓穴中，直到文艺复兴欧洲精神重新成熟时，才把他们唤醒……因此，现在被我们视为编年史的大部分历史，现在对我们沉默不语的文献，将依次被新生活的光辉照耀，将重新开口说话。"

吴　欣

聊城大学运河学研究院院长、教授

2018 年秋于山东

绪　论

在国家"一带一路"倡议及打造大运河文化带的决策下，该课题以杭州运河文化与漕运历史为研究对象，探讨杭州运河与漕运关系、杭州漕运经济与杭州城市生活、杭州漕运税收管理制度、杭州漕运习俗与社会信仰、杭州漕运文化在海外的传播与影响等具体内容。 杭州运河水系是沟通古代中国陆上丝绸之路及海上丝绸之路的重要交通通道。 位于钱塘江畔的杭州，距离宁波这样的深水海港不远。 杭州十分便利地成为近代以来中国内陆贸易集散中心和海外贸易中转站。 基于浙东运河与浙西运河交汇处的杭州，该以怎样的发展格局来审视自己的未来，同样是本课题尝试探讨的问题。

第一节　研究现状

杭州之名，由河而生；杭州之城，依河而建；江南名郡，借河而扬；两朝都城，因河而定。[1] 隋开皇九年（589），隋文帝杨坚平定了南朝陈国后推行"废郡置州"的地方行政体制，故废钱唐郡置杭州，由此"杭州"一名在中国历史上首次出现。 虽然杭州之名自隋始，但是杭州地区人工河道的利用发展历史悠久，最早可以追溯至春秋时期的百尺渎，这是世界上最早的运河之一。杭州的城市发展与运河的开发利用密不可分，息息相关。 然而，我国大运河

---

[1]　徐吉军:《杭州运河史话》,杭州出版社 2013 年版,第 1 页。

作为可与长城相比肩的人工奇迹，却在国际学术界长时间缺乏深入研究和探讨，①其中各区域的运河水系及其独特的文化内涵更缺乏应有的关注。

目前国内学术界对京杭大运河和中国漕运史多有基础性研究成果。从研究方法上来看，多以断代史观审视中国漕运文化。如潘墉《隋唐时期的运河和漕运》（三秦出版社，1987），李文治、江太新《清代的漕运》（中华书局，1995），彭云鹤《明清漕运史》（中华书局，1995），鲍彦邦《明代漕运研究》（暨南大学出版社，1996），倪玉平《清代漕粮海运与社会变迁》（上海书店，2005），等等著作。从断代史视角研究中国大运河或漕运文化，可以从宏观上透视中国漕运史的整体发展。但是，以上研究无法将杭州段的运河漕运文化从经济、政治、社会及中外交流角度进行具体而充分的论述。近年来，随着大运河文化遗产越来越受到政府职能部门和社会大众的重视，中国大运河沿线城市的相关科研机构对本地区的运河漕运文化进行了区域性的研究。他们的研究多集中在北京、山东、河南、江苏等地区，如于德源《北京的漕运与仓场》（同心出版社，2004）、陈涛《淮安漕运文化》（南京大学出版社，2015）、李俊丽《天津漕运研究（1368—1840）》（南开大学博士学位论文，2009）等。既往有关中国漕运文化区域史的研究成果无论是在方法论还是在史料支撑方面，都为本课题的开展提供了重要的借鉴意义。

中国大运河漕运流域的线性特征也导致了关于大运河漕运的研究具有线性的特征。前文所述早期中国漕运的区域性研究主要集中在北方地区，近年来关于南方地区的大运河漕运文化史的研究也慢慢开始展开。特别是在江南地方史研究中，杭州漕运作为相关研究的一个重要方面。如在徐吉军《南宋都城临安》第四章（杭州出版社，2008）、陈桥驿《中国运河开发史》第六篇（中华书局，2008）、孙忠焕《杭州运河史》（中国社会科学出版社，2011）等研究中，对历史上的杭州漕运均有简述。为了更好地推进杭州的"运河学"学科建设，杭州政府组织出版了数十本涉及大运河（杭州段）政治、经济、文化、生活和历史的"运河（河道）丛书"。该丛书堪称目前有关杭州运

---

① 王健：《积淀与记忆：古代西方旅行家书写大运河》，《江南大学学报（人文社会科学版）》2017 年第 1 期，第 25 页。

河研究的集大成者。其中，徐吉军《杭州运河史话》（杭州出版社，2013）的研究最具代表性，较多涉及杭州漕运文化。但是，其研究对象与研究旨趣仍然是在断代史视角下审视杭州大运河文化。此外，有关京杭大运河作为研究中心的既往研究成果中，或多或少会关注到京杭大运河沿线粮仓、码头、漕运制度与思想。如郑民德《明清京杭大运河沿线漕运仓储系统研究》（中国社会科学出版社，2015）、梁科《明代京通仓储制度研究》（北京大学硕士学位论文，2005）、王耀《水道画卷：清代京杭大运河舆图研究》（中国社会科学出版社，2016）、嵇建琴《中国古代漕运思想的演变》（《中国经济史研究》，1993年第3期）及许明《运河南端说码头》（新星出版社，2013）等。

一、漕运与经济

隋唐以来，政治中心与经济中心的分离，进而导致长距离漕运运输的出现。在维护政治统治中心的前提下，长距离的河漕事务对沿线城市商业、农业、手工业的形成发展都产生过重要影响。吴琦教授说得好："漕运的本质在于把经济重心区域的物质财富输送到政治中心，因此漕运线是一条连接政治中心与经济重心区域的纽带，是王朝权力中心得以生存和运行的物质输送线和生命线。"①区域视野下审视杭州漕运与经济之间的互动关系，亦是本课题研究的重点内容之一。

从商业视角来看，吴欣《鲁商与运河商业文化》（山东人民出版社，2010）一书是从我国商帮群体视角探讨运河商业文化的代表性著作，揭示了鲁商与运河商业发展之间的互动关系。赵金鹏《明代漕运中的商业活动》（《史林》1996年第1期）指出明代漕运与商业的关系，认为漕船制造与维修、漕粮征收、漕粮运输和漕粮仓储等都存在着商业活动，虽然漕运主要是进行官方的漕粮运输活动，但其实漕运中活跃着许多商业活动，推动了运河沿岸城市的繁荣发展。还有他的《明代漕运中的商业思想》（《河南师范大学学报》1995年第1期）一文指出："明王朝中一部分有识之士提出利用商品经济

---

　　①　吴琦：《中国古代漕运空间变动的历史意义》，《光明日报》2017年11月6日第14版。

来解决北方地区政治集团的粮食消费和开辟南北运输渠道发展南北地区商品经济的思想，这是一种进步的思想潮流。"陈锋《清代漕运运输者的私货运销活动》（《西北大学学报》1997 年第 4 期）一文指出："清代在官方性的漕运业中广泛存在着私货运销活动，清政府对此的措施是不断放松对私货的限制，逐渐使得这种活动的规模日益扩大，在当时南北商品流通交换领域里扮演了独特而重要的角色。"陈锋《简论宋明清漕运中私货贩运及贸易》（《中国经济史研究》1996 年第 1 期）一文论述了宋明清以来漕运中的私货贩运及贸易活动，且政府并没有采取严加限制的举措，可以说是扩大南北商品交流的通道，降低商品流通成本促进工商业的发展和促进都城商业市场，同时带动了运河沿线的城镇工商业的勃兴，如杭州的兴起。 周祚绍《清代前期漕运及其对国内市场的影响》（《山东大学学报》1994 年第 1 期）、张照东《清代漕运与南北物资交流》（《清史研究》1992 年 3 期）等研究亦涉及漕运与商业的关系。

从运河与农业的发展关系来看，吴琦《漕运与古代农业经济发展》（《中国农史》1998 年第 4 期）指出漕运的发展与古代农业经济的演变格局，与区域农业生产水平有着密切的内在联系。 他认为农业发展状况决定漕运的动向，漕运的发展反映农业经济的变化情况。 吴琦《漕运与古代农田水利》（《中国农史》1999 年第 3 期）论述了漕运与农业生产既相互促进，又相互制约。 但在封建社会后期，漕运对农田水利具有较大破坏性，这与漕运重要性上升有着极大关系。 此外，任重《康熙治理黄、淮、运对农业发展的影响》（《中国农史》1997 年第 1 期）、陈冬生《明清山东运河地区经济作物种植发展述论——以棉花、烟草、果木为例》（《东岳论丛》1988 年第 1 期）均涉及运河治理与农业发展的相互影响问题。 运河的开凿利用对农业生产发展起到了一定的促进作用，运河交通线路的开辟也促使了运河沿岸市镇的兴起和工商业的繁荣。 何昌荣《唐宋运河与江南社会经济的发展》（载唐宋运河考察队编《运河访古》，上海人民出版社，1986）一文在"商业城市的发展和市镇的兴起"中提到：杭州因地处钱塘江畔且海路可通东南沿海，在大运河开通后，杭州成了重要的商业城市和海外贸易港口，促进了杭州人口与城市的繁荣发展，且城市经济和商品经济也因此发达。 朱玉龙《汴河及其对安徽淮北地区的影响》（载唐宋运河考察队编《运河访古》，上海人民出版社，1986）、吕景林《大运河的畅流与明代东昌社会经济的发展》（《山东运河文化文集》，山东科技出版社，1988）、林吉玲《论近代企业在运河区域的创办及其社会影响》（《济南大学学报》2001年第1期）、许檀《明清时期运河的商品流通》（《历史档案》1992年第1期）等研究，也涉及运河沿线城市农业发展与经济地位提升的问题。

从运河治理与沿线城市发展的关系来看，傅崇兰《中国运河城市发展史》（四川人民出版社，1985）是中国第一部系统论述运河城市史的专著。作者查阅了大量的史料并且实地考察了通州、天津、德州、临清、济宁、淮安、扬州、苏州、杭州9个运河城市。从历史时期运河城市的地理位置、城市环境、人口数量和人口结构、手工业和商业的发展、城市文化等几个方面讨论了运河沿岸重要城市的发展历史。作者还从地理学和经济学的角度，阐述了运河城市的发展史，认为运河沿岸的城市发展和形成深受南北大运河的影响，两者相互促进。史念海《隋唐时期运河和长江流域的水上交通及其沿岸的都会》（《中国历史地理论丛》1994年第4期）对扬州、汴州、宋州、徐州、楚州、苏杭诸州的地理位置、交通状况、经济发展水平进行了论述。从本课题期待在有关杭州城市发展与运河开发治理的研究有所推进来看，李志庭、楼毅生《运河与杭州》（载唐宋运河考察队编《运河访古》，上海人民出版社，1986）是较早从这个角度进行研究的成果，值得参考。

二、漕运与社会

运河不只是贯通南北经济和政治交流的大动脉，还是南北文化交汇融合的交通要道。漕运的繁荣更加促进了南北方的交流，为运河沿岸城市能形成特殊的运河文化创造了基础条件，丰富了运河文化带的内涵，是一种富有特色的区域文化现象。杭州运河与周边社会关系的构建，也是本课题重点关注的问题。

运河文化内容极为丰富，如商业文化、城镇文化、漕运文化、饮食文化、市井文化、宗教文化等。近些年来学界对这方面的研究也是不断加深，获得了许多成果。从宏观来看，安作璋《中国运河文化史》（山东教育出版社，

2001）一书是一部研究中国运河文化的通史性著作。 该著作从东周至民国长时段探讨运河的开凿与疏浚治理，运河与社会政治、区域经济、学术文化、科学技术、学校教育、民俗、宗教等方面的研究，较为全面地探讨了中国运河文化的发展历程。 于德普《运河文化与运河经济的发展》（《人文与自然》2001年第2期）指出运河文化是运河开挖和通航过程中，在运河区域经过长期积淀所形成的全部物质财富和精神财富的总和，包括文化教育、科学技术、文学艺术、建筑艺术、工艺美术、风情民俗、饮食文化、遗迹遗物等多方面的内容，是我国重要的人文遗产资源。 运河文化是南北区域文化长期交流融合的结果，既是运河经济发展的产物，又促进了运河经济的发展。 安作璋《中国的运河与运河文化》（《人文与自然》2001年第8期）指出运河区域社会经济的兴盛和繁荣，促进了运河区域文化事业的发展，还有利于南北文化和中外文化的交流，使得各种不同的地域文化和外来文化进行碰撞、交流、融合，最终形成了独特的区域运河文化。 高春利《漕运文化研究》（学苑出版社，2007）一书探讨了漕运文化中的移民、涉漕军士及漕运文化研究现状、运河的发展历程与漕运文化的保护等问题。 该书还论述了漕运文化与现代化关系、北京通惠河沿岸产业带的发展，以及高碑店村为漕运文化所做的规划发展等问题。 顾希佳《杭州运河风俗》（杭州出版社，2006）讲述了杭州运河周边的风俗，但很大一部分内容乃是杭城风俗。

运河沿线特色文化的研究取得重要进展。 林吉玲《明代运河区域的书院教育》（《聊城师范学院学报》2001年第2期）认为运河区域的书院教育更能代表明代书院教育的特点。 张宏、张为民的《谈明代运河区域地方志的纂修》（《山东教育学院学报》2001年第2期）认为运河区域的特殊地理位置，较为发达的经济及深厚的文化底蕴，为地方志的纂修提供了有利条件。 从思想传播和演变来看，田余庆和李庆聪《唐宋运河在中外交流史上的地位和作用》（载唐宋运河考察队编《运河访古》，上海人民出版社，1986）认为运河对海外贸易和文化起到了重要的促进作用。 王耀《水道画卷：清代京杭大运河舆图研究》（中国社会科学出版社，2016）一书通过国内外所藏的舆图等图像材料，探究了清代时期京杭大运河的疏浚、治理，进而更加直观地反映了当时运河运输的运作方式、行经路线和相关工程情况，尤其是古代漕运制度。

稽建琴《中国古代漕运思想的演变》（《中国经济史研究》1993 年第 3 期）则主要从唐、宋、明、清这几个朝代分析漕运思想，论述了河运漕粮管理方法的思想演变、商业原则在漕运中的运用、河运与海运思想的争辩、常平仓和田赋的改征折色等方面。

关于运河非正式组织的研究也是运河文化的重要构成。陈锋《清代漕运水手的结帮活动及其对社会的危害》（《社会科学战线》1996 年第 2 期）、吴琦《漕运与民间组织探析》（《华中师范大学（哲社版）》1997 年第 1 期）、衷海燕《清代江西漕运军户、家族与地方社会——以庐陵麻氏为例》（《地方文化研究》2013 年第 6 期）、刘伯涵《漕运船帮中的写作与秘密结社》（《史学月刊》1985 年第 4 期）等研究具有代表性。他们的研究指出：清代官方漕运业中的一大批职业水手既是生活在社会底层的劳动者，也是当时颇具破坏性的社会阶层之一。最初结帮活动是为了互助共济。但到清中叶以后，在日益浓厚的流氓作风影响下，其帮会活动的方向逐渐转向排他性和破坏性。晚清漕运制度终结后，原来水手的帮会组织遂演变成"青帮"这一著名的非政府组织。周育民《漕运水手行帮兴起的历史考察》（《中国社会经济史研究》2013 年第 1 期）论述了清代帮派兴起的条件和罗教在其中发挥的作用。从宗教方面来看，曹金娜《清代粮船水手中的罗教》（《宗教学研究》2013 年第 2 期）论述了罗教的历史渊源及其传播流行的原因。王元林和褚福楼《国家祭祀视野下的金龙四大王信仰》（《暨南学报（哲学社会科学版）》2009 年第 2 期）论述了明清国家通过敕建庙宇、颁发匾额、赐予封号等形式祭祀金龙四大王，渗透着皇权至上的等级观念。祭祀中官方祈神捍御河患、通济漕运的心理诉求表现强烈。官民在应激和紧张心理的支配下，共同缔造的显圣事件成为国家祭祀的直接动因。国家祭祀推动了金龙四大王信仰的地域扩展，造成了此信仰传播的南北差异，也使大运河、黄河下游地域形成了庙宇密集的祭祀带，并波及数省。王元林《京杭大运河镇水神兽类民俗信仰及其遗迹调查》（《民俗研究》2005 年第 2 期）考察了许多因运河而生的寺庙以及众多镇水神兽的实物遗存。

从文化艺术方面来看，马征《从〈金瓶梅〉看大运河文化的特色与局限》（《社会科学辑刊》1992 年第 1 期）认为《金瓶梅》中的文化背景具有新、奇、放、谲的丰富色彩，这正是由运河文化的特质所决定的。 具体表现为市民阶层在价值取向上与传统观念的严重对峙、牴牾和冲突。 王志军《京杭大运河地区民俗文化与民歌〈茉莉花〉艺术风格的流变》（《艺术百家》2011 年第 4 期）指出："在长期的发展中，民歌《茉莉花》流传的广泛性和变异的多样性与京杭大运河有着密切的联系。 由于受各处地域环境、文化民俗及语言因素的影响，《茉莉花》沿京杭运河流域的流变具有多维性、扩散性和非单线性特征。"王沂《中国戏曲与运河文化》（《艺术百家》1995 年第 2 期）论述了运河对于戏曲传播发展所发挥的作用，且认为运河文化具有交融性、开放性、市民性和超前性等特征。 孙焕英《京剧及其票友的"运河脉"》（《戏剧之家》2001 年第 6 期）、谢君《大运河与明清通俗小说刊刻中心的转移》（《湖南人文科技学院学报》2012 年第 2 期）等研究又是从京剧和小说的传播角度审视了运河文化的传播与影响。 吕聃《明代大运河南茶北运及其对沿岸茶文化影响初探》（《农业考古》2010 年第 5 期）一文则具体地以"南茶北运"为例，探讨南北运河文化的社会影响。

三、漕运制度管理与运行

运河漕务对南宋王朝的统治与运行发挥了重要作用。 临安城对运河的疏浚管理、运河商业发展、运河社会生活治理有许多特色经验。 这些特色只有在综合地与全国其他运河区域的漕运管理制度进行比较的基础上，才能更加清晰地凸显出来。 史念海《中国的运河》（陕西人民出版社，1988）一书运用历史地理学和史料考证相结合的方法，全面系统地研究了中国运河在历史上的发展、变迁，并且比较详细地描述了京杭大运河的开凿、修治和管理。岳国芳《中国大运河》（山东友谊出版社，1989）、常征和于德源《中国运河史》（北京燕山出版社，1989）、姚汉源《京杭运河史》（中国水利水电出版社，1998）等研究成果也都涉及杭州段运河漕运的管理问题。 不过以上关于运河的通史性著作，比较偏向于基础性的研究，他们对于杭州运河漕运相关内容虽有所涉及，但并没有更加深入地进行专项研究。

20 世纪八九十年代，我国出现了研究漕运的热潮。 潘墉《隋唐时期的运河和漕运》（三秦出版社，1987）一书依据翔实的史料，结合作者在大运河沿线长期的田野调查，对隋唐时期运河与漕运渊源、功用、管理、修治、改革和衰落进行了全面系统的研究。该成果还对学术界某些有争议的问题提出了更深入的见解和研究。书中研究江南运河疏浚治理的部分，涉及杭州运河与漕运内容。李文治、江太新《清代的漕运》（中华书局，1995）一书主要是关于清代漕运的专史研究，研究侧重在清代漕运制度的发展演变、漕粮的功能和漕运制度本身。该研究对漕运制度具体内容如漕粮税制、征收兑运和交仓、漕运官制和船制、运河的修治和管理、运丁和屯田、漕运改制、漕运的衰败和停止等方面进行了细致的探讨。尤其对清代土地制度、田赋与江浙漕运税赋问题进行了交叉研究，说明了我国地主制经济性质是漕运制度得以长期延续的重要原因。彭云鹤《明清漕运史》（首都师范大学出版社，1995）明确指出漕运带动了运河沿岸城市商品经济的发展，对于资本主义萌芽的产生起到了推动作用。但同时沉重的漕粮给南方及运河沿岸人民带来了沉重的负担，不断地激化了社会矛盾。该项研究辩证地审视了我国漕运业对社会经济发展所起的积极与消极作用。鲍彦邦《明代漕运研究》（暨南大学出版社，1996）虽然是论文集性质，但是该成果集中呈现了研究者对漕粮改折、漕粮运输及运费等相关问题的研究，多有创见。吴琦《漕运与中国社会》（华中师范大学出版社，1999）一书从宏观角度研究了漕运的理论界定、漕运与封建政治、古代军事、封建经济的发展、社会制衡、人文与对封建社会的长期延续及影响等一系列问题。其主要目的是探究漕运与中国社会发展存在的内在联系，并通过寻找和研究漕运的社会意义来发现中国封建社会长期延续的动因。以上成果都是从漕运阶段性发展变迁、管理制度、社会影响等方面开展的综合性研究，是改革开放以来我国国内漕运制度史研究的杰出成果。

在综合性研究的基础上，越来越多的学者开始对漕运的区域化特征及专门性研究更为关注，而这样的研究成果通常也更为深入。微观叙事研究热度胜过既往的宏观叙事研究，漕运管理研究变得专门化。蔡泰彬《明代漕河之整治与管理》（台湾商务印书馆，1992）一书主要阐述了明代对于运河的疏浚、漕运组织及运作等，还非常详细地介绍了运河上船闸的建设和变迁，并且认为明代后来漕运的衰败是从明成祖迁都开始——政治和经济中心分离。所以，全国必须倾全力保漕时，漕运的衰败之祸根就已经埋下。陈锋《北宋的漕运水道及其治理》（《孝感师专学报》1997 年第 3 期）一文对北宋放射性漕运水道及其治理措施进行了研究。 其中提到江南运河为了维持水位的措施：其一是采取建造堰、闸；其二是广设斗门和分水渠来及时排泄或放入潮水以维护运河水位的正常；其三是善用运河周边的天然或人工湖泊对运河水位进行调节，例如杭州西湖的调节作用。 这对我们从事杭州运河漕运管理制度的研究来说，具有指导作用。 陈锋《宋代漕运管理机构述论》（《西北大学学报（哲学社会科学版）》1992 年第 4 期）一文对宋以来出现的我国独立而完整的漕运管理机构及其职能进行了深入论述。 陈锋《北宋漕运押纲人员考述》（《中国史研究》1997 年第 1 期）一文指出北宋沿袭唐朝时的"纲法"，即有一批专门保护漕运货物的人——押纲，并且对于押纲人员的组成和来源、待遇及目的作用都进行了阐述。 这样的研究启发我们从更为专门的微观角度来审视我国的漕运文化。 袁一堂《南宋的供漕体制与总领所制度》（《中州学刊》1995 年第 4 期）论述了南宋因漕运大环境发生变化而产生了特殊的总领所制度，即南宋供漕及军队供养体制的基础。 该文对其沿革过程进行阐述，让我们深入了解到南宋总领所制度的管理设计情况。 此外，王艳《论北宋汴河漕运制度》（《信仰师范学院学报》1999 年第 1 期）及《北宋漕运管理机构考述》（《洛阳师专学报》1998 年第 4 期）、王云裳《简论宋代漕运与武职押纲队伍及舟卒》（《绍兴文理学院学报（哲学社会科学版）》2010 年第 1 期）、张勇《两宋东南地区漕运直达法比较研究》（《济南大学学报（社会科学版）》2014 年第 4 期）、曹家齐《运河与两宋国计论略》（《徐州师范大学学报（哲学社会科学版）》2001 年第 2 期）、陈锋《明代的运军》（《中州学刊》1997 年第 1 期）等文章，对我国漕运管理具体措施与制度构建进行了研究，且多集中在两宋时期。 但是，上述作品对于杭州的漕运管理并无专门论述。

国内研究者有关漕粮、粮仓的研究积累了一定的成果。 陈锋《略论北宋的漕粮》（《学术界》1997 年第 1 期）论述了北宋漕粮数量、主要来源地及变化、北宋漕粮数量居高的原因、北宋漕粮的影响。 论文指出北宋漕粮的主要来源是东南六路，因而其对东南六路地区百姓生活造成了极大负担。 鲍彦邦《明代漕粮折征的数额、用途及影响》（《暨南学报》1994 年第 1 期）和《明代漕粮运费的派征及其重负》(《暨南学报》1995 年第 4 期)两文阐述了明代政府对于漕粮的折征实行严格的限量控制,并对其用途也做出了明确的规定。明政府也把此举作为弥补中央财政年度亏缺的应急措施之一。 明政府还根据漕运的需要对漕粮运费实行部分征折,但明中期以后粮户的漕粮运费极为沉重。 徐吉军《杭州运河史话》(杭州出版社,2013)一书介绍了杭州宋时的九大粮仓。 徐吉军《南宋都城临安》(杭州出版社,2008)一书对临安的城内外运河基本情况、运河的疏浚和管理、运河上漕运和粮仓还有码头的基本情况都做了重要的介绍和说明。 倪玉平《清代漕粮海运与社会变迁》(上海书店,2005)一书通过研究大量古代文献资料并且结合中外学界相关成果,在晚清社会转型时期的背景下,首次探讨了漕粮海运制度的发展变迁,较为透彻地分析了清代漕粮海运制度的起源、管理运行机制及与中国近代社会变迁中政治、经济等各方面的密切关系。 他的研究辩证地分析了清代漕粮海运的兴衰原因,提出了新的观点。 李俊丽《天津漕运研究(1368—1840)》(南开大学博士学位论文,2009)一文论述了明清时期天津运河的水源问题、运河修治和管理情况、漕粮的经由与截留原因、漕运人员弊行和漕船灾害问题。 郑德民《明清京杭大运河沿线漕运仓储系统研究》(中国社会科学出版社,2015)一书系统研究了漕仓在漕运中重要功能。 通过对运河漕仓体系演变、管理运作及弊端和漕仓的社会救济功能的分析探究,揭示了明清时期漕运的历史变革和区域社会发展的历史关系。 梁科《明代京通仓储制度研究》(北京大学硕士学位论文,2005)一文对明代京通仓储制度的人员设置、管理运作、历史沿革等方面进行研究。 该文围绕粮食的收入、管理和支出用具体事例来说明仓储制度,并且揭示了仓储制度的衰败而产生粮食危机。 殷崇浩《叙乾隆时的漕粮宽免》(《中国社会经济史研究》1987 年第 3 期)和《乾隆时漕粮宽免的原因及其作用》(《武汉大学学报(社会科学版)》1988 年第 4 期)两文用丰富的史料和直观的统计表对乾隆时期的漕粮宽免政策进行了深入研究。 以米价上涨和粮食缺乏而接连出现的闹粮风波为例,他们回顾了当时朝廷和地方如何采取相应措施应对。 吴琦和王玲《一种有效的应急机制:清代的漕粮截拨》(《中国社会经济史研究》2013 年第 1 期)、李德楠《清代江浙漕粮赈闽及相关问题探析》(《山东师范大学(人文社会科学版)》2010 年第 5 期)等研究论文论述了清代江浙漕粮七次赈闽的历史过程，表明了漕粮功能进一步的社会化。 胡铁球《明及清初"歇家"参与赋役领域的原因和方式》（《史林》2007 年第 3 期）、鲍彦邦《明代白粮解运的方式与危害》（《暨南学报（哲学社会科学版）》1982 年第 3 期）、胡铁球《明代"重役"体制的形成——以白粮解运为例》（《社会科学》2012 年第 6 期）、田雨和赵毅《明代杭州府北运白粮征收考辨》（《古代文明》2014 年第 2 期）等研究通过相关史料，讨论了杭州是否是白粮的征收地。 这些研究指出：明代白粮的征收来源地不只是江南五府，在明代中后期杭州也被作为白粮征集地屡次被史书提及，甚至这种情况延续至清代。 但是，因为杭州是作为白粮征收的备选地，所以杭州地区北运白粮的征收并没有制度化，这是造成杭州没有被算入白粮征收地的主要原因。 冯佐哲《元明清时期的京通粮仓》（收入《史苑（第 1 辑）》，文化艺术出版社，1982）、唐文基《明代粮食仓储制度》（载《明史研究论丛（第六辑）》，黄山书社，2004）等研究还对粮仓的管理、粮食的来源做了论述。

研究界对运河码头、运河漕船的研究也取得了系列成果。 陈述主编的《杭州运河桥船码头》（杭州出版社，2006）一书论述了运河形成前和形成后的杭州桥、船、码头情况。 徐吉军《杭州运河史话》一书中对每个朝代的杭州运河边的码头都略有论述，但是都是以基础性介绍为主。 该研究还依据《北新关志》对杭州运河上船只种类进行了研究介绍。 许明《运河南端说码头》（新星出版社，2013）一书指出码头是漕运的重要组成部分。 该书梳理了杭州运河的码头文化并对其周边地区留下的相关建筑、风俗等文化进行了介绍。 此外，封越键《明代漕船考》（载《明史丛论》，中国社会科学出版社，1977）、《明代漕船修造制度述略》（《中国社会经济史研究》1997 年第 4 期）和《明代漕船管理述略》（载《明史研究（第十辑）》，黄山书社，2007）、鲍彦邦《明代漕船的修造及船料的派征》（《中古社会经济史研究》1986 年第 1 期）、郑民德《京杭运河明代漕船厂研究——基于清江、卫河船厂的历史考察》（《中国名城》2011 年第 9 期）等研究，也涉及运河漕船与运河码头文化。

每一种制度都不可能是完美无缺的，肯定具有两面性。 漕运制度经过唐宋元明不同时期的发展完善和矛盾累积，到清朝不可避免地涌现出更多弊端。在此研究中，赵践《清初漕赋》（《历史档案》1999 年第 3 期）指出：“到清代时期，漕赋已经脱离田赋成为一个新的赋种，且是只在八个省区征收漕粮，浙江就包含其中。”他对清初漕赋的用途、额征和力役、弊端及恶果也进行了分析。 陈锋《略论清代的漕弊》（《西北大学学报》1998 年第 4 期）指出清代官方向农民征收漕粮的过程中存在着贪官污吏勒索百姓的现象。 该研究以浙江省为例，以具体的历史数据为证据，说明了农民背负了异常沉重的纳漕负担。 漕弊不仅影响政府财政收入，而且极大地扩大了社会矛盾。 杨杭军《略论清朝嘉道时期漕运之弊及其影响》（《中州学刊》1998 年第 1 期）和《嘉道时期漕运旗丁的若干问题》（《河南师范大学学报》1998 年第 2 期）两文论述了嘉庆道光年间漕政的弊端和影响，且认为这个时期的漕弊与旗丁有莫大关系。 这也是在当时复杂的社会及时代背景下出现的必然结果。 吴琦和肖丽红《制度缺陷与漕政危机——对清代“废漕督”呼声的深层分析》（《中国社会经济史研究》2006 年第 4 期）、管婷婷《明代河漕职务犯罪的控制和失控》（《中国文化研究》2013 年第 3 期）、袁飞和马彩霞《清嘉庆朝漕督富纲贪污案探析》（《重庆科技学院学报（社会科学版）》2012 年第 6 期）、江太新和李文治《论清代中叶后漕政的破坏》（《中国经济史研究》2009 年第 4 期）、倪玉平《嘉道之际的漕弊问题》（《石家庄师范专科学校学报》2003 年第 4 期）、周键《嘉道年间江南的漕弊》（《中华文史论丛》2011 年第 1 期）等研究用翔实的史料说明了嘉道年间江南的漕弊一方面体现在仓漕卫所规费、旗丁帮费、官绅漕规和州县浮收逐渐递增，另一方面体现在捏灾昌赈、短漕和亏空现象愈演愈烈。 陈锋《略论清代仓场官吏的舞弊活动及其危害》（《西北大学学报（哲学社会科学版）》1996 年第 2 期）、范金民《明清江南重赋问题论述》（《中国经济史研究》1996 年第 3 期）、戴鞍钢《清代浙江漕政与农民的抗漕斗争》（《浙江师范大学学报（社会科学版）》1988 年第 3 期）等研究论述了清代漕粮在浙江的征收主要集中于杭州、嘉兴和湖州。 漕粮征收使得浙江农民不堪重负，清代后期也进一步凸显漕政弊端，激化了农民与封建统治者之间的矛盾，使得农民最后走上了抗漕斗争的道路。

四、外国人眼中的杭州运河及漕运研究

国外专家有关中国大运河及漕运史的研究也从宏观研究向个案研究变化，表现出明显的研究专业化和具体化。美籍华人黄仁宇《明代的漕运》（鹭江出版社，2015）一书用丰富的数据和资料通过对明代的漕运管理方式、漕粮运输及有关漕粮的宫廷供应品的运输、商业、旅行、劳役等来还原探究明代漕运的制度和与此相关联的经济和社会情况。日本学者对于运河较为关注，有清水泰次《明代漕运》（《史学杂志》，1928）、外山军治《唐代的漕运》（《史林》1971年第11期）、伊藤安展《唐代漕运额》（《史渊》49辑，1951）、筑山治三郎《唐代漕运和籴》（《京都产业大学论集》第5卷第1期，1951）、山口迪子《清代的漕运与船商》（《东洋史研究》1958年，第172期）、中原晃雄《清代漕粮的商品化——漕运研究的一出》（《史学研究》70号，1958）以及 Robert Fulton. *A Treasure on the Improvement of Canal Navigation*（London，1762），J. Stephens Jeans. *Waterways And Water Transport in Different Countries*（London，1890），F. H. King. *The Wonderful Canal of China*（National Geographical Magazine，Vol. 10，1912），Willard Prive *Grand Canal Panorama*（National Geographical Magazine，Vol. 4，1937），*Mindai Soun no Kenkyu*《明代漕運の研究》（Tokyo，1963）等研究。

针对杭州运河及漕运议题，海外代表性的研究成果是日本池田静夫《中国水利地理史研究》（日本生活社，1940）中的相关内容。该研究部分成果已经由国内学者翻译成中文。[①] 他对杭州历代运河体系的沿革、杭州的码头进行了详细的考证。他特别将杭州作为港口城市，与两个外港澉浦和宁波进行比较研究，是比较早意识到杭州与海洋贸易关系的研究者。尽管国内研究者鲜有将杭州作为港口城市看待。此外，他所提出的"南宋时期的运河文化使杭州成为孕育中国近世文化的摇篮"的观点，对我们研究杭州运河文化及漕运史，极具启示意义。

---

① 陈述主编：《杭州运河历史研究》，杭州出版社2006年版，第219—337页。

　　总体上来说，国外研究更多的是将明清时期的中国大运河作为研究对象，或从商业税收、漕粮制度等制度史、经济史角度分析中国的大运河漕运文化。既往研究对中国漕运的漕官、漕河、漕船、漕法等具体内容还有很多有待深入的地方。目前以杭州运河文化与漕运史为专项研究对象的研究成果尚未出现。从经济、社会、政治等视角探讨杭州运河漕运史并论述新时代杭州漕运文化在杭州城市现代化进程中所扮演的角色议题，具有重要的理论意义与管理实践价值。

第二节　研究内容

　　本书研究的基本思路是坚持历史与现实相连续、理论与实践相统一、文献与实地相结合的原则，对杭州运河文化与漕运历史若干重大问题进行综合性的、多学科的研究，力求在吸收国内外相关研究成果的基础上，拓宽对杭州运河漕运历史研究的视野，深化对杭州漕运文化遗产的认识。本书将利用中西方历史文献、档案资料的比较研究，在充分使用地方史料、民间文献的基础上，还将努力拓展外国人有关京杭大运河，尤其是杭州运河与漕运的历史记载与评论情况。此外，1840年以前有关中国的西方著作、明清时期多次编修的《北新关志》包含大量有关杭州漕运历史与文化的图像与文字资料。通过历史学的文献比勘、审读和研究，将更为立体地呈现杭州历史上的漕运文化特征与区域特点。此外，我们还开展了实地调查，走访杭州粮仓、码头等历史进程中的文化遗产点，探究杭州漕运文化载体的历史变迁与演变。我们还走访了江苏淮安、扬州等江南运河沿线重要城市，了解当地文物局、文广新局就江苏段运河遗产所做的研究，以对比参考。

　　本书首先重视杭州运河文化与漕运史的背景研究。这部分研究主要涉及杭州运河建设的兴盛与衰败、杭州都市经济的繁荣和文化中心形成过程、杭州运河水系的漕运发展情况，包括杭州的漕运码头、粮仓与商业市镇。在充分利用《漕运通志》《漕书》《浙江通志》《梦粱录》《西湖游览志余》《杭州府志》等历史文献的前提下，本书还将致力于探讨杭州漕运习俗与社会生活的相互影响，探讨杭州运河贸易物资种类、交通运输工具类型、漕运运输群体和杭州漕运税收制度及管理机构等内容。 我们将指出：杭州独特的漕运商业运输系统，产生了独特的区域性商业习惯和消费文化，诸如杭州地区流行的市语与旧俗，如杭州运河沿线的宗教性崇拜现象，商业团行之间独特的话语体系。本书还将对杭州漕运历史上的江浙船帮演变进行探究，以此初步探究官府的官方管理与运河沿线民间团体自治之间的权力张力、冲突与斗争。

借助外国人眼中的杭州运河与漕运知识，我们努力呈现"他者"视角下杭州运河漕运的独特文化演变，尤其是运河文化的海外传播与影响问题。 在充分利用"E 时代"考据的优势下，我们将充分利用国内外数据库的档案材料，借助可视化的图像和海外文献材料，构建外国人视角下的杭州运河漕运文化，并与中国历史文献进行比较研究，探讨杭州运河真实形象，同时对异域的"想象与好奇"进行溯源性分析，探讨杭州运河与漕运文化对外传播的机制与路径。

我们的研究将指出杭州漕运文化并未退出现代人的生活，杭州漕运的历史渊源深刻地影响着运河周边社区居民的日常生活方式。 杭州城市的有机更新、京杭大运河世界级旅游文化产品的开发，离不开对杭州漕运文化的生产性保护。 在后遗产时代的大运河（杭州段）遗产传承和保护工作中，杭州漕运文化的研究具有重要意义。 尤其是在当今我国大力倡议"一带一路"及大运河文化带构建的时代背景下，我们在探讨杭州漕运文化历史遗产价值的同时，应注重解构当代杭州漕运文化对现时代杭州运河综合保护工程的重要作用，进而探索杭州运河与漕运文化的实践价值。

第三节　研究意义

近几十年来，各界对中国大运河研究不断深化。 学界在运河漕运研究上也都取得了相当成果，但其中仍然存在着一些不足。 第一，国内学术界目前对于运河和漕运的研究多为基础性研究成果。 以通史史观和断代史观为研究角度切入对运河史或漕运史研究较多，无法从政治、社会和区域角度专门地研究杭州运河漕运。 第二，关于大运河和漕运史研究区域的不平衡性非常突出。 中国大运河漕运流域的线性特征导致了关于大运河漕运研究具有线性特征。 国内关于大运河和漕运的深入研究多集中于山东、北京等北方地区，因此需要加强对大运河南段的研究，使运河史更加系统和完整。 第三，对于漕运史研究来说，研究者主要集中于明清时期的漕运研究。 关于隋唐时期大运河的深入研究明显不足。 以杭州漕运史为专项研究对象的研究成果尚未出现。 我们认为：从经济、社会、政治等专门视角来重新认识杭州运河与漕运史，并考虑新时代杭州漕运文化遗产资源在杭州城市现代化进程中所扮演的角色问题，具有重要的理论意义与实践意义。

其一，本书不仅充分利用和掌握现有的杭州运河历史文献资料，更是挖掘和利用《北新关志》以及杭州地方志书中有关运河与漕运的历史记载，利用地方档案和民间文献，推进杭州区域性运河漕运历史的研究工作深入化、专门化。

其二，杭州漕运史研究课题属于杭州运河学学科研究的重要组成内容，该分支学科研究的深化，有助于杭州城市学学科研究系统化、深入化，进而有益补充杭州本土话语知识系统的形成与完善，为构建杭州城市学学科做出应有贡献。

其三，杭州运河漕运文化如何应用到杭州城市现代化进程中，激发和利用好运河故事，需要研究先行。 在杭州城市商业经济体系中，离不开历史上运河的滋养。 在大力提倡加强"大运河文化带"建设的国家战略中，如何讲好杭州段运河故事、漕运故事，需要我们首先做好扎实的杭州运河漕运历史研究，进而为杭州城市发展规划做出贡献。

其四，杭州漕运史的研究成果有助于推进京杭大运河作为线性遗产资源的传承和保护，对后遗产时代京杭大运河的综合保护和治理工作具有重要的指导意义和现实意义。 杭州漕运文化并未完全离开当代中国人的生活，杭州漕运文化与历史的研究有助于我国政府开发出更加符合社会文化需求的世界级大运河旅游文化产品，进而对大运河遗产进行科学合理的生产性保护和利用。

其五，杭州作为京杭大运河南端的重要节点城市，连接了我国北方的丝绸之路以及南方的海上丝路。 作为河港的杭州，在浙东运河的开发利用下，与深海港宁波密切联系在一起。 历史上的诸多外国使节与商人皆是通过宁波往来杭州，进而前往中国南北方其他城市。 可以说，通过江南运河以及浙东运河的纽带作用，杭州对于我国历史上族群文化的融合、南北文化的交汇、海外贸易物资的转运，皆具有极其重要的地位与作用。

　　本书在理论创新和实践应用方面主要体现了研究的时代性、区域性、实践性和开放性特色。 所谓时代性，是指杭州漕运文化并未退出现代人民的生活，但制约杭州漕运文化价值的许多因素发生了变化，特别是在京杭大运河成为世界文化遗产代表作之后，在后遗产时代大运河综合保护工程中，如何重塑和再现杭州漕运文化价值，需要我们深入思考。 所谓区域性，是指杭州漕运研究要与线性遗产带上的大运河周边政治、经济相比较，并与中国运河文化传统里的精华结合起来进行创新，重点突出杭州段漕运的区域文化价值。 所谓实践性，是指杭州漕运研究要符合当代杭州城市化建设发展的实际情况，要与中央城镇化建设理念以及杭州城市"十三五"规划的具体实践相结合，要与大运河周边社区居民日常生活实践中的漕运习俗娱乐活动结合起来。 该项研究将倡导政府职能部门、大运河周边社区、高校历史文化研究者多界联动，使得研究成果能够更直接地转化到实践保护过程之中，让高校科研成果顺利转化成具有社会指导意义的应用性成果。 所谓开放性，是指杭州漕运文化需要不断地丰富发展，要让"运河流向海外"。 外国眼中的杭州漕运研究正是需要厘清历史上外国人与杭州漕运文化的接触史与交流史。 以历史文献、图像资料、档案藏品来多角度地说明杭州漕运文化上的中外文化交流轨迹，指明大运河上的漕运文化是开放的、移动的文化。

第一章 杭州运河漕运的发展变迁

第一节 运河之名与漕运关系

"运河"与"漕运"作为运河学的专有名词，皆具有历史悠久、内涵丰富和语义复杂的特点。中国古代历史上，是先有运河还是先有漕运？修建运河是不是漕运的必然选择？运河与漕运的关系可以从哪些方面进行解读？要回答上述问题，我们首先需要对运河、漕运的历史内涵与历史地理空间演变进行探究。

一、漕运早于运河出现且不限于运输粮食

从我国对运河与漕运的历史内涵与定义上来讲，漕运的出现远早于运河的出现，而且漕运并未就是通过水运。明清时期的大学问家基本上皆认可这样的观点。如"有明一代文臣之宗"丘濬（1421—1495）指出："自古漕运陆、河、海三种皆有。"[①]明代方志史学家何乔远（1558—1631）也认为："漕之道有三，曰陆、曰海、曰河。陆之运费，海之运险，惟河为宜。"[②]清代学者段玉裁亦认为"人之今乘（车）"，"盖车亦得称漕"。[③]从历史逻辑

---

① 明·丘濬：《大学衍义补》，京华出版社1999年版，第309页。
② 明·何乔远：《名山藏》，张德信等点校，福建人民出版社2010年版，第1350页。
③ 清·段玉裁：《说文解字注》，上海古籍出版社1988年版，第566页。

上判断，先民远距离运送粮食或其他物资的首选方式肯定是陆运，这是出于运输安全与生活环境所限而做出的必然选择。此外，基于运输能力与可行性，中国先民也会在利用"人工河"之前，先利用自然水道进行物资的运输。有研究者指出："自然水道作为漕运载体，出现较早，且渐被广为接受。"①

此外，中国古代研究者也认识到漕运物资也不仅仅是粮食。《汉书·赵充国传》载："臣前部入山伐材木，大小六万枚，皆在水次，冰解漕下。"颜师古注释道："漕下，出水运木而下也。"著名历史学者张舜徽（1911—1992）先生在《说文解字约注》中也指出："漕之为用，不专于转谷。"②

诚如上述学者指出的观点：河运比路运成本低，比海运又更为安全，所以中国古代统治者基本上是以河运为漕运首选方式。而从维系帝国统治的需要来说，在不同地区间调拨粮食则是漕运的主要功能。正因为如此，历史上才有许多学者从个人经验感性地认为漕运就是统治者通过运河来转运粮食的行为。如许慎《说文解字》中注释道"漕，水转谷也"③，唐代司马贞（679—732）在《史记索隐》中则进一步认为"车运曰转，水运曰漕"。他们皆是从狭义的概念诠释中国古代漕运的内涵，即认为漕运就是谷物粮食的水运。④这种狭义的理解，虽然认识到中国古代漕运的基本特征与基本功能，但是并没有把漕运看成一个不断演变的历史过程。

二、"运河"的名与实

简而言之，运河就是指人工开凿的河道，即非自然河道。据此定义，中国古代早期"运河"的名称被称之为"某某沟"或"某某渠"居多，如邗沟、

---

① 倪玉平：《清代漕粮海运与社会变迁·绪言》，上海书店出版社 2005 年版，第 8—9 页。

② 张舜徽：《说文解字约注》，中州书画社 1983 年版，第 121 页。

③ 汉·许慎：《说文解字》，中华书局 1963 年版，第 237 页。

④ 吴琦：《"漕运"辨义》，引自吴琦：《漕运·群体·社会：明清史论集》，湖北人民出版社 2007 年版，第 1 页。

灵渠等。 又因运河之主要功能就是漕运，故在隋唐时期，"漕渠"①"漕河"②等称谓被广泛使用。 陈桥驿教授指出："《新唐书》卷三十六《五行志》记开成二年（837）： '夏旱，扬州运河竭。'这是正史上首次出现'运河'这个词汇。"③吴欣教授指出："宋代'漕河'名称广泛使用，《四库全书》所列宋代文献中有94种使用了'运河'的名称。"④由此足见宋时运河之称已经比较流行起来。 尤为重要的是，"大运河"的概念首次在南宋江南运河段出现。 据记载：

> 下塘河，南自天宗水门接盐桥运河，余杭水门，二水合于北郭税务司前，由清湖堰闸至德胜桥，与城东外沙河、菜市河、泛洋湖水相合，分为两派：一由东北上塘，过东仓新桥入大运河，至长安闸入秀州，曰运河，一由西北，过德胜桥，上北城堰，过江涨桥、喻家桥、北新桥以北，入安吉州界，曰下塘河。⑤

这里所说的"大运河"，具体指的是江南运河。 吴欣教授还指出："从文献所记录的名称分布来看，'运河'一词多出现在江淮和江南区域，包括龟山运河、扬楚运河、浙西运河等。"⑥南宋地方志等文献多以"运河"这一专有名词指称江南或江淮地区的某段人工河道绝非历史偶然。 从沟、渠、河到运河这些不同的名称变化来看，江南人更为刻意注视南方不同地区人工河道之漕运功能。 以"某某地名＋运河"的表述法，则暗示着不同地产所出之公私漕运物资。 这也是自南宋以来，北方精英大规模南迁后，中国经济中心南移的例证——正是南方经济的繁荣、物资的丰富，才有必要细化出更多的地域

---

① 汉代"漕渠"名称出现，特指汉武帝时在关中开凿的西起长安、东通黄河的水利工程。后世漕渠的含义就是泛指用于漕运的人工河道（即运河）。

② 唐代杜佑《通典》载："天宝二年，左常侍兼陕州刺史韦坚开漕河，自苑西引渭水，因古渠至华阴入渭，引永丰仓及三门仓米以给京师，名曰'广运潭'。"

③ 陈桥驿主编：《中国运河开发史》，中华书局2008年版，第8页。

④ 吴欣：《大运河文化的内涵与价值》，《光明日报》，2018年2月5日第14版。

⑤ 宋·周淙、施谔：《南宋临安两志》，浙江人民出版社1983年版，第197页。

⑥ 吴欣：《大运河文化的内涵与价值》，《光明日报》，2018年2月5日第14版。

名特物资。 元明清时期，运河与漕河概念并无较大差异，多有并行使用，唯运河更多指称南北走向的"京杭大运河"。 如《元史》卷六十四《河渠一·御河》称："运河二千余里，漕公私物货，为利甚大。"①明代文献中，运河与漕河概念也并行使用。 如《明史》称运河为"漕河"："明成祖肇建北京，转漕东南，水陆兼輓，仍元人之旧，参用海运。 逮会通河开，海陆并罢。 南极江口，北尽大通桥，运道三千余里。 ……总名曰漕河。"②明代其他专书、地方志等也多用漕河之名，如《漕河图志》《万历兖州府志·漕河》等。 事实上，《明史·河渠志》《清史稿·河渠志》中，都列"运河"专篇，指北至北京、南至杭州的运河。 但两者又有不同。 《明史·河渠志》称其为"漕河"，且将运河每一段河道都加上漕字，使之有"白漕、卫漕、闸漕、河漕、湖漕、江漕、浙漕之别"；③而《清史稿·河渠志》中，则单列"运河"："运河自京师历直沽、山东，下达扬子江口，南北二千余里，又自京口抵杭州，首尾八百余里，通谓之运河。"④雍正四年（1726）官方正式设置北运河的管理机构后，多使用通惠河、北运河、南运河和江南运河等说法。 近世以来，民间则往往将其称为"京杭运河"或"大运河"，2014 年运河"申遗"过程中，又将隋唐、浙东两段运河与京杭运河合称为"中国大运河"。⑤

吴欣教授指出："大运河名称从渠、沟到漕渠、漕河，再到运河、运粮河、大运河，大运河名称经历了由区域到跨区域、由专称到统称再到专称、由'漕'到'运'或'漕''运'兼称的不同阶段。 首先，漕运是运河的基本功能，以'漕'为核心的漕河或漕渠的名称无疑都突出了这种功能，同时，'运河'一词也并未脱离漕运的主旨，而是以'运'字突出了'漕'的状态。 其次，漕河、运河等名称都经历了从地方专称到南北通途或地方河流专称的变化过程，这个过程不仅是中国社会发展的过程，而且也是运河附属功能逐渐增加

---

① 明·宋濂等：《元史（中）》，阎崇东等校点，中华书局 1998 年版，第 895 页。
② 耿相新、康华等编：《明史》，中州古籍出版社 1996 年版，第 452 页。
③ 耿相新、康华等编：《明史》，中州古籍出版社 1996 年版，第 452 页。
④ 赵尔巽：《二十四史（附清史稿）》第十一卷《清史稿（上）》，中州古籍出版社 1998 年版，第 904 页。
⑤ 吴欣：《大运河文化的内涵与价值》，《光明日报》，2018 年 2 月 5 日第 14 版。

和社会交流日渐频繁的过程。'运河'一词在宋代出现似非偶然，比之隋唐时期，运河在保留漕运功能的同时，贸易交流的职能进一步加强，正如陆游所言，运河'假手隋氏而为吾宋之利'，这种'利'一方面是漕粮运输的便利，更主要的是商业运输以及对外贸易之利，尤其是南宋时期，浙东运河、浙西运河是其经济命脉，浙东运河还主要承担了对外贸易的功能。 最后，运河名称的变化不仅体现了历史性变化的过程，而且区域差异亦可见一斑。 宋代以运河命名的河流多集中于江南地区，辽金元时期，运粮河的名称则多出现在北方，这或许正是不同的文化及其实践在语言上的反映。"[1]上述分析也反映了这样一个观点：帝国中央集权体制与小农自然经济的结合，才是漕运制度出现并发展的最根本原因。[2]

第二节　杭州运河水系建设与历史作用

一、春秋后期是杭州运河系统的孕育时期

春秋时期，我国东南地区民族尤擅长水上交通。 中国早期的人工河也主要出现在东南地区的太湖平原和江淮平原。 《越绝书》就曾记载，东南地区的越人"以船为车，以楫为马"的生活特征。 其实，舟车楫马不仅仅是东南民族间水上航行的记录，也包含了当时东南各古国在水上的矛盾与冲突。 为了争夺中原霸权，所以吴王夫差、越王勾践修浚百尺渎、越来溪、吴故水道[3]、邗沟、深沟等人工河道。 他们皆有政治扩张和军事用兵的考虑。 百尺渎就是一条沟通吴国国都和钱塘江的人工运河，在今浙江杭州萧山东北河庄

---

① 吴欣：《大运河文化的内涵与价值》，《光明日报》，2018 年 2 月 5 日第 14 版。
② 吴士勇：《古代治水、开河与通漕的历史逻辑》，《深圳大学学报（人文社会科学版）》2018 年第 2 期，第 155 页。
③ 吴故水道应自今江苏苏州西北，穿过漕湖，逆泰伯渎与江南运河而北，再径阳湖，于江阴利浦出长江，以达扬州。大约开凿于邗沟以前或同时。参见魏嵩山、王文楚：《江南运河的形成及其演变过程》，《中华文史论丛》1979 年第 2 辑，第 306 页。

山侧，①是今日桐乡段运河的前身。《越绝书》卷二《越绝外传记吴地传》载"百尺渎，奏江，吴以达粮"，②这里的"江"指的就是钱塘江，"吴"指的是吴国国都（今苏州）。春秋时期的吴国和越国，就是以钱塘江为界，钱塘江以南属于越国，钱塘江以北即今杭州区域则属于吴国势力范围。吴越两国有世仇，经常在钱塘江流域发生水战。公元前 495 年，越王勾践伐吴，吴国败于槜李（今浙江嘉兴南江南运河侧畔）。一年后，公元前 494 年，吴王夫差反而于夫椒打败越国，越王勾践退回会稽，并请求臣服于吴国。夫椒即夫山，在现今绍兴西北，钱塘江南岸。据考证，此次越王勾践北伐吴国所循路线当是由百尺渎北上至今崇德，然后循江南运河一线北上，入于松江，太湖。③通过上述分析，作为春秋时期吴越争霸战场的钱塘江沿岸，为了军事运输而人工修筑的百尺渎就显得非常重要，尤其是对于我们追溯杭州运河发展变迁的早期历史。正所谓兵马未动粮草先行。《越绝书》也记载，百尺渎的一个重要功能就是"吴以达粮"，即吴国运送漕粮的重要渠道。

在春秋时期的钱塘江南岸宁绍平原，也已经出现比较成熟的运河水系系统。《越绝书》记载："山阴故水道，出东郭，从郡阳春亭，去县五十里。"④越国还在钱塘江南岸的运河沿线修建舟室（造船厂）、石塘（渡口）、杭坞（码头）和固陵城（军事堡垒）。⑤

而在太湖平原及江淮平原由吴王夫差所开凿的邗沟和深沟，同样是因军

①　百尺渎大约开凿在吴越争霸前期，原在钱塘江北岸萧山东北河庄山，宋元以后钱塘江流经路线逐渐北移，故导致该山变到钱塘江南岸。百尺渎又称为百尺浦，距海宁盐官镇西南 20 公里，今杭州萧山区尚有"百尺溇"地名。百尺渎南端入江口为百尺浦，然后由百尺浦西北而上，经语儿乡（今嘉兴南）、由拳辟塞（今嘉兴），直达吴国国都（今苏州），足见百尺渎是一条沟通钱塘江与杭嘉湖平原和宁绍平原的重要人工运河。

②　东汉·袁康：《越绝书全译》，东汉·吴平辑录、俞纪东译注，贵州人民出版社 1996年版，第 33 页。

③　魏嵩山、王文楚：《江南运河的形成及其演变过程》，《中华文史论丛》1979 年第 2 辑，第 306 页。

④　东汉·袁康、吴平：《越绝书》，浙江古籍出版社 2013 年版，第 56 页。山阴故水道至今犹在，http://www.sohu.com/a/159626120_99960016。

⑤　杭坞在今日杭州萧山区东衙航坞山麓，固陵城即今杭州萧山区城厢镇瓦窑村的后城山上，现在是萧山西南边的越王城遗址，仅有城墙一段。

事征战，北伐齐国，称霸中原的战略所需而修凿。 吴国大败越国、陈国、蔡国、鲁国和宋国后，为了向北运兵伐齐，在公元前 486 年开凿了邗沟。① 为了进一步扩大在中原地区的战略优势，吴王夫差于公元前 482 年开凿了深沟，② 继而沟通了黄河和淮河两大水系。③ 也可以说，通过深沟这样的人工河道，吴国建立了中原与东南地区在经济和文化交流上的便利通道，这对运河沿线地区的商业繁荣起到了重要作用。 这一时期东南地区的人工河道已经初步将今日杭州、苏州、扬州等重要城市联系在一起，将流经太湖流域的钱塘江、吴淞江、长江乃至黄淮流域的黄河和淮河都连通在一起，形成了早期的东南区域性的运河交通系统。 上述钱塘江南北的运河河道开发史对于江南运河及浙东运河的形成具有直接影响。 这也是为何有学者会提出"江南运河修建大致自春秋后期吴越控制的时代开始"的观点。④ 笔者需要指出的是，这一时期虽然江南地区的运河河道系统已经相对形成与发展起来，但是历史上的"钱唐县"或"杭州城"这样的县治或城治尚未出现。 也就是说，春秋末期，杭州运河系统的外部运河河道系统已经发展起来。 春秋时期钱塘江南北两岸的运河河道就是明证。 但是，春秋时期杭州城区内部的运河河道系统尚未形成，所以我们认为春秋末期是杭州运河系统依托江南运河系统形成而不断发展的孕育时期。

有学者指出："杭州是秦始皇时期江南运河的南端，也是隋朝（以洛阳为中心）南北大运河和元以后京杭大运河的南端。"⑤可见，杭州作为运河沿线重要节点城市的历史，与我国政治统一的历史密不可分。 公元前 222 年，秦始皇设置钱唐县、余杭县，均隶属于会稽郡（郡治在今苏州市）。 如今，这

---

① 春秋末，吴王夫差北上争霸，于公元前 486 年筑邗城（今扬州），开通邗沟。邗沟是沟通长江和淮河的早期古运河，又名渠水、韩江、中渎水、山阳渎、淮扬运河、里运河。后多次疏浚、拓宽。

② 春秋末，吴王夫差为和晋侯会盟于黄池（今河南封丘），于公元前 482 年挖通菏水（今仿山河与柳林河），连接济水和泗水，沟通了江、淮、河、济四大水系。荷水又名深沟，今属山东菏泽。

③ 陈述主编：《杭州运河历史研究》，杭州出版社 2006 年版，第 9 页。

④ 姚汉源：《京杭运河史》，中国水利水电出版社 1998 年版，第 34 页。

⑤ 陈述主编：《杭州运河历史研究》，杭州出版社 2006 年版，第 3 页。

两个县均属于杭州行政区域。由于秦始皇重大的历史贡献，他甚至被认为是"江南运河的创始人"。① 秦始皇统一中国后，即在江南地区进一步开凿运河。据历史文献记载，秦始皇在江南运河修凿的重要工程是在春秋时期开凿的百尺渎、越来溪、吴故水道及在太湖流域原有自然水道的基础上，开凿的"通陵江"等运河。

东汉《越绝书》卷二《越绝外传记吴地传》载："秦始皇造道陵南，可通陵道，到由拳塞，同起马塘，湛以为陂，治陵水道致钱唐，越地，通浙江。"②这里的浙江，指的就是钱塘江。钱唐，即秦始皇设置的钱唐县。《后汉书·郡国志·吴郡》条注中引东晋史学家干宝《搜神记》的记录："秦始皇东巡，望气者云：五百年后江东有天子气，始皇至，令囚徒十万人，掘污其地，表以恶名，改之曰由拳。"③通陵江由钱唐县而北行，经过马塘（在今浙江嘉兴马王塘），又向北经由拳（故址在今浙江嘉兴）、姑苏（今江苏苏州）继续北上，至丹阳（今属江苏）后，再往北至丹徒（今江苏镇江），再继续北行至京口（今在江苏镇江西北位置）。

《吴录地理》也载："朱方，后名谷阳。秦望气者云：其地有天子气。始皇使赭衣徒三千人凿长坑，败其势，故云丹徒。"上文提及的"掘污其地""凿长坑"实际上指的都是秦始皇统治时期的运河建设工程，即江苏京口至丹阳的曲阿河（今江南运河镇江段）。故，秦统一时期，以杭州作为运河南端的江南运河系统已经完全形成。《史记·秦始皇本纪》记载了秦始皇的第四次出巡："三十七年十月癸丑，始皇出游。左丞相斯从，右丞相去疾守。少子胡亥爱慕请从，上许之。十一月，行至云梦④，望祀虞舜于九疑山。浮江

① 魏嵩山：《杭州城市的兴起及其城区的发展》，引自中国地理学会历史地理专业委员会《历史地理》编辑委员会编：《历史地理（创刊号）》，上海人民出版社1981年版，第160—168页。

② 东汉·袁康：《越绝书全译》，东汉·吴平辑录、俞纪东译注，贵州人民出版社1996年版，第65页。

③ 南朝宋·范晔：《后汉书》，中华书局1999年版，第2379页。

④ 当为以湖沼形态著称的云梦泽，位于今江汉平原之内，南缘以大江。

下①，观籍柯，渡海渚②。 道度牛渚③，奏东安，过丹阳④，溧阳，鄣故⑤，馀杭⑥轲亭南；'东奏槿头'⑦，至钱唐。 临浙江，一水波恶，乃西百二十里从狭中渡。 上会稽，祭大禹，望于南海，……还过吴，从江乘渡。 并海上，北至琅邪。"至此，秦始皇已经通过开凿通陵江等一系列运河建设工程，在江南地区造就了一条南北贯通钱塘江、吴淞江、长江（连通"三江"），连接钱唐、由拳、吴县、丹徒、京口等城市的完整江南运河，这条秦始皇所修江南运河的行经路线还可以更为详细地表述为："南起钱塘江畔钱唐县（今杭州），然后循今杭州上塘河东北而上，经临平、长安、崇德、嘉兴、再折而西北，经今江苏平望、吴江、苏州、望亭、无锡、常州、奔牛、吕城、丹阳、丹徒、北至镇江西北京口港与长江相通。"⑧

二、华信筑塘：漕运官员治理里运河开始的标志

东汉会稽郡议曹华信修筑捍海塘是杭州运河建设由外向内变迁的重要标志性事件。 南朝刘宋元嘉年间（424—453）任钱唐县县令刘道真在《钱唐记》中曰："昔县境近江流，县在灵（隐）山下，至今基址犹存。 郡议曹华信乃立塘以防海水，募有能致土石者即与钱。 及成，县境蒙利，乃迁此地，于是为钱塘县。"⑨北魏郦道元在《水经注·渐江水》中提到《钱唐记》曰："防海大塘在县东一里许，郡议曹华信家议立此塘，以防海水。 始开募，有

---

① 即沿长江顺流而下。

② 《史记正义》云："《括地志》：'舒州同安县东。'"唐舒州，即今安庆市。

③ 即今马鞍山市西南、当涂县西北之采石矶。

④ 秦置县。 故地在今安徽当涂县与江苏溧水县之间的小丹阳。

⑤ 即秦置鄣郡，治故鄣，其地在今浙江长兴县西南。

⑥ 即今浙江省余杭区。

⑦ 槿头，古地名，无资料可查证，但从《越绝书》原文的上下文分析，从余杭东至槿头，再折西百二十里渡江经诸暨赴会稽，此"槿头"必为钱唐县境内的地名无疑。 故而有专家分析认为槿头即今杭州西湖东北的宝石山。

⑧ 魏嵩山、王文楚：《江南运河的形成及其演变过程》，《中华文史论丛》1979 年第 2 辑；陈述主编：《杭州运河历史研究》，杭州出版社 2006 年版，第 11 页。

⑨ 唐·李昉：《太平御览》卷一百七十《州部》，引自王国平主编《西湖文献集成》第 1 册《正史及全国地理志等中的西湖史料专辑》，杭州出版社 2004 年版，第 420 页。

能致一斛土者，即与钱一千，旬日之间，来者云集，塘未成而不复取，于是载土石者，皆弃而去，塘以之成。故改名钱塘焉。"①

据上述文献，华信为东汉时人，议曹为汉时郡守所辟隶属官员称号，即协助太守工作的地方官员。在他的倡议下，钱唐官民将土石运送到钱塘江边，修筑了一条捍海塘，将钱塘江和西湖隔开，防止江水对西湖及其周边河道的侵袭。可以说，华信开创了疏浚和治理钱塘江和西湖的先河。我们也可以想象，这样一条石塘只能有限地阻止钱塘江潮水对钱唐县西湖及县内河道的冲击，并不能完全改善这一状况。杭州地层结构中基岩面自西南向东偏北逐渐倾斜的基本态势，尤其是西湖东岸基岩犹如一道天造地设的防波堤，这才是足以遏制江潮西进之势，并于此地滞沙成陆。随着长时间江潮带来的泥沙淤积，钱唐县的平原陆地面积越来越大。这既会让钱唐人更多地住到新的平原地区，也会让后世钱唐的地方管理者继续思考如何治理境内的河道淤塞问题。

正是依托秦始皇凿通的江南运河，处于江南运河南端的钱唐县一方面可以利用运河通漕，开展贸易运输。另一方面，江南运河可以提供河水灌溉庄稼，使得汉时的钱唐县地方经济得到进一步发展。②《史记·河渠书》中明确提及了吴越地区运河漕运及水资源带来的好处："于吴，则通渠三江、五湖……此渠皆可行舟，有余则用灌溉，百姓飨其利。至于所过，往往引其水益用灌溉之渠，以万亿计，然莫不足数也。"③因为钱唐所辖地利，西汉时期就是汉武帝认可的重要军事要地。东汉时期的钱唐县已经是十万户以上的大县。前文提及东汉议曹华信发动民工运土石以修筑石塘的文献中，均提及他"募有能致土石者，即与钱"，"募有能致一斛土者，即与钱一千"这样的信息。"与钱易土"这样的史料告诉我们一些隐含的信息：一则作为东汉地方

① 北魏·郦道元：《水经注全译（下）》，陈桥驿等译，贵州人民出版社1996年版，第1370页。

② 汉武帝时期，钱唐县为会稽郡西部都尉治。新莽时期，改钱唐县为泉亭县，改余杭县为进睦县。东汉初，复名钱唐、余杭。汉光武帝建武六年（30），西部都尉治撤销，并钱唐入馀杭。约在安帝时，又恢复为钱唐县。汉顺帝永建四年（129），会稽郡分为吴郡和吴兴郡，钱唐县属吴郡，余杭属吴兴郡。

③ 西汉·司马迁：《史记·河渠书》，吉林大学出版社2015年版，第211页。

与"曹"有关的官员家庭是比较富有的；二则说明该时期钱唐地区比较发达的商业贸易，可以通过大量钱财购买民工劳力用以治理江河湖泊。虽然历史上我们对华信了解不多，但的确在历史文献中有提及"华信家富"。《太平御览·富下》载："防海大塘在县东，去邑一里，往时郡议曹华信家富，乃议立此塘以防海水。始开，募有能运土石一斛，即与钱一千。旬日之间，来者云集，塘未成而不复取，于是载土石者皆弃而去，塘以之成，既遏绝潮源，一境蒙利。"①故而我们合理推测，议曹华信筑塘一是其作为地方曹官职责所在，二是为了更好地管理东汉时钱唐运河河道的漕运业务，有商业利益可图。

三、杭州运河漕运系统进一步完善

从春秋时期东南地域运河河道的形成，到秦始皇统一中国后江南运河以钱唐为南端，再到汉朝钱唐县治理钱塘江及西湖等水利工程，让我们从历史变迁的过程中，观察到杭州运河系统建设由远及近，由外及内的变动趋势。

六朝时期，秦以来的江南运河又进一步发展。其中以荻塘、破岗渎、上容渎和浙东运河最为重要。荻塘是江南运河向浙西山区的延伸，西起浙江湖州南，东至江苏望平。破岗渎东起今江苏丹阳西南延陵镇西，西至句容东南，沟通句容东南赤山湖与秦淮河，是江南运河向建康（今江苏南京）的延伸。南朝萧梁时，破岗渎被废置，在句容县东北句容阿、洛阳河之间另开上容渎，这一段运河实则也是江南运河向建康的延伸。南朝陈时，上容渎被废，再修破岗渎。隋朝建立后，建康不再作为国都，江南运河恢复从京口入长江，破岗渎最终被废。②荻塘、破岗渎、上容渎的兴修和废置，是六朝时期江南运河在浙西地区河道体系的调适与完善。

而钱塘江南岸的浙东运河则是六朝时期江南运河向东延展和完善的代表性工程。东汉袁康、吴平《越绝书》卷八所记"山阴故水道，出东郭，从郡阳春亭，去县五十里"，③是目前所见关于浙东运河的最早记载。《嘉泰会稽

① 宋·李昉编纂：《太平御览》（第一卷），河北教育出版社 1994 年版，第 639 页。
② 陈述主编：《杭州运河历史研究》，杭州出版社 2006 年版，第 12 页。
③ 东汉·袁康、吴平：《越绝书》，浙江古籍出版社 2013 年版，第 56 页。

志》载"运河，在府西一里，属山阴县，自会稽东流县界五十余里入萧山县，《旧经》云，晋司徒贺循临郡，凿此（指西兴运河）以灌田"①。 这里所记之"运河"被当地人称为萧绍运河，史称西兴运河②，俗名关河，其实就是浙东运河的西段。 文献中所指贺循（260—319）乃是在晋惠帝时期（290—306）的会稽山阴人。 他在永嘉元年（307）二月至九月只做了半年左右的吴国会稽内史，其间他疏浚了一部分的萧绍运河。 在钱塘江和浙东运河交汇处，还设置有西陵埭。③ 西陵在萧山以西，今杭州滨江区西兴街道。 东晋至南北朝（南齐以前），西陵设埭，④被称为浙东运河第一埭。 如上记载，足见浙东运河是杭州沟通浙东地区重要的航道。 浙东运河西起西陵（今杭州滨江区西兴街道）钱塘江边，向东经今萧山、钱清、柯桥，至会稽郡城（今绍兴），由郡城出都赐堰，然后循鉴湖以东至曹娥江边，过曹娥江后又东至姚江，然后直达海滨。 当然，浙东运河河道形成是一个历史变迁过程。 关于春秋至西汉、东汉、晋唐、宋代、明清等不同时期的浙东运河变迁的示意图，⑤可参考邱志荣、陈鹏儿《浙东运河史》中的研究成果。

还有一点，南北朝时已然在钱塘江和浙东运河交界处设置西陵埭，可以说明钱塘江与内河舟楫往来频繁，需要蓄水调度。 而南北朝时期的会稽郡为经济要区，水路行旅繁忙，前文所载贺循"凿运河以灌田"的功能，显然已经不如运河的漕运功能。 所以，该时期钱塘江和浙东运河间频繁漕运的事实，不言而喻。

浙东运河西段漕运功能的显现，自然也要求杭州里运河系统不断完善。

---

① 《嘉泰会稽志》卷十《水》，转引自邱志荣、陈鹏儿：《浙东运河史》，中国文史出版社2014年版，第6页。

② 西兴运河指的是浙东运河西段，主要是指疏浚山阴故水道，连接萧山至绍兴等区域自然河道、湖泊，以贯通萧绍平原的人工河道。浙东运河往往又被看作京杭大运河的延长段，中国大运河系统工程的重要组成部分。

③ 埭指的是拦河堵水的土坝，即"蓄水谓之埭"，用以平水，蓄水通航。埭边坡一般较缓，用草泥作润滑物，以便牵引船只越过埭坝。

④ 陈代又称为奉公埭，似废于唐代，唐末不见记载。唐代兴建海塘，废埭设堰，唐代中后期在西陵设置西陵堰，为西陵埭的替代工程。参见陈志富：《萧绍运河的开挖和发展变迁》，引自《中国大运河水利遗产保护与利用战略论坛》，第220—221页。

⑤ 邱志荣、陈鹏儿：《浙东运河史》，中国文史出版社2014年版，第3、6、8、9、13页。

据《资治通鉴》卷一三六记载，至迟在南朝齐武帝（483—493）以前，杭州运河已经修有西陵埭、柳浦埭、浦阳北津埭、浦阳南津埭四大极为重要的渡口和码头，俗称牛埭。[①] 它们是南北朝时期江南运河沟通钱塘江两岸、浙西、浙东地区最为重要的运河交通设施。当时的西陵埭、浦阳南津埭属于浙东会稽郡永兴县，柳浦埭和浦阳北津埭隶属于吴郡钱唐县。现今而言，这四个古渡口和码头均在杭州境内。具体来说，柳浦埭在今日钱塘江北岸杭州南星桥三郎庙一带，时为钱唐境内河道与钱塘江沟通处，因两者水位高低不同，故设埭以便利通航。浦阳北津埭在钱塘江北岸，今杭州江干区龙山山麓六和塔一带。浦阳南津埭在钱塘江南岸，今位于杭州萧山区闻堰镇。

南北朝时期的钱唐柳浦埭已经是"通陵江"、浙东运河和钱塘江上游重要的货物集散地。漕运物资在钱唐柳浦埭聚集后，又通过"通陵江"、浙东运河和钱塘江运往太湖流域、浙东地区、金衢地区乃至更远的地方。《南齐书》记载了南齐武帝永明六年（488），西陵戍主杜元懿与吴郡会稽行事顾宪之有关"关税"征收建言争论。这次争论的背后体现了这段运河上的贸易情况：

> 杜元懿启："吴兴无秋，会稽丰登。商旅往来，倍多常岁崐。西陵牛埭税，官格日三千五百；如臣所见，日可增倍。并浦阳南北津、柳浦四埭，乞为官领摄一年，格外可长四百许万。西陵戍前检税，无妨戍事；余三埭自举腹心。"
>
> 世祖指示会稽郡访察杜之奏议。
>
> 会稽行事吴郡顾宪之议曰："始立牛埭之意，非苟逼蹴以取税也；乃以风涛迅险，人力不捷，屡致胶溺，济急利物耳。既公私是乐，所以输直无怨。京师航渡，即其例也。后之监领者，不达其本，各务己功，互生理外。或禁遏他道，或空税江行，或扑船倍价，或力周而犹责，凡如此类，不经埭烦牛者上详，被报格外十条，并蒙停寝。从来喧诉，始得暂弭。案吴兴频岁失稔，今兹尤馑，去乏从丰，良由饥棘。或征货贸

粒,还拯亲累;或提携老弱,陈力糊口。埭司责税,依格弗降。旧格新减,尚未议登,格外加倍,将以何术?皇慈临隐,振廪蠲调,而元懿幸灾榷利,重增困瘼。人而不仁,古今共疾。且比见加格置市者前后相属,非惟新加无赢,并皆旧格犹阙。愚恐元懿今启,亦当不殊。若事不副言,惧贻谴诘,便百方侵苦,为公贾怨。元懿禀性苛刻,已彰往效,任以物土,譬以狼将羊,其所欲举腹心,亦当虎而冠耳。书云'与其有聚敛之臣,宁有盗臣'。此言盗公为损盖微,敛民所害乃大也。今雍熙在运,草木含泽,其非事宜,仰如圣旨。然掌斯任者,应简廉平,廉则不窃于公,平则无害于民矣。愚又以便宜者,盖谓便于公,宜于民也。窃见顷之言便宜者,非能于民力之外用天分地也,率皆即日不宜于民,方来不便于公。名与实反,有乖政体。凡如此等,诚宜深察。"

世祖并从之,纳之而止。①

这段史料的大致意思是西陵戍主杜元懿建议增加西陵牛埭等关口的税收。 会稽行事吴郡人顾宪之则认为:"牛埭设置的初衷是应急救济和方便百姓,而地方官员却增收关税以扩大自己的业绩,置百姓生活艰苦不顾。"所以顾宪之认为杜元懿的奏议违反了施政根本。 最高统治者听取了顾宪之的观点。 虽然杜元懿的建议因顾宪之的反对没有被采纳,但是我们从上述史料中明确了解到西陵等四埭早已实行了"戍前检税"管理制度。 杜元懿所谓"商旅往来,倍多常岁崿。 西陵牛埭税,官格日三千五百;如臣所见,日可增倍"的税收财报分析,确证了杭州运河漕运贸易交易的繁荣。 如果没有商贾在杭州运河及其周边区域大肆贸易、货物进出钱唐以集散,官方又如何收取如此多的牛埭税。 特别是西陵戍主杜元懿作为西陵渡口的管理者,他预测将西陵埭、浦阳南津埭、浦阳北津埭、柳浦埭交给他管理一年,他还可以再多收缴四百万多的税收。 这个四百多万的税收预测,定不是他满嘴胡言,空穴来风。 柳浦埭等作为钱唐县重要贸易集散地的关口,往来商贾之多,物资体量之大,远胜西陵埭。 这才是他做出此类预测判断的根据。

---

① 梁·萧子显:《南齐书》,中华书局 2000 年版,第 546—548 页。

南北朝时期钱唐县柳浦埭居于重要的漕运贸易地位。 江南运河、钱塘江南北岸以及浙东运河均离不开钱唐漕河物资的运转。 通过前文分析太湖流域、江淮流域乃至浙东流域运河河道的建设历程，我们可以看到以钱唐为漕运集散中心的构建态势，钱唐漕河的建设也从外部向钱唐境内漕河转移。 此外，钱唐境内还有各种闸口、栈道设施的建设，也是为了更好地服务于运河漕运。 明万历年间（1573—1619），嘉兴李日华（1565—1635）《紫桃轩杂缀》载："唐以前，自杭至嘉皆悬流，其南则水草沮洳，以达于海，故水则设闸以启闭，陆则设栈以通行。 古胥山碑谓'石栈自钱塘北抵御儿口'，乃其证也。 至今有石门、陡门之名，而其迹则湮于阡陌久矣。"①该时期，杭州运河系统由外向内的发展变迁，跟杭州漕运经济兴盛，跟杭州军事要地的地位密不可分。

四、南北大运河视野下的杭州运河发展

隋朝初年，我国各地区已经开凿了白沟、漕渠、阳渠、鸿沟、邗沟、江南运河、浙东运河等多条运河。 由于自然环境变迁以及战乱不断，许多运河河道年久失修、淤塞断航。 为了国家政治统一，经济和军事的需要，隋朝统治者开始全面构建全国范围内的运河运输系统。 隋朝统治者以京师长安（今西安），东都（今洛阳）为中心，统一规划施工，先后开凿了由京师东出黄河的广通渠，沟通东南淮河流域、江淮平原、太湖平原的通济渠、邗沟、②江南运河和沟通黄河下游、海河流域的永济渠，首次完成了我国南北大运河的全线贯通。 至此，隋朝大运河以长安和洛阳为中心，北至涿郡（今北京），南至余杭（今杭州），全长5000余里。

隋朝以后的南北大运河，在唐、北宋时期频繁被开凿或疏浚或整修，成为真正把长江、淮河、黄河、海河、钱塘江五大水系通过人工河道连通成一张大型的运河漕运体系。 隋唐至北宋，南北大运河既加强了中国南北的沟通，同

---

① 清·张之鼐：《栖里景物略》，当代中国出版社2014年版，第5页。

② 隋炀帝大业元年（605）所开的邗沟，所利用的不是吴国邗沟，而是东汉陈登所开凿的邗沟直道。参见潘镛：《隋唐时期的运河和漕运》，三秦出版社1987年版，第38页。

时又促进了沿线城市扬州、杭州、西安、洛阳、开封的繁荣发展。

隋开皇九年（589），隋文帝杨坚平定南朝陈国，而当时的钱唐郡在旧陈国境内。故而，隋文帝废钱唐郡而置杭州，州治始设余杭县，称之为杭州。这是"杭州"一词最早在中国出现。开皇十年（590），因避免江南氏族豪强反隋暴动，杭州州治迁移至钱唐县凤凰山麓的柳浦。① 次年，杨素平定江南地区的暴动，进而在此修筑杭州城。迁至柳浦亦是因为这里是内河外海的交通要道。柳浦处于钱塘江入海口，沿钱塘江上，行船可至通婺（今浙江金华）、睦（今浙江建德）等州，下行船则出外海。从柳浦越过钱塘江往东行进，则可以进入浙东运河区域，故而控制宁绍平原及浙东运河出海口岸等要地。此时杭州州城城郭范围大致东临盐桥河（今中河），西临西湖，南至凤凰山，北至钱唐门（今湖滨六公园附近）。

为有效控制江南地区，尤其是加强长安、洛阳等中原重要城市与南方经济中心的联系，隋炀帝在大业六年（610），在六朝以来所开凿的江南运河的基础上加以疏浚而开凿了江南河（也是我们惯称的江南运河）。司马光《资治通鉴》载："穿江南河，自京口至余杭，八百余里，广十余丈，使可通龙舟，并置驿官、草顿，欲东巡会稽。"②司马光所谓的"江南河"，北起今江苏镇江京口，向东南经丹阳、常州、无锡、苏州、平望及浙江嘉兴，然后折向西南，经石门、崇福、长安、临平，再沿上塘河到达杭州城区，全长 800 余里。隋炀帝所开的江南运河是将之前王朝开凿留下的运河河道加以疏浚而成。③唐代称为"官河"，宋代称为"浙西运河"。隋炀帝开凿江南河以后，又在杭州城东、城南开人工河道（今杭州中河、龙山河），经杨浦而至白塔岭附近，进而可通至钱塘江。

为改善杭州城内运河河道系统，隋代官府开凿了清湖河，使得江南运河可以方便通达柳浦西面的新州城。为减轻江南运河杭州段漕运压力，周武则天天授三年（692）开辟了东苕溪为漕运航道。东苕溪位于杭州西北部，发源于

---

① 柳浦在今日的杭州城南地区、钱塘江北岸南星桥一带。
② 宋·司马光：《资治通鉴》卷一八一《隋纪五》，岳麓书社 2011 年版，第 2624 页。
③ 潘镛：《隋唐时期的运河和漕运》，三秦出版社 1987 年版，第 49 页。

今天临安东天目山北部平顶山南麓的马尖岗，向东流经临安里畈、桥东、临天、青山和余杭区余杭镇，自余杭镇折向北流，至汤湾渡汇入中苕溪，至瓶窑再汇入北苕溪，至德清县城纳入余英溪，再入德清，在湖州与西苕溪汇合后进入太湖。 武则天天授三年（692）命令钱塘、於潜、余杭、临安四县漕船沿东苕溪进入湖州，再由荻塘进入江南运河北上。 唐长庆四年（824）年初，杭州刺史白居易整治临平湖、钱塘湖（西湖），不仅修筑湖坝，还复浚李泌六井。 唐咸通二年（861），刺史崔彦在钱唐县治南面5公里开凿了三条沙河，即后人所称之外沙河、里沙河、中沙河。 当钱塘江潮水涌入杭州城内后，可以从这三条沙河排出。 据魏嵩山先生研究指出：“外沙河在今建国路以东，相当于贴沙河一段。 里沙河即今中河；中沙河即今庆春门出赭山之前的沙河，相当于中河的一段。”①

唐末景福二年（893），钱镠为镇海节度使，在杭州拥兵割据。 后梁开平元年（907），他被封为吴越王。 龙德三年（923），他又被封为吴越国王，自此建立吴越国，定都杭州，亦称西府或西都，吴越国历时72年。 针对其对杭州运河建设来说，主要功绩有吴越国天宝三年（910），钱镠主持修建了捍海石塘。 同一时期，钱镠又在运河入钱塘江口修建了龙山闸、浙江闸。 龙山闸在今杭州闸口白塔岭一带，浙江闸在今杭州南星桥三郎庙一带。 钱镠所建龙山与浙江两闸是在运河入江口建造的上下两闸。 这种复式船闸极大地缓解了钱塘江泥沙对运河的淤塞。 后唐清泰三年（936），钱镠之子吴越王钱元瓘开涌金池，引西湖水入城，方便运河舟船航行。 吴越王钱镠还修缮了西兴、柳浦、碧波亭、范浦、临平等渡口码头。

北宋初期，统治者十分注重管理与治理南北大运河，试图通过开凿和治理汴河、惠民河、广济河、金水河，以及江淮运河、江南运河、浙西运河和浙东运河等重要河道，把江浙、两淮、荆湖等南方财税要区与北方河北、京东、京西等紧密联系起来，构建以北宋京城开封为中心的运河漕运交通系统。 宋太

---

① 魏嵩山：《杭州城市的兴起及其城区的发展》,引自中国地理学会历史地理专业委员会《历史地理》编辑委员会编：《历史地理（创刊号）》,上海人民出版社1981年版,第160—168页；徐吉军：《杭州运河史话》,杭州出版社2013年版,第33页。

宗淳化元年（990）废润州（今江苏镇江）之京口、吕城、常州之望亭、奔牛、
秀州之杉青，杭州之长安等旧堰而建闸，提升蓄水调节能力，便利漕河同行。
宋仁宗年间（1023—1063），两浙转运副使郑向疏浚润州蒜山漕河，直抵长
江。 宋神宗熙宁元年（1068），宋神宗同意提举两浙开修河渠胡淮的奏请，
诏设杭州之长安、秀州之杉青、常州之望亭等三堰监护使臣，并以"管干河
塘"系衔，会同其所属僚佐，时常对运河巡检修浚，监督各闸按时启闭。 足
见北宋时期，统治者对江南运河漕运的疏浚之功。

　　杭州本地官员也把运河漕运管理作为重要的施政内容。 宋英宗治平四年
（1067），曾任浙西提刑的钱唐人元积中（生卒年不详）在盐桥运河岸边立下
石碑，借以规定运河两岸供牵舟船用的纤道宽度，避免运河沿岸居民对运河纤
道的占用与堵塞。① 苏轼先后两次担任杭州地方官。 第一次是宋神宗熙宁四
年（1071）十一月至熙宁七年（1074）七月，担任杭州通判三年。 第二次是
宋哲宗元祐四年（1089）七月至元祐六年（1091）六月，担任杭州知州两年。
在任期间，他认真研究杭州运河河道的水利情况。 他在杭州运河漕运管理工
作上，尤以疏浚西湖、开导城内二河、整修六井三项工程，贡献最大。 元祐
四年（1089），苏轼组织捍江兵士及诸色厢军千余人"开浚茅山、盐桥两河，
各十余里，皆有水八尺以上"，②使得其南接龙山河。 同时苏轼还重修龙山
闸和浙江闸，恢复了它们的通航功能。 苏轼还在茅山河与盐桥河交汇处即铃
辖司前（约今过军桥西侧）设置浑水闸和清水闸。 涨潮时闭闸，以避免泥沙
混入；退潮后启闸，确保水位，便利通航。 苏轼修建的浑水闸和清水闸是借
鉴了钱镠修造龙山闸和浙江闸所用的复式船闸法。 当然，治理杭州运河的地
方官员远不止苏轼一人。 熙宁五年（1072），卢秉提举盐事，为此征调千余
民工开挖汤村镇（今杭州乔司一带）运盐河。

　　北宋杭城沙河塘边的繁盛市街。 北宋时沙河塘位于城东，呈南北向分
布。 清乾隆年间进士翟灏《艮山杂志》卷一《地志》载："是知宋时，沙河自

---

① 宋·苏轼：《申三省起请开湖六条状》，引自苏轼：《苏轼文集编年笺注》，李之亮笺
注，巴蜀书社 2011 年版，第 177 页。
② 宋·苏轼：《申三省起请开湖六条状》，引自苏轼：《苏轼文集编年笺注》，李之亮笺
注，巴蜀书社 2011 年版，第 177 页。

竹车门绕城东北,讫馀杭门,七八里间,灯火相接,无非繁盛之地。 故其风景足述,一过再过,流连赞叹,不自嫌其词之复也。"可见,北宋时期杭州沙河塘从城东的竹车门外一直延伸到城北的余杭门,长有七八里,蜿蜒着将外沙河和后沙河连接在一起,并进一步从泛洋湖一直往余杭门外延伸。① 《艮山杂志》卷一《地志》还载道:"浙东商贾渡浙,多先萃聚范村(今在杭州江干区),再南范村泛里外沙河沿东城过艮山门,于五里塘为懋迁处。"《梦粱录》卷十一《池塘》载:"官河塘,存北新桥之北,接广运河大塘。 又有一塘,日西塘,袤一十八里,抵安溪,通四川驿路,淳祐并加筑治,至今无颓圮之患矣。"②北商南贾往来于沙河塘地区,沿河街道多有开设与城市居民日常生活有关的日用品商店,形成颇具江南城市特色的街市。 明代田汝成《西湖游览志余》卷二一《委巷丛谈》描述道:"沙河,宋时居民甚盛,碧瓦红檐,歌管不绝,官长往往游焉。 故苏子瞻诗云:'云烟湖寺家家境,灯火沙河夜夜春。'又其佐郡时,意有所属,比来守郡,则其人已去矣。 故其诗云:'惆怅沙河十里春,一番花老一番新。 小楼依旧斜阳里,不见楼中垂手人。'"③曾经旅居杭州的北宋著名词人晁补之④《七述》也记述了沙河塘之繁荣:"宝则缪琳珊瑚,玛瑙碔砆、药化之玉、火化之珠,红黄白绿,磊落满椟。 北商南贾,百金不鬻。 沙河雨晴月照,灯明席张,案设左右,煌荧远而望之,夺人目睛。"⑤文中的"北商"是从浙西的大运河而来的客商,而"东贾"则是从浙东运河来杭州的浙东及福建、广东等地商人。

北宋时期的杭州城,位于杭嘉湖流域边缘,南接浙东,北邻浙西,凭借运河,出镇江以后北通淮泗;西面又与长江沿岸城市取得联系,远至成都、广州;南达温台海运乃至闽粤要道。 正因为如此,宋仁宗才赞誉杭州为"东南第一州"。 嘉祐二年(1057),宋仁宗皇帝以龙图阁学士、尚书吏部郎中梅

① 徐吉军:《杭州运河史话》,杭州出版社 2013 年版,第 53 页。
② 宋·吴自牧:《梦粱录》卷十一《池塘》,三秦出版社 2004 年版,第 167 页。
③ 明·田汝成:《西湖游览志余》,浙江人民出版社 1980 年版,第 333 页。
④ 晁补之(1053—1110),字无咎,号归来子,山东巨野人。北宋著名文学家、"苏门四学士"之一。
⑤ 转引自王国平主编:《运河名城——杭州》,中国文史出版社 2009 年版,第 22 页。

挚知杭州。 临行时,宋仁宗赐诗《赐梅挚知州》: "地有吴山美,东南第一州。"①此时杭州作为东南第一州的经济地位已确认无疑。②

南宋临安的城外运河(浙西运河和浙东运河)及其支流的修建与疏浚工程已经非常完备,临安城内运河体系也已经非常成熟。 现在江南运河南段杭州城内部分相当于今日的中河、龙山河,沟通钱塘江的口子在杭州城南、钱塘江北岸闸口一带(六和塔与白塔之间)。③ 南宋临安时期所称的浙西运河也称作江南运河或江南河,是指临安府北郭务(今杭州余杭区)至京口(今镇江)的这一段人工运河河道,大约800里,广十余丈。 浙西运河在临安府一段称为上塘河,明代称上塘河为中河,以对应清湖闸水而言。 长度达100余里,因此又被称为长河,或夹官河。 当时的上塘河西自得胜桥东,抵长安坝、长安镇,又东抵海宁县城。 该河南通外沙河、菜市河、蔡官人河,东达赤岸河、施何村河、方兴河。 上塘河两岸农田千顷以上,是临安府重要的粮食和蔬菜供应地。 南宋范大成《暮春上塘道中》一诗就描述了上塘河岸周边景色: "店舍无烟野水寒,竞船人醉鼓阑珊。 石门柳绿清明市,洞口桃红上巳山。 飞絮著人春共老,片云将梦晚俱还。 明朝遮日长安道,惭愧江湖钓手闲。"④

自南宋定都临安府以后,浙西运河成为关系南宋政治、经济和文化的要道。 当时的人就评价道: "据吴会之雄,自临安至于京口,千里而远,舟车之轻从,邮递之络绎,漕运之转输,军期之传送,未有不由此涂(涂通"途")者。"⑤这其中尤以粮食供给最为重要。 宋孝宗隆兴元年(1163)有诏曰: "临安府近缘河道浅涩,客米兴贩未至,深虑民庶艰食。"⑥南宋宁宗嘉定年间(1208—1224),有官员在给皇帝的奏言中更是说: "国家驻跸钱

① 陶文鹏、郑园编选:《苏轼集》,凤凰出版社2014年版,第35页。
② 辛薇主编:《杭商与杭州社会建设》,浙江工商大学出版社2012年版,第5页。
③ 陈述主编:《杭州运河历史研究》,杭州出版社2006年版,第19页。
④ 南宋·范大成:《暮春上塘道中》,引自清·张景星、清·姚培谦、清·王永祺编选:《宋诗别裁集》,上海古籍出版社2013年版,第150页。
⑤ 刘琳等校点:《宋会要辑稿·方域》,上海古籍出版社2014年版,第9467页。
⑥ 刘琳等校点:《宋会要辑稿·食货》,上海古籍出版社2014年版,第7570页。

塘，纲运粮饷，仰给诸道，所系不轻。 水运之程，自大江而下，至镇江则入闸，经行运河，如履平地，川、广巨舰，直抵都城，盖甚便也。"①这则史料中也提及浙西运河上自镇江前往临安都城的漕船中，有来自"川、广巨舰"，这证明了湖广、四川乃至江淮的船只与人员可以非常方便地通过浙西运河水道前往临安。 陆游《常州奔牛闸记》中也说："一天子驻跸临安，牧贡戎贽，四方之赋输，与邮置往来，军旅征戍，商贾贸迁者，途出于此，居天下十七。其所系岂不愈重哉？"②陆游《入蜀记》也载："自京口抵钱塘，梁陈以前不通漕，至隋炀帝始凿渠八百里，皆阔十丈。……朝廷所以能驻跸钱塘，以有此渠耳。 汴与此渠，皆假手隋氏，而为吾宋之利，岂亦有数邪？"③虽然陆游有关"自京口抵钱塘，梁陈以前不通漕"的说法不甚准确，但他关于江南河的历史贡献却是正确的评价。

　　南北朝时期浙东运河漕运体系就已经形成。 浙东运河指钱塘江与姚江之间几段互相连接的运河，因地处浙东地区，故名浙东运河。 它北起钱塘江南，经西兴镇到萧山，东南方向至钱清镇与钱清江交汇，后又经绍兴城，东折至曹娥镇与曹娥江交汇，曹娥江以东起自梁湖堰，东经上虞至通明连接姚江，并由姚江经余姚、慈溪、宁波，会奉化江后称甬江，又北至镇海入海。 由于钱清江、曹娥江等潮汐河流切穿于浙东运河之间，至宋代，浙东运河设有西兴堰、钱清北堰、钱清南堰、都泗堰、曹娥堰、梁湖堰、通明堰等七堰。 小船可候潮翻堰而过，大者则需要用役牛盘挽而过。 这就形成了浙东运河"三江重复、百怪垂涎，七堰相望，万牛回首"④的独特景象，这也是对浙东运河特征的极好总结。 浙东运河对于临安与浙西地区以及海外贸易具有重要作用，故而在南宋时期多有疏浚。 南宋绍兴元年（1131）对余姚境内运河进行疏浚。同年，对上虞境内运河进行疏浚。 乾道三年（1167）萧山西兴、通江两闸为江沙壅塞，"募人自西兴至大江，疏沙河二十里，井浚河里运河十三里"，

---

①　元·脱脱等：《宋史》卷九七，中华书局 2000 年版，第 1617—1618 页。
②　宋·陆游：《陆游集》，中华书局 1976 年版，第 2165 页。
③　宋·陆游：《陆游集》，中华书局 1976 年版，第 2411 页。
④　明·萧良幹修，明·张元忭、明·孙鑛纂：《万历〈绍兴府志〉点校本》，宁波出版社 2012 年版，第 355—356 页。

"恐潮水不定，复有填淤，且通江六堰，纲运至多，宜差注指使一人，专以'开撩西兴沙河'系衔，及发捍江兵士五十名，专充开撩沙浦，不得杂役，仍从本府起立营屋居之"。①

北宋时期，浙东运河地位越发重要。 宋代王应麟《玉海》卷二三《地理·运路二十一堰》引《围史·职官志》："堰：楚州之黄蒲、宝应、北神、西河，高邮之新河、樊良，扬州之邵伯、瓜洲，润州之京口、吕城，常州之望亭、奔牛，秀州之杉青，杭州之长安，越州之曹娥、梁湖、钱青，孟州之济源，汝州之梁县，泰州之白莆、捍海，总二十一，监官各一人。 余堰不居运路者，皆领于州县。"②南宋时，随着杭州成为行在都城，浙东运河也得到了较彻底的修整，通过运河的交通运输极度频繁。 陆游在《法云寺观音殿记》就有这样的记载："寺居钱塘、会稽之冲，凡东之士大夫仕于朝与调官者，试于礼部者，莫不由寺而西，饯往迎来，常相属也。 富商大贾，捩舵挂席.夹以大橹，明珠大贝翠羽瑟瑟之宝，重载而往者，无虚日也。"③

南宋时期临安都城城外的运河支流也有贴沙河、下塘河、前沙河、下湖河、新开运河、外沙河、子塘河、余杭塘河、奉口河、宦塘河、赤岸河、菜市河、后沙河、蔡官人塘河、施何村河、方兴河、真珠河、龙山河等，足见此时临安城周边运河河道数量之多。

---

① 元·脱脱等:《宋史》卷九七,中华书局2000年版,第1619页。

② 宋·王应麟辑:《玉海》卷二三《地理·运路二十一堰》,江苏古籍出版社、上海书店1987年版,第476页。

③ 宋·陆游:《陆游集》,中华书局1976年版,第2156页。

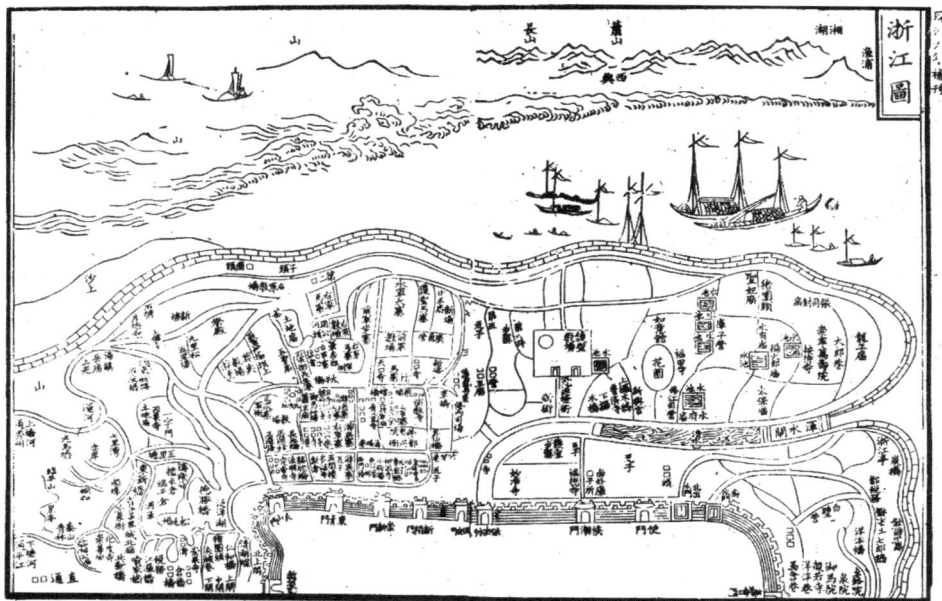

《咸淳临安志》中的"浙江图"①

南宋临安城内主要运河河道，已经奠定了杭州运河河道体系的基本格局。城内主要有盐桥运河（大河）、市河（小河）、清湖河（西河）、茅山河。 在《宋会要辑稿》《宋史·河渠志》等文献中，详细记载了临安运河的数次疏浚过程。 其中，盐桥运河（大河）、市河（小河）、清湖河（西河）、茅山河都是临安都城内主要的运河水道。

---

① 同治六年(1867)据南宋原刻本摹绘的补刊本《咸淳临安志》。《咸淳临安志》附图是上西下东左南右北绘制，可在线阅览，http://www.chinaknowledge.de/Literature/Science/xianchunlinanzhi.html,检索日期[2018-08-01]。

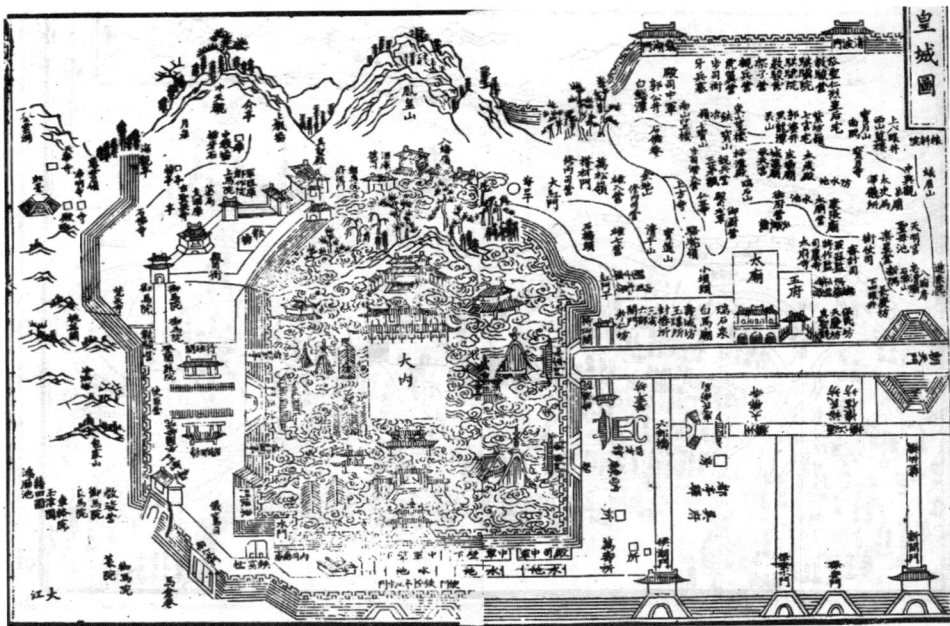

《咸淳临安志》中的"皇城图"①

五、京杭大运河视野下的杭州运河变迁

元朝建都大都（今北京），北京取代了过去关中洛阳、开封的政治中心地位。元朝统治者先后开凿济州河、会通河、通惠河，形成以北京为中心，南抵杭州的京杭大运河。特别是这一时期新修的"通惠河"，使得新的京杭大运河比绕道洛阳的隋唐大运河缩短了900多公里。同时，元朝对原先大运河的重要河段如邗沟、江南运河、浙东运河也进行了疏浚和整治。自此以后，京杭大运河成为北起北京，流经天津、河北、山东、江苏，南抵浙江杭州，沟通海河、黄河、淮河、长江和钱塘江五大水系，全长约1800公里的世界最长运河。京杭大运河一向为历代漕运要道。南北经济互通、政治统一皆离不开这条大运河。元末，海运逐渐兴起，大运河的通航能力受到越来越大的挑

①　同治六年（1867）据南宋原刻本摹绘的补刊本《咸淳临安志》。《咸淳临安志》附图是上西下东左南右北绘制，可在线阅览，http://www.chinaknowledge.de/Literature/Science/xianchunlinanzhi.html，检索日期[2018-08-01]。

战。 明清两代虽然竭力维持京杭大运河的通航能力，但越来越多的河段淤塞废止。 同治年间（1862—1874）漕粮改由海运为主，仅有十分之一的运量交由河运。 光绪二十七年（1901），大运河漕运停办，运河日趋衰败。

由于鉴湖的废置，浙东运河原先为防止鉴湖之水泄入运河而设置的都泗堰已失去作用。 都泗堰在元代或南宋后期遂被废弃，此时的浙东运河航运反而因此更为方便。 江南运河自南宋禁止龙山河通航以后，龙山河河道逐渐废置。 据《元史》卷六十五《河渠二·龙山河道》载："（龙山河）今浙江亭南至龙山闸约一十五里，粪土填塞，两岸居民间有侵占。 迹其形势，宜改修运河，开掘沙土，对闸搬载，直抵浙江，转入两处市河，免担负之劳，生民获惠"[①]经江浙令史裴坚建议，延祐三年（1316）三月七日至四月十八日，丞相康里脱脱（1272—1327）主持疏浚了龙山河，浚河"九里三百六十二步，造石桥八座，立上下两闸"。[②] 这里所立"上下两闸"就是龙山闸和浙江闸。 疏浚河道后，龙山河南端与钱塘江连通，而北端与两处市河相连。

至正六年（1346）十月，康里脱脱之子达识帖木儿任行省平章，再次疏浚龙山河，工程于次年二月完工。 这次元朝地方政府疏浚运河的德政，历史上有详细记载。 元代人苏天爵《滋溪文稿》卷三《江浙行省浚治杭州河渠记》[③]对本次治河缘由、工程过程及疏浚目的都有详细记录。 江南运河北段（时称镇江运河）的水源练湖，江淮之间的邗沟（时称扬州运河），在延祐年间（1314—1320）、至治年间（1321—1323），也先后进行了浚治。 元时的京杭大运河，尤其是北京与山东境内运河段，由于黄河的冲击以及疏浚工作的滞缓，运力并不高，故而元政府利用海运居多。 元朝末年张士信[④]疏浚了自余杭塘栖武林港至杭州北新桥、江涨桥的新运河，河广20余丈，开辟了江南运

---

① 明·宋濂：《元史》，中华书局 1976 年版，第 1642 页。
② 明·宋濂：《元史》，中华书局 1976 年版，第 1642 页。
③ 李修生主编：《全元文》，凤凰出版社 2004 年版，第 154—155 页。
④ 现代研究者多认为是张士诚，据阙维民教授考证，应为张士信。参见阙维民：《杭州城池暨西湖历史图说》，浙江人民出版社 2000 年版，第 288 页；阙维民：《南宋行在临安府的地图再现》，引自杭州市社会科学院南宋史研究中心编：《南宋史研究论丛》，杭州出版社 2008 年版，第 366—382 页。

河进入杭州又一条径直而宽广的新航道。

明初建都金陵（今南京）后，金陵以北的运河河道通航能力降低，元世祖忽必烈赐名的会通河也年久失修，经常淤滞。明成祖迁都北京后，漕粮的北运再次成为朝廷头疼的议题。虽《明史》载"海运多险，陆挽亦艰"，[①]但大致在永乐初年，明政府基本上沿袭元初河运、陆运与海运兼顾的局面。《明史·河渠志》载："永乐四年，成祖命平江伯陈瑄督转运。一仍由海，而一则浮淮入河，至阳武，陆挽百七十里抵卫辉，浮于卫，所谓陆海兼运者也。"[②]永乐九年（1411），山东济宁同知潘叔正上书，陈述重开会通河的必要性和可能性。明成祖采纳了他的意见，令工部尚书宋礼征民夫16万，疏浚自济宁到临清385公里的元代运河河道。这次运道疏浚后，将元代先后开挖的济州河、会通河及济宁以南至徐州一段运河，统一命名为"会通河"。明朝的这次疏浚，使得会通河通航400余年，这次疏浚也是会通河进入全盛时期的标志。[③]会通河疏浚后，京杭大运河运量从元朝初年的不足10万石，提高到明朝中期最高的580万石，平均每年300万石，而清代最高一年有800万石，足够当时京城一年粮食之所需。正是这条关键的会通河得以疏浚，南粮北运以及南北各种商贸物资的流通，才得以进一步发展。京杭大运河沿线城市也得以进一步发展。

---

① 清·张廷玉：《明史》，吉林人民出版社2000年版，第1328页；朱偰：《中国运河史料选辑》，中华书局1962年版，第72页。

② 清·张廷玉：《明史》，吉林人民出版社2000年版，第1328页。

③ 尤宝良、邓红编：《东平湖与黄河文化》，黄河水利出版社2009年版，第12页。

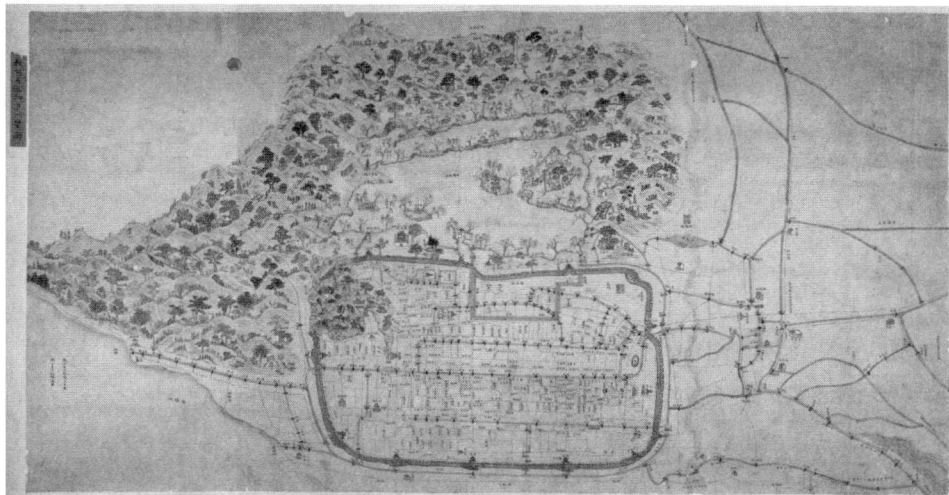

《杭城西湖江干湖墅图》，大约绘制于1716—1727年间①

　　这幅《杭城西湖江干湖墅图》值得一提。该图以传统绘画糅合地图绘制的技巧表现，将杭州城与西湖及城北附郭仁和县、城南附郭钱唐县一带山形水势尽收于图中。全图不附图例、比例及方位，但明显采用西上、东下的分布。图中各处标示地名，杭州城内官署、坊巷、水道桥梁均详细注记；杭城外西湖及周围山岭、寺庙和景点也都有非常细腻的描绘；钱塘江水面在图右，以图面空白的方式表现，仅注记"闸口至北新关三十里""闸口至六和塔五里"两处文字。

---

　　①　《杭城西湖江干湖墅图》可在线检索：http://digitalatlas.asdc.sinica.edu.tw/map_detail.jsp? id＝A104000026，检索日期[2018-07-16]。

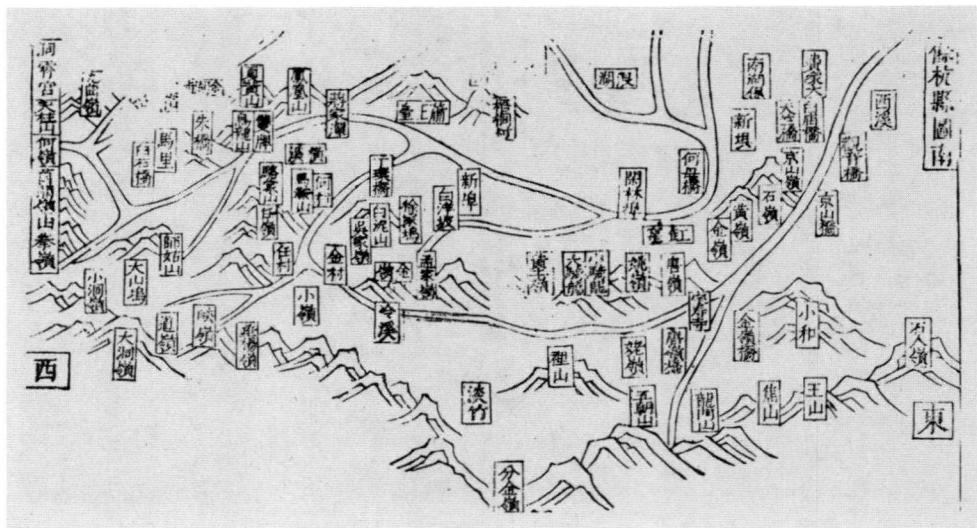

明万历《杭州府志》附图《余杭县图》（局部）

清朝时期的江南运河通航状况一直较好。《清史稿》卷一二七《河渠志》载："京口以南，运河惟徒、阳、阳武等邑时劳疏浚，无锡而下，直抵苏州，与嘉、杭之运河，固皆清流顺轨，不烦人力。"①当然，《清史稿》所谓的"不烦人力"也只是相对而言，为了维持无锡至杭州运河的通航，地方政府也屡屡修浚河道。如杭州至塘栖段运河，为元末张士信所开，清康熙四十七年（1708），巡抚王然奉旨重新修浚北新桥至塘栖武林港运河1315丈。

杭州城北运河自武林水门与城内运河（时称大河）相接，南出凤山水门与龙山河（又称茅山河）。自北向南有清水闸、浑水闸、跨浦闸、龙山闸，进而往南入钱塘江。明洪武五年（1372），行省参政徐本等对跨浦桥河段"开河增闸"，进行了治理。《西湖游览志余》载："洪武七年（1374），参政徐本、都指挥使徐司马以（龙山河）河道窄隘，军舰高大，难于出江，拓广一十丈，浚深二尺，仍置闸限潮，舟楫出江为始便。今以河高江低，改闸为

---

① 赵尔巽：《二十四史（附清史稿）》第11卷《清史稿（上）》，中州古籍出版社1998年版，第904页。

坝。"①清康熙二十四年（1685），巡抚赵士麟重浚杭城内运河。此后，孙文成、李卫、许承基、阮元、薛时雨皆修浚过杭州内外诸多运河河道。②

段必魁《全漕运道图》（1884）局部，美国国会图书馆藏③

《康熙南巡图》第九卷局部图之渡过钱塘江

---

① 明·田汝成：《西湖游览志余》，浙江人民出版社1980年版，第332页。

② 孙忠焕主编：《杭州运河史》，中国社会科学出版社2011年版，第209—217页。

③ 段必魁《全漕运道图》，可在线检索：http://digitalatlas.asdc.sinica.edu.tw/map_detail.jsp? id＝A103000088，检索日期[2018-08-14]。

《康熙南巡图》第九卷局部图之过西兴关

《康熙南巡图》第九卷局部图之过萧山桥

　　以上三图均为《康熙南巡图》第九卷局部图，反映了康熙从浙江杭州出发，渡钱塘江，经萧山县，抵达绍兴府大禹陵沿途情景。

　　康熙、乾隆年间，清政府在大力治理京杭大运河各地河道的同时，又大力治理黄河、淮河的水患。经过精心的治理，黄淮与运河一度相安无事。乾隆后期，尤其是嘉庆、道光以后，清政府疏于治河，运河通航能力日益减弱。19世纪以来，漕粮主要依托海运，光绪二十七年（1901），大运河漕运停办。这是我国帝制后期大运河漕运管理的整体态势。民国时期，北京等地运河河道尤在，但是缺水断航。而长江以南的江南运河，由于河道水源相对充沛，民船与吃水较浅的汽船常年可通航，杭州段运河的通航状况亦是如此。

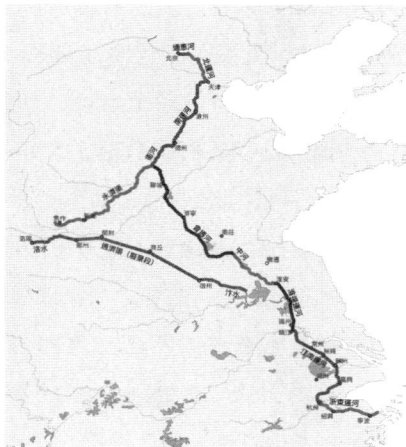

中国大运河示意图①

明清时期，一大批诸如黄汴《一统路程图记》、商俊《水陆路程》、《商程一览》、《路程要览》、崔亭子《路程要览》、陈舟士《天下路程》、赖盛远《示我周行》，以及程春宇《新安原版士商类要》、吴中孚《商贾便览》、陶承庆《新刻京本华夷风物商程一览》、檐漪子天启《新刻士商要览天下水陆行程图》、崇祯八年李晋德《新刻合并客商一览醒迷天下水陆路程》等日用类书籍（尤其是交通旅游类用书与商业指南类用书）大量翻印，其中多有记录杭州运河水系与外地水道的相通路线以及运河商业经营指南等知识。如黄汴《一统路程图记》就记录了许多条以杭州为节点的往返水上通道路线。这些以杭州为中心的人工水道路线就是杭州运河及其外部沟通的主要路线。他记录"北京至南京、浙江、福建陆路"路线时，明确解释，"此条路线自南京以下至杭州，再至常山，多赖运河及其他河道"。也就是说，北京至南京驿路多是采取陆路，南京至杭州以下，多走运河等水路。

在明代黄汴《一统路线图记》中记载了多条杭州水路。

---

① 该示意图可参考《大运河申遗文件》(*The Grand Canal*，*Volume 1*)中的大运河示意图，made by State Administration of Cultural Heritage of People's Republic of China，p. 12.

卷三　第二十八条

　　　　浙江布政使（司）至所属府至温、台、宁、绍四府水陆

　　　　本司至嘉兴等府水

　　　　本司至湖州府水

卷七　第四条

　　　　江西城由广信府玉山至浙江水路

　　　　第五条

　　　　杭州府官塘至镇江府水路

　　　　第六条

　　　　杭州迁路由烂溪至常州府水路

　　　　第十七条

　　　　江西由休宁县至浙江水路

　　　　第二十四条

　　　　杭州府至补（普）陀山水路

　　　　第二十五条

　　　　扬州府跳船至杭州府水路

　　　　第二十六条

　　　　杭州跳船至镇江府水路

　　　　第三十条

　　　　北新关至缸窑、瓶窑水路

　　　　第三十五条

　　　　杭州府至上海县水路

　　　　第三十七条

　　　　休宁县至杭州府水路

　　　　第三十八条

　　　　浙江至天台山、雁荡山水、陆路①

　　　　① 明·黄汴：《一统路程图记》，引自杨正泰：《明代驿站考：增订本》，上海古籍出版社
2006年版，第228、229、265、266、273、276、277、278、279页。

上述过往杭州的水路多借助运河水道。第五条水路路线"杭州府官塘至镇江府水"就是前文论述过的江南运河的部分航道，这条水道是沟通江南地区水系的重要干线，沿线连接了苏州、常州、镇江、扬州、南京等运河城市，商贸往来发达。[①] 以黄汴《一统路程图记》为代表的文献，清晰地记录了杭州运河河道与外地运河的连通情况，也呈现出杭州凭借发达的运河水网优势，成为贸易的集散地与转运地。因此，杭州城市商业与经济得到极大发展亦是必然。

第三节　杭州城市发展依赖运河漕运

春秋战国时期，吴、越两国经常"战于浙江之上"（《越绝书》卷八）。[②] 今杭州地区即春秋时期吴越两国交界的边境。又由于"吴越二邦，同气共俗"（《越绝书》卷七），故探讨当时"杭州"区域的社会情况，往往就是探讨吴越两国的风土人情。在研究某一历史区域历史发展变迁与定位的时候，往往由于行政建制的反复变迁及历史文献记载的缺失，而不能准确判断。著名地理学家陈桥驿教授曾有"把建有县治的这一级城邑作为历史上的城市，恐怕比较符合实际"[③]的观点，为我们探讨历史变迁概念中的"杭州"城与城内外的运河漕运体系，提供了一个标准。《史记》卷六《秦始皇本纪》记录道："秦始皇二十五年（前222），秦灭楚降越后，于吴、越故地设置会稽郡（郡治在今苏州市），并在会稽郡下设置了钱唐县[④]和余杭县。"根据陈桥驿先生上述"将县治这样的行政建置作为历史上的城市"的标准，这里的钱唐县就可以认为是历史上的杭州城市区域。著名历史地理学家阙维民先

---

① 陈学文：《外国人审视中的运河、西湖与明清杭州城市的发展》，《杭州师范大学学报（社会科学版）》2002年第5期，第82页。

② 这里所指"浙江"即今钱塘江，参见王国平主编《西湖文献集成》第11册，杭州出版社2004年版，第6页。

③ 陈桥驿：《中国历史名城》，中国青年出版社1986年版，第3页。

④ 秦代会稽郡下属钱唐县就在今灵隐山麓附近。

生同样依据陈桥驿先生的这一判定标准，认为"杭州作为城市的历史，始于秦代所置钱唐县"，①道理也在此。

秦始皇统一中国后，疆域"东穷燕齐，南极吴楚，江湖之上，滨海之观毕至"（《汉书·贾山传》）。 其中，秦始皇于公元前 219 年、前 218 年和前 210 年三次东南巡视，历史文献多有记载他曾经到过钱唐。 史载："造道陵南，可通陵道，则由拳塞（今嘉兴），同起马塘，湛以为陂，治陵水道②到钱唐、越地，通浙江"（《越绝书·吴地传》）；"至钱唐，临浙江，水波恶，乃西百二十里从狭中渡"（《史记》卷六《秦始皇本纪》）。 作为国家统治者，秦始皇亲自前往江浙地区巡视，不单单是出游性质，而是对国家权力的宣誓。钱唐县的确定，跟钱唐、余杭地区作为秦朝江南运河南端军事要地的重要县治有关，也跟该时期钱唐地区漕运经济的发展有关。

隋以前，杭州城市经济地位北不及苏州、湖州，南不及越州。 隋以后，杭州城市地位有了极大提升，这跟隋代大力开凿南北大运河关系密切。 隋开皇九年（589），隋文帝废钱唐郡置杭州，"杭州"一名首次在中国历史上出现。 所谓名正言顺，杭州政治地位的提高势必对杭州的经济、文化、人口等多方面产生积极影响。 隋代南北大运河的开凿，更把杭州置于沟通江南运河、浙东运河以及钱塘江水道贸易交汇地、中转站的位置。 借助运河交通的便利，此时的杭州是"水居江海之会，陆介两浙之间"，城市经济水平发展迅速，也成为运河沿线的知名城市。 隋以后的杭州，成为钱塘江的重要河港贸易城市，并且成为具有"川泽沃衍，有海陆之饶，珍异所聚，故商贸并凑"（《隋书·地理志》）特点的海滨商业城市。 隋朝南北大运河疏浚通航以后，杭州的商贸发达程度与宣城（今属安徽）、毗陵（今江苏常州）、吴郡（今江苏苏州）、会稽（今浙江绍兴）、东阳（今浙江金华）等江南名城不相上下。

唐朝时，杭州已成为国内外通商口岸，贸易兴盛。 至唐中叶，李华在《杭州刺史厅壁记》（作于唐代宗永泰元年，765）描写杭州"东南名郡，咽喉

---

① 阙维民：《杭州城池暨西湖历史图说》，浙江人民出版社 2000 年版，第 6 页。
② 陵道即陆道。陵水道是挖土修筑陆道而形成的人工渠道。

吴越，势雄江海，骈樯二十里，开肆三万室"①的繁荣景象。白居易撰《卢元辅杭州刺史制》（德宗时所作），也说"江南列郡，余杭为大"，②这并不是白居易的过度赞誉。中唐以后，杭州"东南名郡"的美誉为世人所知。据《乾道临安志·户口》所载，唐贞观年间（629—649），杭州有居民30571户，153729口。这其中不乏许多经由江南运河水道而从北方迁徙至江南地区的移民（其中以难民为主）。如西晋元康元年（291）开始的"八王之乱"，而出现的永嘉南迁，这是中国历史上首次大规模汉人南迁。此后还有"安史之乱""靖康之乱"引发的大规模北人南迁至淮南、江南、江西等地。③这些逃难之人南下的主要交通方式是水陆结合，且以借助运河水道为主。唐代刺史李华《杭州刺史厅壁记》载："杭州东南名郡，东汉分会稽为吴郡，钱塘属。隋平陈置此州，咽喉吴越，势雄江海。国家阜成兆人，户口日益。增领九县，所临莅者，多当时名公。……况郊海门，池浙江，三山动摇于掌端，灵涛喷激于城下，水牵卉服，陆控山夷，骈墙二十里，开肆三万室。"④

"户口日益""多当时名公"讲的是唐时杭州人口激增且多名士。如杭州名人褚遂良（596—659）、许敬宗（592—672）、许远（709—757）、董昌（847—896）等人。"骈墙二十里，开肆三万室"则讲的是二十里的城郭内有店铺三万家（约15万人口），足见杭州城市经济的繁荣。唐代沈亚之（781—832）《杭州场壁记》也复证了杭州此时作为上州的繁盛："国家始以输边储塞，不足于用，遂以盐铁榷估为助，使吏曹计其入于郡县近利之地。得为院盐畑之署，以差高下之等。顾杭州虽一畑耳，然则南派巨流，走闽禺瓯越之宝货，而盐鱼大贾，所来交会，每岁官入三十六万千计。近岁淮河之间，颇闻其费。自是汲利之官益重矣。"⑤

沈亚之所记"南派巨流，走闽禺瓯越之宝货，而盐鱼大贾，所来交会"的

---

① 周绍良主编：《全唐文新编》第2部，吉林文史出版社2000年版，第3597页。

② 唐·白居易：《卢元辅杭州刺史制》，引自白居易：《白居易全集2》，珠海出版社1996年版，第911页。

③ 葛剑雄等：《简明中国移民史》，福建人民出版社1993年版，第256页。

④ 周绍良主编：《全唐文新编》第2部，吉林文史出版社2000年版，第3597页。

⑤ 宋·李昉等编：《文苑英华》第5册，中华书局1996年版，第4268页。

史实，明白无误告诉了我们坐落在浙西与浙东运河交汇处的杭州通过运河漕运贸易所获得的经济收益。 唐代诗人杜牧在《杭州新造南亭记》也说"钱塘于东南繁大，雅亚吴郡"（《全唐文》卷七五三）。 此时杭州的经济地位已经超越浙东运河上的越州，而仅次于北面的苏州。 后世作家，也多以唐乾道年间作为杭州繁荣的转折点。 他们认为中唐以后，杭州可配称"东南名郡"。①

两宋时期，杭州"万物所聚，诸行百市"，②杭州的发展达到历史高峰。陶毂《清异录》卷上《地理门》说"轻清富庶，东南为甲。 富兼华夷，余杭又为甲。 百事繁庶，地上天官也"。 欧阳修在《有美堂记》赞美杭州道："若乃四方之所聚，百货之所交，物盛人众，为一都会，而又能兼有山水之美，以资富贵之娱者，惟金陵、钱塘。 然二却皆僭窃于乱世。 及圣宋受命，海内为一，金陵以后服见诛。 夸其江山虽在，而颓垣虚址，荒烟野草，过而览者，莫不为之踌躇而凄怆。 独钱塘自五代时，知尊中国效臣顺，及其亡也，顿首请命，不顷干戈。 争其民幸，富足安乐，又其俗习工巧，邑屋华丽，盖十余万家……可谓盛矣。"③北宋时期的杭州虽然是江南第一大都市，但是与北宋都城汴京相比，还是有很大差距。④ 北宋时期逃难到杭州的袁裦在《枫窗小牍》中提到汴京与杭城的比较，可谓非常具有代表性："汴中呼余杭百事繁庶，地上天宫。 及余邸寓山中，深谷枯田，林莽塞目，鱼虾屏断，鲜适莫扑。唯野葱、苦荬、红米作炊；炊汁少许，代脂供饭。 不谓地上天宫，有如此享受也。"⑤袁裦是初迁至杭州，对杭州未必有深刻认知。 但是与都城汴京相比，此时江南名郡杭城的富庶繁华，是不及老都城汴京的。

宋室皇亲贵族们定都临安后，临安成为汉人政权的政治中心。 楼钥《钱塘县官厅壁记》曰："钱塘古都会，繁富甲于东南。 高宗南巡，驻跸于兹，历

---

① 竺可桢：《竺可桢全集》第 11 卷，上海科技教育出版社 2006 年版，第 301 页。

② 宋·吴自牧：《梦粱录》，浙江人民出版社 1980 年版，第 115 页。

③ 宋·欧阳修：《有美堂记》，引自刘扬忠编选：《欧阳修集》，凤凰出版社 2014 年版，第177 页。

④ 陕西师范大学中国历史地理研究所、西北历史环境与经济社会发展研究中心编：《历史地理学研究的新探索与新动向：庆贺朱士光教授七十华秩暨荣休论文集》，三秦出版社2008 年版，第 300 页。

⑤ 宋·袁裦：《枫窗小牍》，上海古籍出版社 2012 年版，第 12 页。

三朝五十余年矣，民物百倍于旧。"①耐得翁《都城纪胜》也云："自高宗皇帝驻跸于杭，而杭山水明秀，民物康阜，视京师其过十倍矣。虽市肆与京师相侔，然中兴已百余年，列圣相承，太平日久，前后经营至矣，辐辏集矣，其与中兴时又过十数倍也。"②历经南宋统治者百余年的管理，杭州成为一个真正具有百万人口的大型都市。

南宋德祐二年（1276），元军攻陷临安，改临安府为杭州路。所幸的是，元军灭宋的这场战争并未大肆破坏杭州的城市与经济设施。元代的杭州依然保持着南方工商业中心的地位。元代大戏曲家关汉卿在《南吕·一枝花·杭州景》中称赞杭州为："普天下锦绣乡，寰海内风流地。大元朝新附国，亡宋家旧华夷。水秀山奇；一到处堪游戏。这答儿忒富贵，满城中绣幕风帘，一哄地人烟凑集。"③

明清时期，运河水系依然对杭州城市工商业的繁荣发展做出了巨大贡献。明万历以后，杭州商店沿街长达几十里，百物辐辏，商贾云集，千艘万舶，往回不绝。由于经济的恢复发展，夜市又开始兴起："每至夕阳在山，则墙帆卸泊，百货登市，故市不于日中而常至夜分，且在城阗（城门）之外，无金吾之禁，篝火烛照如同白日。"④万历《杭州府志》卷一九《风俗》记载："民居栉比，鸡犬相闻，极为繁庶。"⑤《玩斋集》卷九《杭州新城碑》载："（杭州）舟航水塞，车马陆填，百货之委，商贾贸迁，珠玉象犀，南金大贝，侏儒雕题，诸蕃毕萃，既庶且富，则教其民。"万历《杭州府志》卷三《城池》中也记录有杭州地域的不断扩大，人口的不断增加："（杭州）城有四十里之围，居有数百万之众。"随着城内诸河与运河的连通，杭州城市工商业发展已经离不开运河通道。"梗塞既去，清流徐来"，"四河水沦涟，叶浊留清"，

---

①　宋·潜说友：《咸淳临安志》卷五四，引自浙江省地方志编纂委员会编：《宋元浙江方志集成》，杭州出版社 2009 年版，第 958 页。

②　宋·灌圃耐得翁：《都城纪胜》，引自清·朱彭等人：《南宋古迹考（外四种）》，浙江人民出版社 1983 年版，第 79 页。

③　蔡践解译：《元曲全鉴》，中国纺织出版社 2015 年版，第 44 页。

④　陆鉴三选注：《西湖笔丛》，浙江文艺出版社 1985 年版，第 96 页。

⑤　万历《杭州府志》卷一九，转引自陈剩勇：《浙江通史》第 7 卷，浙江人民出版社 2005 年版，第 76 页。

"方舟徜徉中流"。"杭人如鲠得吐，如痹得仁，欣然有乐生之渐，相与忭舞。""杭之食利"，百货皆通。[①] 正是在杭州河漕的运输保证下，清乾隆年间，杭州发展成为我国三大丝织业中心之一。其他手工业如棉纺织业、制伞、剪刀等也很兴盛，并形成著名的杭扇、杭线、杭粉、杭烟、杭剪"五杭"地方名优产品。雍乾年间，杭州城市进一步发展，城郭宽广，居民稠密，成为全国著名的工商业大城市。

一、农业灌溉与漕粮运输

南宋时，"国家驻跸钱塘，纲运粮饷，仰给诸道，所系不轻"，[②]充分表明了当时作为都城的临安是多么依赖运河漕运。时人也言："自临安至京口，千里而远，角车之轻从，邮递之络绎，漕运之转输，军期之传递，莫不由此途者。"[③]陆游作为当时南来北往见多识广的人，他在《常州奔牛闸记》中说道："自天子驻跸临安，牧贡戎赆，四方之赋输，与邮置往来，军旅征戍，商贾贸迁者，途出于此，居天下十六七，其所系岂不愈重哉？"[④]又在其《入蜀记》中也说："自京口抵钱塘，梁宋以前不通漕，至隋炀帝始凿渠八百里，皆阔十丈。……朝廷所以能驻跸钱塘，以有此渠耳。汴与此渠皆假手隋氏而为吾宋之利，岂亦有数耶！"[⑤]临安城市的发展受到运河漕运的影响之深，时人的记述可谓繁多，也是充分的印证。南宋楼钥《真州修城记》中说道："江湖米运转输京师，岁以千万石计。"[⑥]吴自牧《梦粱录》卷十六《米铺》中说："杭州人烟稠密，城内外不下数十万，百十万口。每日街市食米，除府第、官舍、宅舍、富室及诸司有该俸人外，细民所食，每日城内外不下一二

---

① 乾隆《杭州府志》卷四十，转引自浙江省地方志编纂委员会编：《浙江通志 4》，中华书局 2001 年版，第 1405 页。

② 元·康里脱脱等：《宋史》卷九七，中华书局 2000 年版，第 1617 页。

③ 刘琳等校点：《宋会要辑稿·方域》，上海古籍出版社 2014 年版，第 9467 页。

④ 宋·陆游：《陆游集》，中华书局 1976 年版，第 2165 页。

⑤ 宋·陆游：《陆游集》，中华书局 1976 年版，第 2411 页。

⑥ 曾枣庄、刘琳主编：《全宋文》第 264 册，上海辞书出版社、安徽教育出版社 2006 年版，第 368 页。

千石，皆需之铺家。"①周密《癸辛杂识》续集上《杭城食米》对此亦有论述："余向在京幕，闻吏魁云：'杭城除有米之家，仰籴而食凡十六七万人，人以二升计之，非三四千石不可以支一日之用，而南北外二厢不与焉，客旅之往来又不与焉。'"②陆游、吴自牧、周密等人眼中的南宋生活场景基本上是写实，故其所录颇为可信。而运河漕运之物资品质，也不仅仅是稻米。其他各种物资都在杭州集散贸易。吴自牧《梦粱录》描述的杭州江口码头盛况中，就有明确记载各种运河贸易物资："其浙江船只，虽海舰多有往来，则严、婺、衢、徽等船，多尝通津买卖往来，谓之'长船等只'，如杭城柴炭、木植、柑橘、干湿果子等物，多产于此数州耳。明、越、温、台海鲜鱼蟹鲞腊等货，亦上通于江、浙。但往来严、婺、衢、徽州诸船，下则易，上则难，盖滩高水逆故也。江岸之船甚夥，初非一色：海舶、大舰、网艇、大小船只、公私浙江渔捕等渡船、买卖客船，皆泊于江岸。盖杭城众大之区，客贩最多，兼仕宦往来，皆聚于此耳。"③

经由江南运河漕运而来的漕粮养活了绝大多数杭州人。朱熹《李公椿墓志铭》云："京师月须米十四万五千石，而省仓之储多不能过两月。公请给南库钱以足岁糴之数，……又籴洪、吉、潭、衡军食之余及鄂商船，并取江西，湖南诸寄积米，自三总所运输以达中都，常达二百万石，为一岁备。"④元初胡长孺《广福庙传》中对杭城所需粮食状况的记述更为确切："长孺在虎（通"武"）林，闻故老诵说，赵忠惠公为临安尹，会城中见口日食文思院斛米三千石，常藉北关天宗水门米船入。四千石贱，二千石贵，与日食适相若，价固等，俟之无不中者；为平籴仓二十八敖，盐桥北籴湖、常、秀诸州米，置碓房，舂治精善，岁六十万石。视米船不及日食，辄取贱价与民，消

① 宋·吴自牧：《梦粱录》，浙江人民出版社 1980 年版，第 148 页。

② 宋·周密：《癸辛杂识》续集上《杭城食米》，引自金沛霖主编：《四库全书子部精要》下册，天津古籍出版社、中国世界语出版社 1998 年版，第 850 页。

③ 宋·吴自牧：《梦粱录》，浙江人民出版社 1980 年版，第 112 页。

④ 宋·朱熹：《朱子全书》第 25 册，上海古籍出版社、安徽教育出版社 2002 年版，第 4326 页。

折本钱巨万。 竟尹去十三年，米价不翔，民不食粝恶，驵侩不罹刑辟。 良尹哉。"①

我们可以知道，通过杭州城北的水门即天宗水而来的米船的荐贩米斛，每日有三千石左右。 胡长孺对杭州运河漕运的情景记录尤为详细。 杭州运河水系不仅仅是运输粮食，其对于河道两岸之灌溉意义也十分重大。 宁宗朝官员吴衡说：

> 天下地利，古盛于北者，今皆盛于南……以元丰二十三路较之，户口登耗，垦田多寡，当天下三分之二。其道里广狭，财赋丰俭，当四分之二[三]。彼西北一隅之地，古当天下四分之三，方今仅当四分之一。儒学之盛，古称邹鲁，今称闽越，机巧之利，古称青齐，今称巴蜀；枣栗之利，古盛于北，而南夏古今无有；香茶之利，今盛于南，而北地古今无有。兔利盛于北，鱼利盛于南，皆南北不相兼有者。然专于北者，其利鲜；专于南者，其利丰。故长江、剑阁以南，民户虽止当诸夏中分，而财赋所入当三分之二。漕运之利，今称江淮，关河无闻；盐池之利，今称海盐，天下仰给，而解盐荒凉；陆海之利，今称江浙，甲于天下，关陕无闻；灌溉之利，今称浙江、太湖，甲于天下，河、渭无闻。②

吴衡不仅对南宋时期农业发展进行了准确的记述，而且他的分析比较也表明不管是在思想学术上，还是在漕运交通、水利灌溉等方面，南宋时期的南方已经超越了北方，即南宋时期中国的经济重心已经完成了由黄河流域向长江流域转移的历史过程。③ 清朝时期，清政府依然重视漕河之管理。 康熙二十年（1681）上谕："河道漕运，关系重大，所关河漕一应情罪，俱不免

---

① 清·丁丙：《武林坊巷志》第六册，浙江人民出版社 1988 年版，第 41 页。
② 清·陈梦雷编：《古今图书集成》第 69 册，中华书局、巴蜀书社 1985 年版，第 83625 页。
③ 何忠礼：《略论南宋的历史地位》，《浙江社会科学》2008 年第 9 期，第 73 页。

赦。"①清人陶澍亦指出，"国家之大事在漕，漕运之务在河"。② 作为运河沿线城市的杭州，其居民日常生活物资的转运输送，杭城河道两岸的农田灌溉，都离不开运河水的补给。 而在历史上，杭州还经常因为农田灌溉用水造成运河河道水量不足，进而影响河船运输与运河物资的正常流通。

二、中河是杭州城市发展变迁的见证者

现在的中河是古代龙山河、盐桥河和新横河三条河段的总称。 盐桥河与龙山河的分界线是凤山水门，盐桥河和龙山河也被称作中河北段和南段。 历史上，中河开凿于隋代。 唐称之为沙河，宋称之为盐桥河、大河、清改称为中河。

为了沟通大运河与钱塘江，隋炀帝"又在城东、城南开河（即今杭州中河北段、龙山河），经柳浦而至白塔岭附近"，③隋代的盐桥河尚在杭州城外围。 吴越国时，中河北段被称为盐桥河。 钱镠在盐桥河与江南运河的交汇处修有一处堰坝，名曰清河。 经过钱镠对杭州的扩建，原为护城河的盐桥河已经被圈至城中。 北宋时盐桥河是杭州市内最繁忙、最长的河流。 来自金华、湖州等地的江船和宁波、台州等地的海船皆借道龙山闸经由盐桥河进入隋唐南北大运河。 苏轼在杭州任上，组织人力"开浚茅山、盐桥二河，各十余里，皆有水八尺以上"。④南宋时期，临安人口激增，多有侵占河道的情况发生。 南宋初期，盐桥河每隔三五年就要疏浚一次。 南宋时的盐桥河是杭州的黄金水道。 盐桥河两岸排列着政府衙门、官员府邸、寺庙园林、勾栏瓦肆、酒楼民居等建筑。 可以说，盐桥河是南宋的缩影。⑤ 元末，张士信在中河之上建立凤山水门。 清代，盐桥河改称为中河。 浙江巡抚梅启照开凿新横河，

---

① 《钦定大清会典事例》卷一三七《吏部·处分例·河工》，转引自清·陈梦雷编：《古今图书集成》，鼎文书局 1977 年版，第 717 页。

② 陶澍：《陶云汀先生奏疏》卷十七《现办漕情形折片》，道光六年十二月二十八日（1826）。

③ 徐吉军：《杭州运河史话》，杭州出版社 2013 年版，第 30 页。

④ 宋·苏轼：《苏东坡全集》4，燕山出版社 2009 年版，第 2017 页。

⑤ 刘亚轩：《杭州中东河历史变迁研究》，《河南牧业经济学院学报》2016 年第 4 期，第 30 页。

连通了中河和东河，新横河西起梅家桥，东至坝子桥。 清朝时期，官员也多次疏浚中河。 特别是雍正五年（1727），李卫两浚贴沙河、南北各置闸门，改中河龙山坝成船闸。 至此，昔日的龙山河与盐桥河（合成中河），自闸口的通江河道入城，出武林水门而入清河闸，为运米、盐、木材之要道。 民国时期的杭州公路、铁路等新型交通方式极大地影响了中河，中河河道也不断变窄。 据民国 17 年（1928）《杭州市水道沟渠调查表》记录说：（中河）起自凤山门外四驾桥，南接龙山河，水流由南向北，至武林门外清河闸，汇入上塘河，长 7.7 公里，宽 8—13 米。 新中国之初，龙山闸废弃，钱塘江上的船只在闸口小桥的东南段翻坝进入中河。 1982 年，杭州市通过了《关于中东河综合治理工程的决定》，自 1983—1988 年，历时五年，完成治理中河和东河。 该工程治理中河后，中河南至凤山门，北至新横河桥，长 6.4 公里，宽 8—10米，经艮山门流入京杭运河。 中河从最初作为沟通钱塘江与大运河的杭州护城河，到成为杭州城内最长的水道，从未被杭州人民完全废弃过。 中河滋养和孕育了杭州独特的城市品格，彰显的是江南独特的水乡文化，是杭州城市发展变迁历史的真正见证者。

三、运河流水带来杭州文化的多样性

文化的多样性来源于人员的迁徙与交流。 秦始皇三十七年（前 210）东巡会稽，立石会稽云：

> 皇帝休烈，平一宇内，德惠攸长。 卅有七年，亲巡天下，周览远方。遂登会稽，宣省习俗，黔首斋庄。 群臣诵功，本原事迹，追道高明。 秦圣临国，始定刑名，显陈旧章。 初平法式，审别职任，以立恒常。 六王专倍，贪戾傲猛，率众自强。 暴虐恣行，负力而骄，数动甲兵。 阴通间使，以事合从，行为辟方。 内饰诈谋，外来侵边，遂起祸殃。 义威诛之，殄熄暴悖，乱贼灭亡。 圣德广密，六合之中，被泽无疆。 皇帝并宇，兼听万事，远近毕清。 运理群物，考验事实，各载其名。 贵贱并通，善否陈前，靡有隐情。 饰省宣义，有子而嫁，倍死不贞。 防隔内外，禁止淫佚，男女絜诚。 夫为寄瑕，杀之无罪，男秉义程。 妻为逃嫁，子不得母，

成化廉清。大治濯俗,天下承风,蒙被休经。皆遵度轨,和安敦勉,莫不顺令。黔首修絜,人乐同则,嘉保太平。后敬奉法,常治无极,舆舟不倾。从臣诵烈,请刻此石,光垂休铭。[①]

秦始皇以来,"皆遵度轨","人乐同则",国家的统一促进了南北文化的交流。 秦始皇东巡之举,更说明北方有明确的运河河道通往南方。 此后,中国经济与文化中心不断从黄河流域往长江流域转移。 代表性的北人南迁事件有:西晋元康元年(291)因"八王之乱"而出现的永嘉南迁。 此后还有"安史之乱""靖康之乱"引发的北人大规模南迁至淮南、江南、江西等地。

西晋末年,八王之乱的发生,使得晋朝实力大打折扣,北方的少数民族趁机南下,侵占了中原的腹地洛阳,这就是历史上有名的"五胡乱华"。 中原汉族中王室贵族和富户、大户相继南迁。 据官方统计,公元313—450年北方南渡人口达90万,占北方原有人口1/7。[②]《世说新语·政事篇》注引檀道鸾《续晋阳秋》云:"自中原丧乱,民离本域,江左造创,豪族并兼,或客寓流离,民籍不立。"可见移民的实际数量比上述官方统计的数字更大。 其中,公元317年逃到江南的官僚、贵族等,联合江南大地主建立了东晋。

唐朝"安史之乱"历时八年,导致中原经济遭到严重破坏。 河南、河北、陕西的汉族居民南下江淮,西入川。 唐代诗人顾况(约727—815)在《送宣歙李衙推八郎使东都序》中记述:"天宝末(756),安禄山反,天子去蜀,多士南奔,吴为人海。"[③]李白《为宋中丞请都金陵表》中也评论:"天下衣冠士庶,避地东吴,永嘉南迁,未盛于此。"[④]

靖康之乱,金兵南下,高宗南渡,中原居民大规模南迁,这也是中原地区汉民最大规模的南迁。 今东南各省,甚至远至福建、广东都有大量北方移民,其中比较集中的地区是苏南浙江一带,杭州最为集中。 "西北士大夫遭

① 郭超主编:《四库全书》,中国文史出版社1998年版,第13页。
② 张善余:《中国人口地理》,科学出版社2003年版,第356页。
③ 周绍良主编:《全唐文新编》第3部,吉林文史出版社2000年版,第6152页。
④ 王新龙编:《李白文集》4,中国戏剧出版社2009年版,第5页。

靖康之难，多挈家寓武陵"，① "四方之民云集二浙，百倍常时"。② 这也是南宋江南农业生产水平大突破的重要原因之一。③

隋朝开凿大运河以后，南北经济与文化交流更加频繁和方便。《隋书·地理志》将会稽、余杭等地描绘成"有海陆之饶，珍异齐聚，故商贾并凑"的繁荣景象。南宋时，作为都城的临安，更加是"杭城辐辏之地……缘此是行都士贵官员往来，商贾买卖骈集，公私船只，泊于城北者夥矣"。④ 不仅城内如此，杭州作为浙西运河与浙东运河的交汇地与贸易集散地，商业文化繁荣，北商南贾往来不绝。南宋建都杭州，浙东运河得以开凿，一批新的运河如得胜新河、荆溪、官塘河、金坛运河、上塘河等相继建成，一个以杭州为中心的联系更加密切、功能发挥更为充分的新的运河体系逐渐形成。⑤ 临安借南北运河河道，不仅可与整个太湖流域各个大小城市联络，而且出镇江以后，又可北通淮泗，西南与长江沿岸城市联系，远至重庆、成都。杭州成为中原文化与江南文化的融会之地，其文化呈现出多样性与包容性。

大运河南端的杭州始兴于隋，隋唐大运河的南北贯通和东南经济的迅速发展，尤其是江南运河与钱塘江及浙东运河的沟通，使杭州从一个滨海小邑一跃发展成为"水居江海之会，陆介两浙之间"的经济都会。唐朝时，杭州已成为国内外通商口岸，贸易兴盛，呈现出"骈樯二十里，开肆三万室"的繁荣景象。两宋时期，杭州"万物所聚，诸行百市"，"一时号称人口百万"，杭州的发展达到历史高峰。元王朝建都北京，为解决南粮北运问题，元政府对隋唐大运河进行了一次大规模的整治和开发，重新开通的南北大运河以大都为中心，沟通河、海、江、淮、钱塘五大水系。大运河南北两端的大都和杭州成为当时世界上极为著名的城市。明清以降，杭州除短时间因遭战争破坏

---

① 宋·洪迈：《夷坚志》，九州图书出版社 1998 年版，第 1600 页。

② 宋·李心传：《建炎以来系年要录》卷一五八，中华书局 1956 年版，第 5037 页。

③ 陈刚：《南宋江南士大夫与江南法律秩序的构建》，上海浦江教育出版社 2013 年版，第 40 页。

④ 宋·吴自牧：《梦粱录》，浙江人民出版社 1980 年版，第 113 页。

⑤ 王明德：《大运河与中国古代运河城市的双向互动》，《求索》2009 年第 2 期，第 204 页。

而经济萧条外，多数时间都保持了工商业繁荣发展的局面。[1] 这与其位于运河重要的沿线端点作为贸易中转之地关系密切。

运河与古代运河城市相伴而生，两者相互依存，相互推动，互为影响。一方面，大运河影响城市的兴衰变化，影响城市的规模与等级、性质与结构，以及其分布和体系；另一方面，运河城市也影响着大运河和运河体系的发育，影响着运河网络结构的改变和功能的发挥，推动着运河开凿技术的提高和运河管理制度的完善。运河营造了城市，城市推动了运河的不断发展，城因运河而兴，运河因城而凿，运河与城市又推动着运河城市经济的繁荣。大运河的变迁或改道又会导致运河城市的变迁甚或衰落。[2]

第四节　杭州漕运"两市三镇"、九大粮仓与码头

杭州城内河城外有很多因为运河经济发展起来的商业区域或集散地，因规模不同而被称之为"市"或"镇"。明清时期，因贸易而形成的杭州市集很多，如城内的清河坊市、寿安坊市，城外的嘉会门市、沙田市、西溪市。其中最为著名的"两市三镇"指的是湖州市、北关市，临平镇、塘栖镇、笕桥镇。

一、两市三镇

两市指的是湖州市和北关市。湖州市在明代又称湖墅，以其夜市最为著名。[3] 外地运入的米粮多在此处集散，历来是杭州城北重要的商业区。其范围大致在杭城以北。万历四十六年（1618），明人陈玄锡在《北关修筑荆街记》指出湖州市的位置是："武林门外北新关为湖墅。湖墅地方十余里，而民居稠密，市舶椒聚，一大都会也。关以东为河塍，河塍为各省通衢，较西

---

① 何一民：《中国城市史纲》，四川大学出版社 1994 年版，第 228—229 页。

② 王明德：《大运河与中国古代运河城市的双向互动》，《求索》2009 年第 2 期，第 203 页。

③ 陈学文：《明代杭州的夜市》，《浙江学刊》2007 年第 2 期，第 106—111 页。

街而便，车蹄辐辏。"①清人魏标所著《湖墅杂诗》认为湖墅范围是："南自武林门至北新关，而拱辰桥附焉，西自钱塘门至观音关，西古荡附焉，东自艮山门至，东新关，西范浦附焉。"②魏标比陈玄锡说得更为具体的原因是湖州市的发展到清代已经非常完善。 而其名则可能是由于浙江省湖州一带大量的米粮、竹木茶等山货和蚕丝丝织品水运进入此地有关。 光绪《杭州府志》卷六《市镇》说："湖州货物所萃处，其市即以湖州名。 犹今钱塘江滨徽商登岸之所，即谓之徽州塘也。 元末浚广下塘河为运道，各路商贾悉汇于此，由是市日增展，遂连两县诸市，而统为一名。 今湖州市之大，几周二十里。"不过，明代学者田汝成所说"（卖鱼桥）自此而上，至左家桥、夹城巷、皆称湖墅，俗讹称为湖州市"的看法却不完全正确。 时人称之为湖州市并非讹称，确如前述提及湖州商人大量聚集于此集散贸易，故而又有湖州市之称。 而此地贸易之繁荣景象，万历时王士性在《广志绎》卷四《江南诸省》亦有记载："杭城北湖州市，南浙江驿，威延袤十里，井屋鳞次，烟火数十万家，非独城中居民也。"③万历《钱塘县志·纪疆》载："杭州襟江带河，北抵燕而南际闽。 在城诸河，仅若涪洼，取行水道而已。 舟航鳞次，信宿不达。 以放水轮陆产，辐辏而至者，皆以湖墅、江干为市。"清初顾炎武也复议明人王士性的看法，他说道："杭城北湖州市，南浙江驿，成延袤十里，井屋鳞次，烟火数十万家。 ……而河北郡邑乃有数十里无聚落，即一邑之众，尚不及杭城南风北驿市之半者。"（清·顾炎武《肇域志·浙江》）顾炎武的看法几乎与王士性相同，近乎可以认定是引用了王士性的看法。

湖州市也是南宋时期临安城北的重要米市。 据文献记载，都城的米市集中在西北余杭门外崇果院、黑桥头以及市镇湖州市，新开门外草桥下南街和米市桥，时凡统称为"城北米市"。④ 时人吴自牧在《梦粱录·米铺》中更详细地记录："细民所食，（米市）每日城内外不下一二千余石，皆需之铺家。 然

---

① 清·许梦闳编：《北新关志》卷十一，转引自孙忠焕主编：《杭州运河文献集成》第一册，杭州出版社 2009 年版，第 25—26 页。
② 宋·王十朋、张智主编：《湖墅杂诗》，广陵书店 2004 年版，序言。
③ 明·王士性：《广志绎》卷四《江南诸省》，中华书局 1981 年版，第 69 页。
④ 宋·吴自牧：《梦粱录》，浙江人民出版社 1980 年版，第 115 页。

本州所赖苏、湖、常、秀、淮、广等处客米到来，湖州市米市桥、黑桥，俱是米行，接客出粜，其米有数等，如早米、晚米、新陂磻、冬春、上色白米、中色白米、红莲子、黄芒、上杆、粳米、糯米、箭子米、黄籼米、蒸米、红米、黄米、陈米。且言城内外诸铺户，每户专凭行头于米市做价，径发来到各铺出粜。铺家约定日子，支打米钱。其米市小牙子，亲到各铺支打发客。又有新开门外草桥下南街，亦开米市三四十家，接客打发，分表铺家。及诸山乡客贩卖，与街市铺户，大有径庭。杭城常愿米船纷纷而来，早夜不绝可也。且又袋自有赁户，肩驮脚夫亦有甲头管领，船只各有受载舟户，虽米市搬运混杂，皆无争差，故铺家不劳余力而米径到铺家矣。"①根据当时吴自牧的记载，临安城内外贩卖各种稻米的批发商（即"米行""米市"）主要分布于城北湖州市一带，他们供应的米类品种丰富，吴自牧记述尤为详细。而各家铺子（零售商）则散布在城内外，数量也当在数百上千家。为米业服务的行头、牙人、脚夫等职业人士分工协作，足见此时的杭城米市销售贩卖机制完备，分工细化。而分工细化与销售机制的完备，则说明南宋时期杭州商业经济的繁荣。

北关市的形成与北新钞关的形成发展有关。北新关始自明宣德四年（1429），因此地有北新桥，《北关新志》卷一五《文词》载，"据桥而关，以榷民舟算商税"，即收取京杭大运河上的船料钞以及商税。因过关税需以宝钞支付，故又称钞关。成化四年（1468），此关废除。成化七年（1471），复设此关，此后为定制。北新关大约在今日杭州拱墅区大关的大兜路北。北新关附近逐渐发展成一个热闹非凡的商业贸易区，历史上对北新关夜市记载尤多。据《西湖志·北关夜市》记载："凡郭门之外皆曰关。武林门在城北，故门以外皆称北关。以清湖闸为上关门，闸下为下关门。盖水陆辐辏之所，商贾云集，每至夕阳在山，则樯帆卸泊，百货登市，故市不在于日中，而常至夜分。且在城闉之外，无金吾之禁，篝火烛照，如同白日。凡西湖自归者，多集于此。熙熙攘攘，人影杂沓，不减于宵灯市，洵熙时之景象也。"②

① 宋·吴自牧：《梦粱录》，浙江人民出版社1980年版，第148—149页。
② 陆鉴三选注：《西湖笔丛西湖志》，浙江人民出版社1981年版，第96页。

早在元代，北关夜市就有"钱塘十景"之一美誉。 明代文学家郎瑛（1487—1566）《北关夜市》云："地远那闻禁鼓敲，依稀风景似元宵。 绮罗香泛花间市，灯火光分柳外桥。 行客醉窥沽酒幔，游童笑逐卖饧箫。 太平气象今犹昔，喜听民间五祷谣。"[1]明代高得旸《北关夜市》一诗描述道："北城晚集市如林，上国流传直至今。 青苎受风摇月影，绛纱笼火照青阴。 楼后饮伴联游袂，湖上归人散醉襟。 圜圚喧阗如昼日，禁钟未动夜将深。"[2]郎瑛和高得旸的诗文将北关夜市之盛景描绘到如此地步，好一番太平景象。

杨尔曾《海内奇观》卷四中的《北关夜市图》，明万历三十七年（**1609**）夷白堂刻本

夷白堂刻本《海内奇观》中的《北关夜市图》为钱塘人陈一贯所绘，是作为"钱唐十胜"之一的插图。[3] 图中高悬星斗和月亮，表明这是夜间。 城内夜市热闹非凡，酒肆、茶楼、小吃摊一应俱全。 挑着担子的小商贩手上还拿着小孩子玩耍的小鼓。 这幅图生动地展示了明代杭州北关夜市的情景。

三镇分别指的是临平镇、塘栖镇和笕桥镇。 宋端拱元年（988）正式建临平镇，是地处京杭运河通道上的重要市镇，今在距离杭州东北28公里处。 临

---

① 明·郎瑛：《七修类稿》（下册），广益书局1936年版，第38页。
② 明·田汝成：《西湖游览志余》，浙江人民出版社1980年版，第196页。
③ 杨尔曾（约1612年在世）字圣鲁，号雉衡山人，又号夷白主人，钱塘人。生卒年均不详，约明神宗万历四十年在世。好编刊通俗书籍。他编有小说《东西晋演义》《韩湘子全传》《中国通俗小说书目》。他刊布有《海内奇观》《图绘宗彝》等作品，当时颇为流行。参见明·杨尔曾：《海内奇观》，浙江人民美术出版社2015年版，第292—354页。

平镇也是附近蚕桑等农副产品集散中心。 到明代,临平成为江南蚕丝中心市场之一,明成化《杭州府志》载:"海宁与本县(仁和)上塘蚕,俱于此贸易为多。"《临平记补遗》曰:"蚕丝条桑出于杭之临平。"至明正统七年(1442)后,运河至杭新道开凿成功,临平地位一落千丈,塘栖镇地位越发显著。 至明末,临平镇已是"地不满十里.户不满万人"①。

　　塘栖镇处于杭州与湖州之间,今位于杭州市北 25 公里处。 由于运河的修浚,塘栖镇在明正统七年(1442)才真正与杭州城内运河水系及杭州周边地区的贸易网络相通,史载塘栖是"北通苏、湖、常、秀、润等河,凡诸河网运及贩米客舟皆由此达于城市"②,可以说,塘栖是运河孕育的一个新的贸易市镇。 塘栖取代了临平一跃而成为巨镇,"明正统七年,通判易倪条上利害,巡抚侍郎周枕便宜措置,自北新桥起,迤北而东崇德县界(即今石门镇),修筑塘岸,建造桥梁,而塘栖始为南北往来之孔道。 于是驰驿舍临平由唐栖,而唐栖之人烟以聚,风气以开"。③ 此时塘栖已经是"自嘉秀而来者。 亦至此而泊宿。 水陆辐辏,商贾鳞集,临河两岸,市肆萃焉"(光绪《塘栖志》),④临平已经难与塘栖相提并论。 塘栖繁盛的商贸情景,历史记载尤多。 光绪《塘栖志》卷十八《风俗》载:"塘栖田少,遍地宜桑,春夏间一片绿云,几无隙地,剪声梯影,无村不然。 出丝之多,甲于一邑,为土植大宗。"本地文人墨客讴歌的塘栖风物,多是运河重要贸易物资。 曾著有《续补唐栖志略》的清代塘栖才子韩应潮所作的《栖溪风味十二咏》是有关塘栖当地风土物资的重要文献类代表作。 该文是韩应潮仿《东郊土物诗》而作,被收入清代《塘栖志》一书中。 《簖蟹》:"平湖插簖持螯晨,舍傍渔庄兴味真。 编竹截流行郭索,牵蒲和雨缚轮囷。 一灯秋水草泥滑,九月溪霜畦稻新。 正是清馋频斫雪,西风何必忆鲈莼。"《笼虾》:"羡煞栖溪秋水澄,笼虾编竹几层层。 扁舟放云芦三尺,凉夜捞来月半棱。 市早却宜沿岸卖,食鲜共喜执筐承。 碟须佐酒须姜醋,可让持螯风味曾。"《蜜橘》:"丁山湖畔厥

---

① 中共杭州市余杭区委宣传部编:《古今运河》,西泠印社出版社 2007 年版,第 71 页。
② 宋·吴自牧:《梦粱录》,浙江人民出版社 1980 年版,第 109 页。
③ 清·王同:《塘栖志》卷一,浙江摄影出版社 2006 年版,第 14—15 页。
④ 转引自顾志兴:《运河文化名镇塘栖》,杭州出版社 2015 年版,第 47 页。

包荣，味溢琼浆桔著名。 色嫩如金迷径鞠，实甜如蜜忆江萍。 漫言仙叟棋谈罢，都羡蜂王花酿成。 惟有蔗竿堪比拟，弥甘佳境析朝醒。"《茶菊》："处士餐英秀色催，龙团初煮菊花开。 东篱逸兴松风沸，北苑清腴玉露堆。 扫雪每教红袖试，烹泉何待白衣来。 从兹陆羽搜佳品，须问樊川冒雨栽。"《烘豆》："莫笑冬烘老围俦，豆棚早屑话深秋。 圆剥出纤纤手，新嫩淘来瑟瑟流。 活火焙干青玉脆，盈瓶赠到绿珠投。 堆盘正好消寒夜，细嚼诗情一种幽。"《熟菱》："新雨前溪漾老菱，移船采得满鱼罾。 紫苞青刺时初熟，活水清泉气自蒸。 脱壳应嫌露圭角，堆盘岂待削觚棱。 携来上座供咀嚼，遥忆长安酒价增。"《蒸谷》："田家获稻尽腰镰，嘉谷登场气象恬。 蒸爱浮浮资汲瓮，曝看栗栗向晴檐。 香升翠釜如炊玉，色映银匙胜积盐。 漫说红莲芳颖异，加餐妇子喜新尖。"《窖蔗》："甘蔗声价待春融，旨蓄绸缪士窖崇。 佳境入深泥数尺，舞竿踏晦地三弓。 穴空智等搬僵鼠，藏谨情如坏户虫。 转眼惊雷齐发卖，糖霜品味有无同。"《煨芋》："榾柮欣煨笑语温，芋魁风味又初添。 拳擎茅舍新灰火，香溢田家老瓦盆。 曝背南檐村酿熟，围炉冬夜雪花翻。 消寒正好资吟咏，饱暖余情写故园。"《风菜》："连畦撷秀菜登场，风庋家家瑾户忙。 和月挑来盈担压，带霜悬云一绳长。 索绹檐下根须足，旨蓄冬初瓦瓮香。 三月无盐愁玉局，清羹自笑压疏狂。"《冻腐》："石槽滴乳玉无瑕，一冻冰凝腐可夸。 色相融金披绉縠，清羶嚼蜡味梅花。 霜桥小市冲寒买，月店横塘和酒赊。 冷淡家风宜我辈，嘉名也可以儒加。"《醉鱼》："腊重青鱼家酿熟，丁湖风味擅江乡。 漫呼宋嫂调羹供，却称陶潜和酒尝。 人瓮作鳞教骨醉，开坛去乙沁心香。 何当千里思鲈脍，曲蘖沉酣趣兴长。"[1]

又如清代塘栖人姚宝田《栖水土物咏》中的风物诗。《枇杷》："蜡家好兄弟，白者称为良。 珍逾白玉白，胜他黄金黄。 子重堕枝头，山雨声浪浪。"[2]《青梅》："绿叶已成阴，枝头孕梅子。 浸以苦苦盐，余酸溅人齿。 妙技缕成丝，相思亦如此。"《藕粉》："雪藕滴珠液，甘芳和心脾。 前身玉

---

① 韩应潮所作《栖溪风味十二咏》，引自中国人民政治协商会议、浙江省余杭县委员会文史资料委员会编：《余杭文史资料（第 5 辑）》，（出版社不详）1989 年版，第 152—154 页。

② 刘大培：《杭州运河土特产》，杭州出版社 2013 年版，第 6 页。

人臂，滑腻如凝脂。 一歌玲珑曲，再歌白雪词。"《甘蔗》："小林贡甘蔗，记之潜氏书。 登场舞竿木，到老味有余。 似此坚多节，惜哉心未虚。"《蜜橘》："一点铸秋烟，离离绽朱实。 中有岁寒心，隽味夺崖蜜。 无核不须杯，拜赐长者席。"①诗中不仅提及了塘栖之枇杷、青梅、甘蔗、蜜橘，还提及了藕粉。 清朝初年塘栖诗人卓长龄《塘栖糖色》："姚家短钉巧能松，香雾霏霏扑面浓。 糖拌日烘排岸北，最先尝得是游峰。"②塘栖人善作蜜饯，又称之为糖色。 《东郊土物诗》中收录的清乾隆年间杭州诗人茅德芬的《姚氏糖色》："曝粉采佳果，煎酿制甘脯。 材料集精良，名目难指偻。 咀嚼引香甜，清气豁灵府。 白玉颜其斋，食典应有取。"③笕桥镇位于仁和县东北 6 公里处。 宋代至明成化前，这里称茧桥④，嘉靖后称笕桥，它是茧、丝、药材、麻布集散地。 《艮山杂记》卷二载："茧桥一作笕桥，去城东北十里，自新庙迄长佛寺，列肆二里有奇，四边物产殷充，丝、茧、药材、麻布尤所擅名，客贾多于至居积致远。"⑤

当然上述两市三镇并不是杭州运河沿线全部的市镇。 因为南宋临安商业发达，这里的商业结构早已突破了传统的中国坊市制度。 南宋时期，据吴自牧《梦粱录》卷十三《两赤县市镇》条载，临安府城外有浙江市、北郭市、江涨东市、湖州市、江涨西市、半道红市、西溪市、赤山市、龙山市、安溪市、范浦镇市、汤村镇市、临平市、南土门市、北土门市等十五个镇市。 再如明成化七年（1471），明朝廷采纳千户汪礼的建议，在杭州设立南新关，在今杭州江干区候潮门外候潮路抽分厂巷。 雍正《浙江通志》卷八六"南新关"条引《南关榷事书》记载，其关"门坊堂室，俱有次第，面河为轩数楹，叠砌阶级，以便抽分"，并注："司启闭者，有庆丰桥。"

①　清·潘衍桐编纂：《两浙輶轩续录》第 5 册，浙江古籍出版社 2014 年版，第 262—263页。

②　清·卓长龄：《塘栖糖色》，转引自中国人民政治协商会议、浙江省余杭县委员会文史资料委员会编：《余杭文史资料（第 5 辑）》，1989 年版，第 105 页。

③　清·茅德芬：《姚氏糖色》，转引自孙忠焕主编：《杭州运河文献集成 2》，杭州出版社 2009 年版，第 806 页。

④　如南宋《淳祐临安志》卷七有"茧桥在艮山门外走马塘"的记载。

⑤　王国平主编：《运河名城——杭州》，杭州出版社 2009 年版，第 58 页。

值得注意的是，为了防火防盗而在临安城内修建的寄存财物的仓库，被称之为塌房，又称塌坊。 在临安，这种榻房往往设在水陆交通发达的码头附近，即城内东北部，从大河（盐桥运河）通济桥（俗名梅家桥）到白洋地、方家桥以及法物库、市舶新务（都在梅家桥北）。①

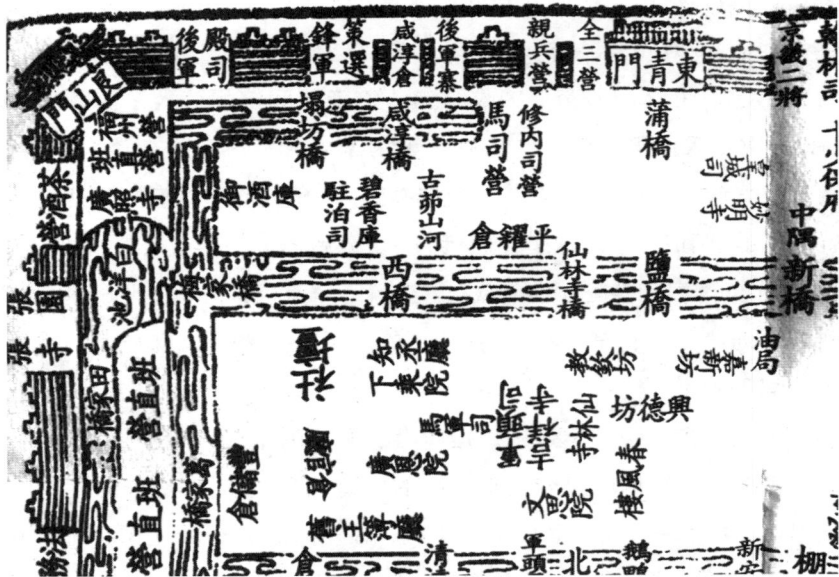

《咸淳临安志》"京城图"中临安城内东北部的塌坊区域

耐得翁《都城纪胜》"坊院"条载道："城中北关水门内，有水数十里，曰白洋湖。 其富家于水次起造塌房十数所，每所为屋千馀间，小者亦数百间，以寄藏都城店铺，及客旅物货。 四维皆水，亦可防避风烛，又免盗贼。 甚焉，都城富室之便。 其他州郡无此，虽荆南沙市，太平州黄池，皆客商所聚，亦无此等场院。"②这些塌房不仅规模大，而且管理极其到位。 凡寄放货物的客旅，按月日向塌房和堆垛场的主人缴付保管费，时称这种钱为"巡廊钱"或"堆朵钱"。 吴自牧《梦粱录》卷一九《塌房》记载说："盖置塌房家，月月取索假

① 杨宽：《中国古代都城制度史研究》，上海人民出版社 2016 年版，第 458 页。
② 于立文主编：《永乐大典精选》第 4 卷，中国华侨出版社 2011 年版，第 1370 页。

赁者管巡廊钱会，顾养人力，遇夜巡警，不致疏虞。"①为了保障货物的安全而大规模修建的商品仓库，反映了临安时期运河贸易的繁荣。

二、九大粮仓

《咸淳临安志》卷九《行在所录·监当诸局》记载，临安有九大粮仓。 第一，省仓上界。 该仓始建于绍兴十一年（1141），《中兴会要》载："（绍兴）十一年六月六日，诏行在三仓以行在省仓上中下界为名。 监官监行在省仓上中下界系御称呼。 所有监专理任请给差置，并给纳，应干约束事件等，并依见行条法。"②其地三迁，至嘉熙年间（1237—1240）才始定于天水院桥北，此仓原名南仓，绍兴十一年扩建时改名。 其主要接纳浙西地区运来的上供谷米，以供养执宰百官、亲王宗室、内侍、皇城司禁卫班直官兵及三省六部高级官员所需稻米，常储存稻米在三十万石以上。③ 第二，省仓中界。 该仓创建于乾道三年（1167），初名丰储仓，因位于城东，俗称东仓。 南宋时在东青门外菜市塘。其主要接纳浙西地区苗纲、和籴、公田、椿积等米，咸淳《临安志》卷九载："（省仓中界）以供朝廷科支及大农宣限给饷，凡诸军、诸司、三学与百司雇募诸局工役等皆给焉。"④第三，省仓下界。 该仓建于绍兴八年（1138），咸淳《临安志》卷九载："旧址极广袤。 景定三年（1262），朝廷给缗钱更修，乃析三之二建敖屋八十，而垣其余废屋地于外。"⑤第四，丰储仓。 该仓在仁和县旧县治侧仓桥东，原名北省仓，乾道五年（1169）改名为丰储仓。 它主要接纳公田租谷。 景定四年（1263）"以公田租浩瀚，诸仓不足以受，乃诏即丰储增创"⑥。 第五，丰储西仓。 在余杭门外左家桥北，因位于丰储仓西，故而称

---

① 宋·吴自牧：《梦粱录》，浙江人民出版社 1980 年版，第 180 页。

② 明·解缙编：《永乐大典》第 7 卷，大众文艺出版社 2009 年版，第 2176 页。

③ 徐吉军：《杭州运河史话》，杭州出版社 2013 年版，第 97 页。

④ 浙江省地方志编纂委员会编：《宋元浙江方志集成》第 1 册，杭州出版社 2009 年版，第 381 页。

⑤ 浙江省地方志编纂委员会编：《宋元浙江方志集成》第 1 册，杭州出版社 2009 年版，第 382 页。

⑥ 浙江省地方志编纂委员会编：《宋元浙江方志集成》第 1 册，杭州出版社 2009 年版，第 382 页。

之为丰储西仓。 建于淳熙七年（1180），有敖（粮仓）五十九座。① 第六，端平仓。 在余杭门外德胜桥东。 端平元年（1234）两浙转运司建，主要储存两浙诸州的和籴米。 咸淳《临安志》卷九载，"嘉熙三年（1239）归之大农（司农寺），莅以京局官而领于宰士如它仓。 ……为敖（粮仓）五十六座"②。 第七，淳祐仓。 "在余杭门内斜桥南（今万寿亭街东段）。 淳祐九年（1249），临安守赵创以储米之籴于帅司者，建置次第皆如端平仓。 其后朝廷拨支赈粜及付农寺以给诸军诸司。 景定三年（1262），诏给缗钱，重修为敖百。"③第八，平粜仓。 "在仙林寺东，淳祐三年（1243），临安守创，以储临安之籴。 今朝廷大农米皆入焉。"④第九，咸淳仓。 咸淳《临安志》卷九载："在东青门内后军寨北。 咸淳四年（1268），朝廷议建廥，贮公田岁入之米，乃捐钱买琼华废圃，益以内酒库柴炭屋地，命临安守潜说友创建。 凡为敖百，为间五百有二，为米六百万石。"⑤

三、杭州码头

杭州码头以城南和城北两个码头尤为知名。 《万历钱唐县志·纪疆》载："杭州襟江带河，北抵燕而南际闽。 在城诸河，仅若涔渎，取行水道而已。 舟航鳞次，信宿不达。 以故水轮陆产，辐辏而至者，皆以湖墅、江干为市。"湖墅在城北码头，进而形成了湖墅市，江干则是在城南。 关于杭州城南码头的记载，尤其可以参考唐代沈亚之的《杭州场壁记》："国家始以输边储塞，不足于用，遂以盐铁榷估为助，使吏曹计其入于郡县近利之地。 得为

① 浙江省地方志编纂委员会编：《宋元浙江方志集成》第1册，杭州出版社2009年版，第383页。
② 浙江省地方志编纂委员会编：《宋元浙江方志集成》第1册，杭州出版社2009年版，第383页。
③ 浙江省地方志编纂委员会编：《宋元浙江方志集成》第1册，杭州出版社2009年版，第383页。
④ 浙江省地方志编纂委员会编：《宋元浙江方志集成》第1册，杭州出版社2009年版，第383页。
⑤ 浙江省地方志编纂委员会编：《宋元浙江方志集成》第1册，杭州出版社2009年版，第383—3841页。

院盐畦之署，以差高下之等。 顾杭州虽一畦耳，然则南派巨流，走闽禺瓯越之宝货，而盐鱼大贾，所来交会，每岁官入三十六万千计。 近岁淮河之间，颇闻其费。 自是汲利之官益重矣。"①《咸淳临安志》卷五十三中，记录了宋程珌《城南厢厅壁记》对城南码头情况的记载："粤自东幸，于今百年，钱塘版籍，百倍往昔，南北二厢，设于关外，而分任之地，皆六七十里，顾南厢所统，尤为延袤，北至艮山，南抵南荡，五方杂居，水陆互市。 国家封疆万里，多在西南，若衣冠之朝紫宸，琛贡之入太府，皆休车弭担于江皋，用是人滋众，事滋夥。"②南宋吴自牧在《梦粱录》卷十二《江海船舰》条中有关于江口码头与下游的龙山码头的描述："其浙江船只，虽海舰多有往来，则严、婺、衢、徽等船多尝通津买卖往来，谓之长船等只。 如杭城柴炭、木植、柑橘、干湿果子等物，多产于此数州耳。 明、越、温、台海鲜鱼蟹鲞腊等货，亦上洋通于江浙。 但往来严、婺、衢、徽州诸船，下则易，上则难，盖滩高水逆故也，江岸之船甚夥，初非一色，海舶、大舰、纲艇、大小船只，公私新江渔浦等渡船，买卖客船，皆泊于江岸。 盖杭城众大之区，客贩最多，兼仕宦往来，皆聚于此耳。"③江口码头与下游的龙山码头同样属于杭州城南码头的组成部分。 南宋葛澧《钱塘赋》中记载城南码头贸易物资的名录最详细："江帆海舶，蜀商闽贾，水浮陆趋，联樯接武。 红尘四合，骈至丛贮。 但蠢聚谬，挥袂风举。 息操倍蓰，功辨良苦。 乃有安康之麸金白胶，汝南之蓍草龟甲，上党之石蜜资布，剑南之缟纻笺锦。 其他球琳琅玕，铅松怪石，蟟珠撅丝，托干栝柏，金锡竹箭，丹银齿革，林漆丝枲，蒲鱼布帛。 信都之枣，固安之桌，暨浦之三如，奉化之海错，奇名异状，夥够堆积。 贸易者莫详其生，博洽者畴克遍识。"④

城北码头与市集的发展密切相关。 前文所提及的北新钞关，正是由于频

---

① 宋·李昉等编：《文苑英华》第 5 册，中华书局 1996 年版，第 4268 页。
② 浙江省地方志编纂委员会编：《宋元浙江方志集成》第 2 册，杭州出版社 2009 年版，第 957 页。
③ 宋·吴自牧：《梦粱录》，浙江人民出版社 1980 年版，第 112 页。
④ 浙江省地方志编纂委员会编：《宋元浙江方志集成》第 3 册，杭州出版社 2009 年版，第 1465 页。

繁的贸易往来，而在北新关形成了关市，码头物资也在此集聚。 南宋时期的北关已经异常繁荣。 冯楫《北关中永安桥记》中就记录了当时的盛况："钱塘大都，甲于二浙，中有两河，架桥数百所。 府北十余里，号北关镇，商贾骈集，物货辐萃，公私出纳，与城中相若，车驰毂击，无间昼夜，而河流阻乎其间。 旧有三石桥，行者赖以获济。"①

《咸淳临安志》"浙江图"中的上塘河、下塘河、赤岸及清湖三闸

杭州城东的码头规模不如城南和城北，其中有名者，以沙河塘为最。 曾于北宋熙宁四年到七年（1071—1074）任杭州通判、元祐四年到六年（1089—1091）任杭州知州的苏轼在《望海楼晚景五绝》描写沙河塘："沙河灯火照山红，歌鼓喧喧笑语中。 为问少年心事在，角巾欹侧鬓如蓬。"②苏轼描述沙河繁荣之诗词还有很多，如《湖上夜归》："入城定何时，宾客半在亡。 睡眼忽惊矍，繁灯开河塘。 市人拍手笑，状如失林獐。"③北宋词人晁补之《七述》里也记载了沙河塘的繁华："宝则璆琳珊瑚，玛瑙碔砆，药化之玉，火化之珠，红黄白绿，磊落满樏。 北商南贾，百金不鬻。 沙河雨晴月照，灯明席

① 浙江省地方志编纂委员会编：《宋元浙江方志集成》第2册，杭州出版社2009年版，第　页。

② 宋·苏轼：《苏轼集》，中国戏剧出版社2002年版，第36页。

③ 宋·苏轼：《苏东坡全集》第1卷，北京燕山出版社2009年版，第152页。

张，案设左右，煌荧远而望之，夺人目睛。"①明代田汝成《西湖游览志》卷二一《委巷丛谈》载："沙河，宋时居民甚盛，碧瓦红檐，歌管不绝，官长往往游焉。 故苏子瞻诗云：'云烟湖寺家家境，灯火沙河夜夜春。' 又其佐郡时，意有所属，比来守郡，则其人已去矣。 故其诗云：'惆怅沙河十里春，一番花老一番新。 小楼依旧斜阳里，不见楼中垂手人。' 盖亦杜樊川寻春较迟之慨也。"②

①　转引自王国平主编：《运河名城——杭州》，中国文史出版社2009年版，第22页。
②　明·田汝成：《西湖游览志余》，浙江人民出版社1980年版，第333页。

第二章 漕运经济与杭州城市生活

两宋时期讴歌杭城之富庶繁华的诗文很多。北宋著名诗人梅尧臣（1002—1060）在《送公仪龙图知杭州》一诗中描写了杭州盛世繁华："在昔汉中微，我祖入吴门。公今领名都，千骑拥高轩。与古异出处，素节古本原。江观白马潮，水花长鲸奔。山飘月桂子，天香一国繁。壮奇已若此，纤侈尚亦存。旧闻其风俗，色易而柔温。太守朝驾车，闾巷焚兰荪。太守暮还府，灯烛照旗旛。清歌延冠盖，广湖浮酒樽。成都与余杭，天下莫比论。彼为公故乡，此为公偃藩。吏民宜寡事，恺悌有谣言。"①梅尧臣被誉为宋诗的"开山祖师"，诗文注重写实。他将当时余杭的富庶地位认为是"天下莫比论"，自是有感而发，有据所依。北宋著名政治家、文学家欧阳修（1007—1072）《送慧勤归余杭》一诗也描绘了宋代杭城的富饶美丽："越俗僭宫室，倾赀事雕墙。佛屋尤其侈，耽耽拟侯王。文彩莹丹漆，四壁金焜煌。上悬百宝盖，宴坐以方床。胡为弃不居，栖身客京坊。辛勤营一室，有类燕巢梁。南方精饮食，菌笋鄙羔羊。饭以玉粒粳，调之甘露浆。一馔费千金，百品罗成行。晨兴未饭僧，日昃不敢尝。乃兹随北客，枯粟充饥肠。东南地秀绝，山水澄清光。余杭几万家，日夕焚清香。烟霏四面起，云雾杂芬芳。岂如车马尘，鬓发染成霜。三者孰苦乐，子奚勤四方。乃云慕仁义，奔走不自遑。始知仁义力，可以治膏肓。有志诚可乐，及时宜自强。人情重怀土，飞鸟思故乡。夜枕闻北雁，归心逐南樯。归兮能来否，

---

① 宋·梅尧臣：《梅尧臣集编年校注》，上海古籍出版社 2006 年版，第 975 页。

送子以短章。"①北宋柳永（984—1053）在《望海潮·东南形胜》中咏唱杭州："东南形胜，三吴都会，钱塘自古繁华，烟柳画桥，风帘翠幕，参差十万人家。 云树绕堤沙，怒涛卷霜雪，天堑无涯。 市列珠玑，户盈罗绮，竞豪奢。"②宋人吴自牧《梦粱录》卷十九道："柳永咏钱塘词曰'参差十万人家'，此元丰前语也。 自高庙车驾自建康幸杭驻跸，几近二百馀年，户口蕃息，近百万馀家。 杭城之外城，南西东北，各数十里，人烟生聚，民物阜蕃，市井坊陌，铺席骈盛，数日经行不尽，各可比外路一州郡，足见杭城繁盛耳。"③吴自牧认为柳永所描绘的杭城风貌是北宋元丰年间（1078—1085）的情景，而南宋建都临安之后，杭城成为政治中心、漕粮赋税目的地后，已然是人口百万级大城市，此外城内商业繁荣之情形亦非过往所能及。 曾在杭州任职的苏轼曾说："而衢、睦等州，人众地狭，所产五谷，不足于食，岁常漕苏、秀米至桐庐，散入诸郡。 钱塘亿万生齿，待上江薪炭而活，以浮山之险覆溺留碍之故，此数州薪米常贵。 又衢、婺、睦、歙等州及杭之富阳、新城二邑，公私所食盐，取足于杭、秀诸场，以浮山之险覆溺留碍之故，官给脚钱甚厚，其所亡失，与依托风水以侵盗者不可胜数。"④苏轼所录奏议内容，乃是实地调查所得，是杭州与周边地区运河贸易的实际情况的反映。 虽苏轼更关心运河商贸之问题，重在强调修浚河漕之务，但是客观上依然反映了杭州作为江浙粮食、食盐乃至各种生活物资中转与贸易的重要地位。 在宝庆二年（1226），程珌《城南厢厅壁续记》所载，"粤自东幸，于今百年，钱塘版籍，百倍往昔，南北二厢，设于关外，而分任之地，皆六七十里，顾南厢所统，尤为延袤，北至艮山，南抵南荡，五方杂居，水陆互市。 国家封疆万里，多在西南，若衣冠之朝紫宸，琛贡之入太府，皆休车弭担于江皋，用是人滋众，事滋夥"。⑤ 这一史料，则是以城南左厢、城北右厢版图范围的扩增为

---

①　张春林编：《欧阳修全集》，中国文史出版社1999年版，第7页。

②　沙勤编：《宋词》，长征出版社2000年版，第40页。

③　宋·吴自牧：《梦粱录》，浙江人民出版社1980年版，第180页。

④　张春林编：《苏轼全集》，中国文史出版社1999年版，第832页。

⑤　浙江省地方志编纂委员会编：《宋元浙江方志集成》第2册，杭州出版社2009年版，第957页。

例，说明了此时杭城因为"水路互市"之需，日益发展壮大之实。

第一节　漕粮与运河物资种类及特征

唐以前，统治者主要采用直达法以运送江南地区漕粮至京都。 如《新唐书·食货志》所载："江淮漕租米至东都输含嘉仓，以车或驮路运至陕。"唐开元以后，统治者主要采用转般法。 唐玄宗任命裴耀卿（681—743）为江淮河南转运使，改进漕运。 江淮漕粮物资过长江、淮河之后，至河阴县纳入河阴仓（今河南河阴县东）即可返回。 唐代宗时期，刘晏进一步发展了裴耀卿的分段运输法，江南漕运物资到扬州止，正所谓"江船不入汴，汴船不入河，河船不入渭。 江南之运积扬州"。① 北宋时期，转般法得到完善："凡水运自江淮、南剑、两浙、荆湖南、北路运，每岁租籴至真（今江苏仪征县）、扬（今江苏扬州市）、楚（今江苏淮安县）、泗州（今江苏盱眙县西北淮水西岸），置转船仓受纳，分调舟船计纲溯流入汴下至京师。 真扬楚泗四地。"倪玉平先生认为："传统社会早期的漕运泛指官方物资的水运，它的内容多样，诸如粮食、木材、金属等物质的运输，均可视为漕运。 到了宋元以后，随着漕运制度的发展，漕运便专指漕粮运输。"②明代漕臣就认为："夫江南，朝廷之厨也。"③这一生动比喻无疑说明了江南税赋对于国家统治的重要性。

从整体上来说，江浙漕运物资中以粮食、茶叶、纸张、瓷器、丝织品比重最大。 此外，竹木柴草、四时瓜果乃至海鲜水产也经由运河以贡赋形式输往政治中心。 而北方食盐、棉花和豆、梨、枣等则沿着运河南调江南。 从纲运分类看漕运物资的话，还可按物种分，有米纲、粮纲、绢纲、布纲、糖纲、香药纲、钱纲、马纲、牛纲、羊纲、盐纲及粮斛马料纲。 按货色品质分，则有细色纲与粗色纲；细色纲即龙脑、珍珠之类；乳香、檀香之类属粗色纲。

---

① 宋·欧阳修、宋·宋祁：《新唐书》第 1 册，岳麓书社 1997 年版，第 843 页。

② 倪玉平：《清代漕粮海运与社会变迁·绪言》，上海书店出版社 2005 年版。

③ 明·王宗沐：《条列漕宜四事疏》，《明经世文编》卷三四三，转引自清·陈梦雷编：《古今图书集成》第 69 册《经济汇编·食货典》，巴蜀书社 1985 年版，第 83946 页。

　　首先，我们从历史变迁过程中，管窥以杭州为中心的江南地区各种漕运物资运输的记载。《吴越春秋·勾践阴谋外传》第九载："十三年，越王谓大夫种曰：'孤蒙子之术，所图者吉，未尝有不合也。今欲复谋吴，奈何？'[1]种曰：'君王自陈越国微鄙，年穀不登。愿王请籴，以入其意。天若弃吴，必许王矣。'[2]越乃使大夫种使吴，因宰嚭求见吴王。辞曰：'越国洿下，水旱不调，年穀不登，人民饥乏，道荐饥馁，愿从大王请籴，来岁即复太仓，惟大王救其穷窘。'"[3]吴王曰："越王信诚守道，不怀二心，今穷归愬，吾岂爱惜财宝，夺其所愿？"[4]不过吴王的好心，并没有得到勾践的回报。"二年，越王粟稔，拣择精粟而蒸还于吴，复还斗斛之数，亦使大夫种归之吴王。王得越粟长太息谓太宰嚭曰："越地肥沃，其种甚嘉，可留使吾民植之。"于是吴种越粟，粟种杀而无生者，吴民大饥。"[5]这则故事虽然讲的是吴国与越国通过粮食而开展的斗争，但从侧面反映了漕粮运输在江南地区的历史悠久性。

　　此外，在《吴越春秋·勾践归国传》卷八中还记载了其他贡货物资："'吴王好服之离体，吾欲采葛，使女工织细布献之，以求吴王之心，于子何如？'群臣曰：'善。'乃使国中男女入山采葛，以作黄丝之布。欲献之。越王乃使大夫种索葛布十万，甘蜜九党，文笥七枚，狐皮五双，晋竹十廋，以复封礼。吴王得之曰：'以越僻狄之国无珍，今举其贡货而以复礼，此越小心念功，不忘吴之效也。夫越本兴国千里，吾虽封之，未尽其国。'"这则故事提及越国将"葛布十万，甘蜜九党，文笥七枚，狐皮五双，晋竹十廋"作为贡货献于吴王，说明了吴越时期江南物资的转运与流通。隋唐以后，杭州作为"东南名郡"，经济地位逐步提高。唐代沈亚之《杭州场壁记》卷六中记载："国家始以输边储塞，不足于用，遂以盐铁榷估为助，使吏曹计其入于郡县近利之地。得为院盐畑之署，以差高下之等。顾杭州虽一畑耳，然则南派巨流，走闽禺瓯越之宝货，而盐鱼大贾，所来交会，每岁官入三十六万千计。

---

①　清·纪晓岚：《四库全书精编·史部》第5辑，中国文史出版社1999年版，第71页。
②　张觉译注：《吴越春秋全译》，贵州人民出版社2008年版，第272页。
③　张觉译注：《吴越春秋全译》，贵州人民出版社2008年版，第272页。
④　张觉译注：《吴越春秋全译》，贵州人民出版社2008年版，第272页。
⑤　张觉译注：《吴越春秋全译》，贵州人民出版社2008年版，第277页。

近岁淮河之间，颇闻其费。自是汲利之官益重矣。"①

作为南宋都城的临安，更是漕运转输的中心。《宋会要辑稿》记载："自临安至于京口，千里而远，舟车之轻从，邮递之络绎，漕运之转输，军期之传送，未有不由此涂者。"②陆游《常州奔牛闸记》记载："自天子驻跸临安，牧贡戎费，四方之赋输，与邮置往来，军旅征戍，商贾贸迁者，途出于此，居天下十七。其所系岂不愈重哉？"③当然，通过运河而流转的物资远不止上述这些。万历时编纂的《杭州府志》载：杭州"为水陆要冲，盖中外之走集，而百货所辏会"。清代通过江南运河与浙东运河汇集于杭州的货物更多，其中"杭之荣、藕粉、纺绸、杭扇、剪刀；湖之笔、绉、纱；嘉之铜炉；金（华）之火腿；台（州）之金儒、叠鱼，亦皆擅土宜之胜而为四方之所珍者"④在杭州市场尤为有名。清人吴中孚《商贾便览》载："杭州府风俗：珍异所聚，商贾并辏，秀美人文，儒术为盛。土产：绫、罗、绸、缎、纱、丝、线、纸、棉布、龙井茶、锡箔、藕粉、杨梅、笋、莼菜、黄精、铅粉、帽纬、茯苓、麦冬、於潜白术、西湖鳗鱼、鱼、昌化图画石、杭扇、绵。"⑤

此外，要说杭州地区的特色运河商贸物资，就不得不提丝织品、锡箔、纸张书籍。唐"安史之乱"以后，江南丝织业发展超过北方。北宋以来，杭州官私丝织坊（机户）形成规模，成为丝织业中心。据《元和郡县志》和《新唐书》载，绯绫、白编绫、纹绫、柿蒂绫皆为皇室贡品，尤为著名。南宋临安武林门外夹城巷官办织锦机 300 张，私坊无数。明朝人张瀚在《松窗梦语》卷四《商贾纪》中曰："余尝总览市利，大都东南之利，莫大于罗、绪、绢、纻，而三吴为最。"元朝在杭州设官办文锦局。明嘉靖年间（1522—1566），杭州盛产绫罗、苎丝、纱、绢、绸、绵等，且这些丝织品均有花、素两类。到清代，杭州丝织品种类在原来的基础上又新增了缎、锦、剪绒、纺绸、绵绸、

---

① 宋·李昉等编：《文苑英华》第 5 册，中华书局 1996 年版，第 4268 页。

② 刘琳等校点：《宋会要辑稿·方域》，上海古籍出版社 2014 年版，第 9467 页。

③ 宋·陆游：《陆游集》，中华书局 1976 年版，第 2165 页。

④ 叶建华：《浙江通史》第 8 卷，浙江人民出版社 2005 年版，第 282 页。

⑤ 清·吴中孚：《商贾便览》卷三《各省疆域风俗土产》，转引自贾嘉麟、张民服、齐迎建主编：《商家智谋全书》，中州古籍出版社 2002 年版，第 389 页。

画绢、画缓、茧绸、帽续、丝线等品种。 杭州的锡箔业曾被誉为清代"杭城第一公道生意"。 据《古今图书集成·职方典》卷九四九《杭州府物产考》的记载，杭州生产锡箔的作坊或工场，集中在孩儿巷、贡院后及万安桥西一带，制造者不下万家。 每当三鼓，则万手雷动，一派繁忙的景象。 杭州生产的锡箔除了自用之外，绝大部分还是经过运河运往了别处，这么说吧，近自周边地区，远至京师。 南北朝时期余杭由拳村黄腾纸尤为著名。 唐时，杭州腾纸（上细黄白状纸）为贡品名纸。 宋时，杭州及会稽皆为浙江最重要的造纸基地。 这一时期，杭州的刻书业也有长足发展。 明代谢肇湘《五杂组》卷一三《事部一》说："宋时刻本，以杭州为上，蜀本次之，福建最下。"到了明代，杭州刻印的书籍，在质量上虽不如苏州、常州、南京等地精美，也不如福建所印之多且价廉，但在当时人们心中，仍把杭州与苏州、福建并称为明代的三大刻书中心。 其时，杭州的刻书业主要集中在镇海楼外、涌金门内、粥教坊、清河坊前一带。 虽然杭州已是当时著名的刻书业中心，但是也有人用船经运河将书籍运至文化发达的杭城来售卖。 在同治年间的《湖州府志》卷三三《舆地略·物产下》引《湖录》就记载了，"书船出乌程织里及郑港、获港诸村落。 吾湖藏书之富，起于宋南渡后直斋陈氏。 明中叶，如花林茅氏，最舍凌氏、闵氏，汇沮潘氏，雉城臧氏，皆广储签帙。 旧家子弟好事者，往往以秘册镂刻流传。 于是，织里诸村以此网利，购书于船，南至钱塘，东抵松江，北达京口，走士大夫之门"。

当然上述代表性商品只是以杭州为代表的江南经济产品中的一部分。 据明代王士性《广志绎》卷四《江南诸省》记载，明代杭州几乎汇集了来自海内外各地的商品。 而明清以来杭州繁荣的商业氛围，可从花样繁多的业态感受一下。 乾隆《杭州府志》一零九载：

> 小经纪,他处所无有者,日开先牌、日试篮、日掌记册、日字本、日诸般簿子、日交床、日礓擦子、日油单、日蒲坐、日裁板尺、日鞋楦、日棒槌、日钱索、日襟膊儿、日弩弦、日琴阮弦、日棋盘、日壶筹、日印色盏、日扇牌、日香饼、日胶纸、日诸色盘盏儿、日香橼络、日吊挂、日发垛儿、日头发、日抹领、日钮扣子、日搭罗儿、日鞋带、日香袋儿、日符袋儿、日

面花儿、曰画眉七香丸、曰稳步膏、曰手皴药、曰头发掠、曰纸刷儿、曰篦子别、曰消息子、曰凉簟儿、曰烟帚、曰糊刷、曰香炉灰,曰药棉、曰灯草、曰肥皂团、曰烘篮、曰食罩、曰櫑槌、曰砧头、曰竹钉、曰鸡笼、曰猫窝、曰见成皮鞋、曰旧铺衫、曰风筝、曰口簧、曰粘竿,曰钓钩、曰闹蛾儿、曰毽子、曰千千、曰绢孩儿、曰竹猫儿、曰勃鸽铃、曰促织盆、曰虫蚁食,以上诸物,每一事率数十人,各专藉以为衣食之地。①

在清雍正九年（1731）完成的《北新关志》中,有更具体的关于杭州运河物资出入的记录。 为了更加合理地征收各牙行货物通过北新关的税费,书中以春夏秋冬四季为例,明确记录了周边各县季钞行数。 作为杭州段大运河重要的钞关,这样的信笔实录为我们了解杭州运河贸易物资的种类提供了最为客观的一手材料:

春季例:

春笋行、鱼秧行、桑秧行、蓑草行、猪毛行、鸡毛行、芥菜行、芽豆行、蟛蟹行、螺蛳行、蚯）蚨行、韭菜行、沙藤行、黄蚬行、残烛行、寸头鱼行、泥人行、春菜行、种蔗行、泥藕秤手。

夏季例:

茶行、蚕行、匾行、边丝秤手、茧行、帘行、绵行、蚕生纸行、网行、蒜行、虾行、做绿柴行、鳗行、苗行、扇行、蚕炭行、青叶行、丝秤手、麦草行、线秤手、炭屑行、罡烀行、叶筇行、种姜行、蚕豆行、霉豆行、青笋行、霉鱼行、笋干行、杨梅行、桃子行、杨梅于行、李子行、樱桃行、花红行、藕秤手、枇杷行、乌梅行、西瓜行、冬瓜行、香瓜行、菜瓜行、黄瓜行、葫芦行、茄子行、菜子行、海蛳行、菜饼行、香油行、火面行、小粉行、黄鱼行、海鱼行、白鱼行、鲥鱼行、鳗鱼行、茭白行、虾皮行、水鳌行、水草行、水鸡行、鱼花行、香春行、田炭行、苗卤行、接手、纱接手,羊毛石花行、

① 乾隆《杭州府志·杂记》,转引自张海英:《明清江南商品流通与市场体系》,华东师范大学出版社 2002 年版,第 168—169 页。

边笋行、夏布行、石榴行、水海蜇行、老姜行、蓑衣行、葛布行、黄草布行、凉鞋行、过茶行、箬帽行、犁头铁行、苗肥行、帽胎行、虾笼行、白菜行、火酒行、甲鱼行、鲭鱼行、水门冬行、苗柚行、腌蛋行、火麦行、玫瑰花行、花箬行、放米行、红笋行、包茶纸行、梅子行、芦箬行、三楞草行、包茶箬行。

秋季例：

茭白行、茭草行、菱行、栗子行、梨行、南枣行、蟹行、青姜行、芋芳行、橙子行、香圆行、百合行、柿子行、菊花行、烘豆行、青豆行、茱萸行、肥皂行、田虾行、黄麻行、爆草行、麦竿行、柳条行、菜秧行、树皮行、萌便行、菱缸行、蕨粉行、佛手行、橄榄行。

冬季例：

虾米行、枯叶行、羊毛行、水纱布行、箪帚行、皮屑行、灯盏行、花核油行、冬笋行、树根行、冬帽行、碎鱼秤手、糠行、榧子行、糟行、汤猪秤手、朴草行、甘蔗行、橘子行、车心木行、泥蛏行、冬笋行、香芋行、萝卜菜行、瓜子行、风菱行、白果行、拆花秤手、谷草行、新米行、灯草行、棉线秤手、毡帽行、萝卜行、谷行、棉纱秤手、柏子行、柿饼行、蒲鞋行、柏子车行。[1]

我们还可以从更大区域的视野来审视运河漕运及其物资状况。据曾为漕运总督的杨锡绂乾隆三十五年（1770）著《漕运则例纂》所录，浙江、江苏、安徽、江西、湖北、湖南等地漕船由南而北运行时所携带的商货，有如下品类：农产、棉纺织品、丝织品、油类、酒类、干鲜果品、各种食物、纸张、竹木藤品、各种杂货、铁铜器、药材。[2] 上述运河漕运物资品类，应该是比较准确又真实的反映。

---

① 清·许梦闳编：《北新关志》卷十一，转引自孙忠焕主编：《杭州运河文献集成》第一册，杭州出版社 2009 年版，第 156—157 页。

② 参见江太新、苏金玉：《漕运史话》，社会科学文献出版社 2011 年版，第 150—151 页。

第二节　杭州内河船只类型及运河漕船形制

朱惠勇《杭州运河船》（杭州出版社，2015）及（日本）松浦章《清代内河水运史研究》有关"《北新关志》所见内河船舶图"一章对杭州内河船只已经有了很好的前期研究。松浦章的研究尤其值得我们注意：他不仅统计了清代《北新关志》所载 70 余只内河船舶的具体名称，[①]还统计了清代江西商人吴中孚所撰《商贾便览》（乾隆五十七年刊本）中"各省船名样式船名"65种[②]以及《中国省别全志》所见中国民船名称 615 种，[③]这些烦琐的统计与考证不仅记录了船名，还包括船型船种、吨位、省名地名、主要航行水域及出典记录。经过杭州内河道南来北往的各省船只基本情况，使我们可以从更大的空间视野来审视杭州内河道船只类型及其状况。

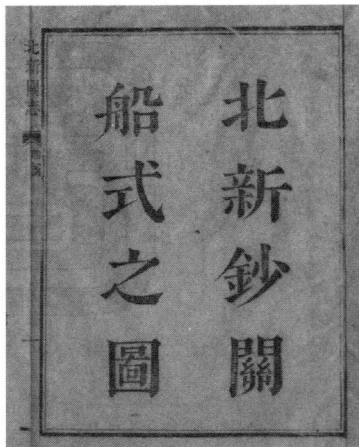

清·许梦闳编《北新关志》书影

① （日本）松浦章：《清代内河水运史研究》，江苏人民出版社 2010 年版，第 342—345 页。

② （日本）松浦章：《清代内河水运史研究》，江苏人民出版社 2010 年版，第 350—352 页。

③ （日本）松浦章：《清代内河水运史研究》，江苏人民出版社 2010 年版，第 364—436 页。

内河船只长时间以来都是杭州及其周边地区重要的交通工具。 南宋吴自牧《梦粱录》卷十二《河舟》对杭城内河船只记载有其值得参考之处：

杭州里河船只，皆是落脚头船，为载往来士贾诸色等人，及搬载香货杂色物件等。又有大滩船，系湖州市搬载诸铺米及跨浦桥柴炭、下塘砖瓦灰泥等物，及运盐袋船只。盖水路皆便，多用船只。如无水路，以人力运之。向者汴京用车乘驾运物。盖杭城皆石板街道，非泥沙比，车轮难行，所以用舟只及人力耳。若士庶欲往苏、湖、常、秀、江、淮等州，多雇舸船、舫船、航船、飞篷船等。或宅舍府第庄舍，亦自创造船只，从便撑驾往来，则无官府捉拿差拨之患。若州县欲差船只，多给官钱和雇，以应用度。杭城乃辇毂之地，有上供米斛，皆办于浙右诸郡县，隶司农寺所辖。本寺所委官吏，专率督催米斛，解发朝廷，以应上供支用。搬运自有纲船装载，纲头管领所载之船，不下运千余石或六七百石。官司亦支耗券雇稍船米与之。到岸则有农寺排岸司掌拘卸、检察、搜空。又有下塘等处，及诸郡米客船只，多是铁头舟，亦可载五六百石者，大小不同。其老小悉居船中，往来兴贩耳。寺观庵舍船只，皆用红油舸滩，大小船只往来河中，搬运斋粮柴薪。更有载垃圾粪土之船，成群搬运而去。北新桥外赵十四相公府侧，有殿前司红坐船，于水次管船。军士专造红酛，在船私沽。官司宽大，并无捉捕之忧。论之杭城辐辏之地，下塘、官塘、中塘三处船只，及航船鱼舟钓艇之类，每日往返，曾无虚日。缘此是行都士贵官员往来，商贾买卖骈集，公私船只，泊于城北者夥矣。①

吴自牧客观地记载了临安地区因士贵官员往来以及商贾买卖的原因，而常致许多纲船（漕船）、航船、渔舟、钓艇等内河船只停留于此。 由于十三世纪北方精英的大举南迁，尤其是宋时南移，京都汴京的宋船造型可能是最接近南宋杭城河船造型的参考。

---

① 宋·吴自牧：《梦粱录》，浙江人民出版社 1980 年版，第 113 页。

北宋·张择端《清明上河图》中的漕船

北宋·张择端《清明上河图》中的内河船只局部放大图

张择端《清明上河图》中的内河船只是作者依据当时的亲眼观察所绘，极具参考价值。 但是，张择端也好，吴自牧也罢，他们作为文人墨客也仅仅是摘录或选择性地记录了较为典型的一些内河船。 他们的记载并不完全。 要比较全面仔细地了解杭州内河船只，只有通过曾经在杭州北新关被征收过关税的实录船只记载，才能准确予以回答。 清代许梦闳所编《北新关志》中，附录了北新关所见 70 余幅船式图。 这可谓研究杭州内河船只最重要的史料。据《北新关志》所录船式图，有杭州船、杭州湖墅船、杭州大洞子船、杭州赶艍船、杭州泥塔头船、余杭区摊圆拉、余杭区摊阔拉、邵伯开稍船、扬州飞沙船、镇江板船、镇江摆渡船、镇江拦水船、宁波穿、吴江尖头船、湖州花船、苏州船、苏州荡湖船、嘉兴圆篷船、嘉兴齐门船、长安摊船、嘉定船、嘉定平头船、丹阳划船、南浔航船、南京满江红等。 上述《北新关志》所绘内河船又以摇船、河船、划船、桨船、阔头船船式为主，皆详细列于松浦章《清代内河水运史研究》一书中，此不赘言。①

据清雍正《浙江通志》记载，明宣德四年（1429），统治者在杭州"据桥而关，以榷民舟算商税"，即为了收取运河上船料和商税，在杭州北新桥附近设立钞关，又因北桥而得名，取名为北新关。 明朝以来，全国共有八大钞关：九江、崇文门、河西务、临清、湖墅、扬州、北新、淮安。 其中北新关就在杭州，除此之外，杭州还有南新关和洋关。② 北新关的《关志》最早于明嘉靖十三年（1534）由北新关主事王文儒编修，随后在明嘉靖二十三年（1544）、庆隆三年（1569）、万历十七年（1589）、万历四十六年（1618）、崇祯七年（1634）、清顺治三年（1646）、康熙二十二年（1683）、雍正九年

---

① （日）松浦章：《清代内河水运史研究》，江苏人民出版社 2010 年版，第 350—352 页。
② 明成化七年（1471），在杭州设立南新关。雍正《浙江通志》卷八六"南新关"条引《南关榷事书》记载，其关"门坊堂室，俱有次第，面河为轩数楹，叠砌阶级，以便抽分"，并注："司启闭者，有庆丰桥。"清顺治二年（1645），设其抽分验放在城外旧厂而驻节则仍于城内榷署。据光绪《杭州府志》卷六四《赋税七·官役》载，雍正七年（1729），南关交由织造兼管。据雍正《浙江通志》卷八六《榷税》载，南新关下有小关 10 处，即：潼临关、安溪关、观音关、良畎关、板桥关、籹糒关、北新关、美政关、古荡关、富新关。杭州市洋关始设于清光绪二十二年（1896年），又被称之为杭州关。是年六月，清朝政府根据与日本订立的《马关条约》，被迫在杭州旧钞关的基础上，于拱宸桥新设杭州海关，山杭嘉湖道邹渭清兼海关监督，管理一切稽征事宜。

明清时期杭州税收管理相对完善，税种比较齐全。特别是杭州洋关，已经不单单是征收京杭大运河上发生的各种关税，也开始对近代以来的对外进出口贸易进行征税。

（1731）均有编修。① 在雍正九年（1731）刊行的许梦闳所编《北新关志》十
六卷中，附录有部分船式图，对于本节研究尤为重要。

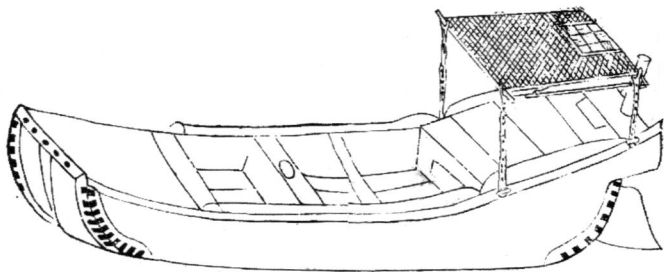

杭州船报摇船

此外，通过北新关的各种船只名称，还可以通过康熙《大清会典》关于北
新关征收过船料的记载予以分析。据康熙《大清会典》卷三十四《课程三·
关税》载，通过北新关的各色船式有长船、剥船、赣船、河船、焦湖船、浆
船、沙船、边江船、罗子头船、落脚头船、王巷船、乌船、膛船、太湖船、宜
兴船、马口船、划子船、匾船、摊船、摇罗船、航船、脚船、摇船、阔头船、
尖船等二十多种船式。徐吉军研究员从船只所载运的对象及所属关系，将杭
州内河船只又划分为客货混杂船、货船、客船、纲船、家船、贩米船、寺观磨
舍船只、粪船、渔船、红座船、撩河船等类型，②亦可供参考。刊于乾隆五十
七年的《商贾便览》中，虽以记录江西省所见船只为主，但也记录了车牌子、
盐船、满江红等航行于扬州、湖广等地的江南船只。在二十世纪初编制的
《中国省别全志》"浙江省"中，又记录了常航行在浙江省内河河道以及钱塘
江的乌山船、乌篷江船、戎克船、开梢船、徽江船、江山船、江船、航船、交

---

① 孙忠焕主编：《杭州运河文献集成》第一册，杭州出版社 2009 年版，第 69 页。

② 徐吉军：《杭州运河史话》，杭州出版社 2013 年版，第 99 页。

白船、江北船、吴江快船、小划船、常州船、常熟船、蒋村船、湘扁子船、长安船、长船、驳船、八舱船、百官船、蒲鞋船、满江船、无锡快船、无锡西庄船、明塘船、网船、六舱船、菱湖船等船只。①

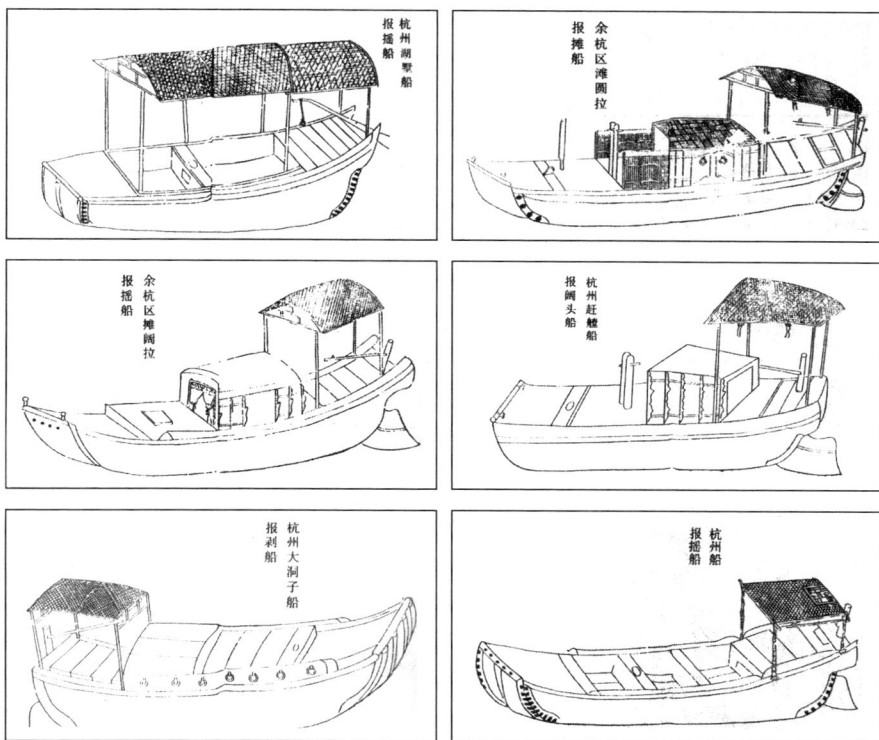

清雍正《北新关志》附录船式图，藏于浙江省图书馆，馆藏编号：善 1771

　　笔者这里特别提及一下与运河漕运密切相关的漕船。漕船也被称为漕舫、纲船。我国古代主要造船基地集中在长江中下游和东南沿海一带，如宣（今安徽宣城）、润苏常（今江苏镇江、苏州和常州）、湖杭越（今浙江湖州、杭州和绍兴），以及南方的福州、泉州和广州。秦汉时期，在全国可能就已经有五个主要的舟船制造地区。② 在我国唐代时期，就已经可以制造较为先进的内河船只与海运船只。《唐语林》卷八记载，大历、贞元年间，有

_____

①　（日）松浦章：《清代内河水运史研究》，江苏人民出版社 2010 年版，第 364—436 页。
②　余华清：《略述秦汉时期的舟车制造业》，《青海社会科学》1995 年第 1 期，第 94—94 页。

"俞大娘航船"，规模之大，简直能自成一座城镇，其中有街巷交错，"居者养生、送死、婚嫁悉在其间"。贞观二十一年（647），朝廷要求江南十二州造大船百艘，欲以征高丽。以上史料皆说明了唐代所具有的造船能力。故而，当我们看到唐朝刘晏所造的歇艎支江大船一次可以运输漕粮一千石，这种小船也能运输五百石左右的时候，我们并不会感到惊讶。宋代漕船则基本上沿袭了唐代漕船旧制，前文所述北宋张择端《清明上河图》中的大型漕船，也是印证。《梦粱录》卷一二《河舟》中有关南宋杭城"搬运自有纲船装载，纲头管领所载之船，不下运千余石或六七百石"①的记载，则是杭州运河漕船运送物资的明确记载。

明代在前代的基础上统一了漕船的形制。比如政府规定船底长五丈二尺，其板厚二寸。其材料一巨楠木为上，栗木次之。头尾各长九尺五寸，船底宽六尺，船尾底宽五尺；一般有十四个船舱，船舱深度在四到四点五尺左右，大概可以运米二千石。同时还规定了楠木，杉木建造的漕船三年小修，六年大修，十年则要更换新船。松木制造的漕船则要两年小修，三年大修，五年就得更换新船。清代的运河漕船基本沿袭明代旧制，而有关杭州的运河漕运情况，尤其是船只情况，前文利用《北新关志》已经进行了说明。

明·宋应星《天工开物》中的漕舫

---

① 宋·吴自牧：《梦粱录》，浙江人民出版社1980年版，第113页。

明代运河漕船，**1956** 年发现于梁山县
宋金河支流，藏于山东博物馆

清·陈梦雷编《古今图书集成》中的漕舫

行经杭州地区的内河船只形象，引自《康熙南巡图》第九卷

此外，为了满足南粮北送的巨大需求，在官方漕运制度中，往往给予了私漕的生存空间。如薛向在王安石的支持下，他还雇募了一部分商船参加漕运，"与官舟分运，以相检查"，一则为了减少官舟侵盗，二则客观刺激了民间运河商贸业的发展。这也说明，运河漕运不仅跟官方漕船有关，而且跟内河各种民间船只亦有密切的联系。有关频繁往来杭州地区的民间船，有关其具体形制、吨位、特点等研究，可参考朱惠勇《杭州运河船》一书。此外，我国大运河上的各式船只形制也并非一成不变，随着造船技术与运输需要，各种运河船只的形象不仅留在了我们中国人的视野中，同样也留在了许多入华的外国人眼中。

十八世纪末马嘎尔尼使团成员所绘运河渔船①

威廉·亚历山大笔下的中国船民

第三节　运河商人群体与贸易

　　杭州往北，运河船只可沿江南运河与太湖流域、长江流域和黄河流域互通往来。商人从杭州北上可去湖州、苏州和常州。人们过常州继续往北，可抵东都洛阳。杭州往东，走浙东运河，可东至明州（宁波），南至广东、福建等

---

　　①　WILLIAM ALEXANDER. The costume of China[M]. W. Miller，1804：126.

地，进而连接海外市场。 而杭州作为贸易中转站与集散中心的时期，主要是隋唐大运河疏浚以后。 《隋书·地理志》载："川泽沃衍，有海路之饶，珍异所聚，故商贾并凑。"罗隐代钱镠所作《杭州罗城记》载杭州："东眄巨浸，辖闽粤之舟橹，北倚郭邑，通商旅之宝货。"①不仅南来北往的国内客商聚集杭州，甚至是日本、朝鲜、大食、波斯等国的外国商人也来杭州从事贸易生意。 唐代的杭州，真可谓是"东南名郡"。 宋以后，江南地区漕运业鼎盛，杭州成为浙东运河与江南运河的交汇处。 此外还有富春江、新安江及杭州湾的海运，形成了以杭州为中心，前所未有的规模大、组织完善的东南水运总枢纽，杭州迅速崛起，发展为江南一大工商业都市。② 南宋吴自牧在《梦粱录》卷十二《江海船舰》记载了往来杭州码头的各地商人与货品：

> 其浙江船只，虽海舰多有往来，则严、婺、衢、徽等船，多尝通津买卖往来，谓之"长船等只"，如杭城柴炭、木植、柑橘、干湿果子等物，多产于此数州耳。明、越、温、台海鲜鱼蟹鲞腊等货，亦上通于江、浙。但往来严、婺、衢、徽州诸船，下则易，上则难，盖滩高水逆故也。江岸之船甚夥，初非一色：海舶、大舰、网艇、大小船只、公私浙江渔捕等渡船、买卖客船，皆泊于江岸。盖杭城众大之区，客贩最多，兼仕宦往来，皆聚于此耳。③

这则材料明确记载了来自杭州北部周边地区如严、婺、衢、徽等地的商船贸易内容主要是一些山货，而近海的明、越、温、台等浙东地区则为杭州供应各种海货。 上述外地商人往返于杭州销售本地土特产，符合历史的实际情况。 南宋末年，葛澧《钱塘赋》中也记录了杭州城南码上来自巴蜀、福建等地客商的各式货品，一派繁荣之景：

---

① 李志庭：《吴越国的治国方略》，转引自浙江省历史学会编：《浙江史学论丛（第一辑）》，杭州出版社 2004 年版，第 43 页。
② 安国璋：《中国运河文化史》，山东教育出版社 2006 年版，第 842 页。
③ 宋·吴自牧：《梦粱录》，浙江人民出版社 1980 年版，第 112 页。

　　江帆、海舶、蜀商、闽贾,水浮陆趋,联樯接步,红尘四台,骈至丛
贮,涩喜荣缪。挥袂飘举,息操倍蓰,功辨良苦,乃有安康之麸金白胶、
汝南之蓍草龟甲、上党之石密赟布、剑南之缟纾笺锦。其他球琳琅玕
铅松怪石蠙珠麋丝桃干栝柏金锡竹箭丹银齿革,林漆丝集蒲鱼布帛,
信都之枣,固安之粟,暨浦之三如,奉化之海凑,奇名异状,夥够堆积,
贸易者莫详茸生,博洽者畴克遍识。①

　　在杭外地客商群体中,又以徽商最为出名,甚至在杭州形成了徽州客商集
聚地——徽州塘。 清时倪瑶在《神州古史考》一书对此有考证:

　　　　令江干居民甚众,临(钱塘)江有蜿蜒大道,谓之江塘。其地多歙
　　州大姓所居,俗称徽州塘,高可一二丈,袤十余丈。前为钱塘江,后为
　　龙山河,中间石砌昂起,南北深坎,自前达后,登楼设版,乎步而 入……
　　自龙山闸至柳浦之东,修广七八里,所称江塘者,隋唐时城基也。②

　　上述文献中提及的江塘上居住着众多徽州人,故此地还有“徽州塘”的昵
称。 本来徽州是临钱塘江上游的一支流徽港(新安江)的城市,它和杭州在
很早以前就已开通了水运联络。 在吴自牧《梦粱录》卷十二“江海船舰”条
中曾列举了汇集在城南码头的钱塘江上游诸州的船只,其中说道:“严,婺、
衢、徽等船,多尝通津买卖往来。”又,南宋罗愿《新安志》(徽州一名新安
郡)中,也记载了通过新安江水运到达杭州之事。 明代时徽州人也以杭州为
据点,活跃于海运事业中,当时有名的海盗王直为徽州人,也是以这些从事运
河贸易的船民行帮而形成的,他们其中的成员也都是徽州人。 如此,徽州人
在杭州港多有往来,在码头附近的江塘上群居下来。 当然在宋时还没有“徽
州塘”之名,但由于这条石堤的一头是码头,因此堤上便成为内外贸易从业者

----

① 　清·陈梦雷编纂:《古今图书集成》第 69 册《经济汇编·食货典》,巴蜀书社 1985 年
版,第 24454 页。
② 　郑翰献主编:《钱塘江文献集成》第 2 册,杭州出版社 2014 年版,第 160 页。

以及其他相关人员的密集之地。 从成寻本人记录他目睹的情况，可以想象当时堤上店铺房屋鳞次栉比的面貌。 明代《石点头》卷八《贪婪汉六院卖风流》也有关于在杭徽商的记载，"那个徽州姓汪的富商，在苏杭收买了几千金绫罗绸缎，前往川中去发卖，来到荆州"。

明清以来，徽商在江浙经营盐业、茶业、木业及典当业尤为有名。 据陈去病（1874—1933）《五石脂》载："徽郡商业，盐、茶、木、质铺四者为大宗。 ……而盐商咸萃于淮、浙。"①徽商在杭州从事"四大宗"的人数众多，其中又以徽州盐商为最。 这一是因为盐业长期属于官方或半官方经营，获利巨甚，二是徽州进入两浙盐产区距离较近，水陆进入杭州的通道畅通，三是由于徽州属于两浙盐场的行盐区，②围绕两浙盐场经营盐业也符合实际。 虽然来自徽州的茶商、典商、木商、布商也有很多，但是均不及徽州盐商在浙影响之大，数量之多，以至朝廷甚至专为盐商设立"商籍"，③以便科考取士。 据研究者指出，至万历二十八年（1600），《两浙盐法志·商籍》记载进士有 3 人、举人有 10 人。

两浙商籍代表性人物④

年份	姓名	原籍	附籍	科第
隆庆二年	黄金色	休宁人	仁和籍	进士
隆庆五年	汪彦冲	歙县人	仁和籍	进士

① 陈去病:《五石脂》,转引自李山主编:《三教九流大观》,青海人民出版社 1998 年版,第 2203 页。

② 《钦定重修两浙盐法志》卷一《疆域》载两浙盐场所属地区"以省计者四,曰浙江,曰江苏,曰安徽,曰江西。以郡计者十七,其隶浙江者十一,曰杭州,曰嘉兴,曰湖州,曰宁波,曰绍兴,曰台州,曰金华,曰卫州,曰严州,曰温州,曰处州;隶江苏者四,曰苏州,曰松江,曰常州,曰镇江;隶安徽者一,曰徽州;隶江西者一,曰广信。以州计者曰太仓,隶江苏,曰广德,隶安徽"。

③ 《大清会典》载:"商人子弟,准附于行商省分,是为商籍。"这里虽然是说商人子弟即可被批准依附于当地商籍,实际上是专为盐商子弟而设。

④ 该统计和研究资料引自唐丽丽、周晓光:《徽商与明清两浙"商籍"》,《安徽师范大学学报(人文社会科学版)》2011 年第 3 期,第 277 页。

续　表

年份	姓名	原籍	附籍	科第
万历十一年	程朝京	休宁人	钱塘籍	进士
嘉靖三十七年	刘维藩	钱塘人		举人
隆庆元年	黄金色	休宁人	仁和籍	举人
隆庆元年	凌云鹏	休宁人	杭州籍	举人
隆庆四年	汪彦冲	歙县人	仁和籍	举人
万历元年	程朝京	休宁人	钱塘籍	举人
万历四年	程元瑜	歙县人		举人
万历七年	李万春	休宁人	浙江籍	举人
万历十六年	黄日升	歙县人	钱塘籍	举人
万历二十二年	汪有功	歙县人	钱塘籍	举人
万历二十五年	黄功敏	歙县人	昌化籍	举人

《两浙盐法志》卷二四明确记载："浙省素称才薮，其自安徽等属来浙业鹾者，贸迁既久，许其子弟附近就试，异地之才与土著无殊，此商籍所由立也。"清代大学问家俞樾在《九九销夏录》中也对两浙巡盐御史叶永盛[①]偏袒徽州盐商的施政方案有所点评："浙商多徽人，永盛亦徽人，其力争加课，自为公议。请许商人占籍，或亦维桑之私意乎？"[②]以往研究虽然注意到在浙尤其是在仁和县和钱唐县的徽州商人数量很多，也出了很多进士、举人，但是他们都相对比较忽视这些来自徽州的商人主要是通过大运河进行盐业贸易的情况。《天下水陆路程》《天下路程图引》和《商贾便览》中，均有徽州府到杭州或两浙其他行盐区的路线图。[③]这些商贸路线图说明了徽州与杭州之间水运贸易的便利与发达。在杭州运河上经营盐业的徽商则是杭州运河经济发

---

① 叶永盛，安徽泾县人，万历二十八年至三十年任两浙巡盐御史，曾为在两浙设置商籍而上疏，并得到朝廷应允，在浙徽商及商籍生员在其死后甚至建立生祠以纪念。

② 清·俞樾：《九九销夏录》卷十《浙江商籍》，转引用自谢国桢选编：《明代社会经济史料选编》（下册），福建人民出版社2004年版，第154页。

③ 唐丽丽、周晓光：《徽商与明清两浙"商籍"》，《安徽师范大学学报（人文社会科学版）》2011年第3期，第278页。

展的一个重要特征。

湖北、福建、广东、山西及陕西等远地客商也在江浙从事商业贸易。 朱熹《李公椿墓志铭》："京师月须米十四万五千百，而省上仓之储多不能过两个月。 ……筦洪、吉、潭、衡军食之米及鄂商船，并取江西，湖南诸寄积米，自三总所运输以达中都，常达二百万石，为一岁备。"[①]万历三十七年（1609），久居于杭的福建商人杨才甫，贩卖丝绸货物至日本。 广东东莞县海商者何亚八，嘉靖时"纠合番船前来广东外洋及沿海乡村"走私贸易，并分道到浙江嘉兴、杭州、宁波、绍兴、温州一带经商。 平阳府商人席铭就是以经营丝绸业起家的大富商，他游历吴越、楚魏，泛舟江湖，在大江南北贩卖丝绸，成为蒲州首屈一指的丝绸商。

宋人姚宽《西溪丛语》卷上就曾提及宋代以前的"海商船舶畏避沙潬，不由大江，惟泛余姚小江易舟而浮运河，达于杭越矣"。[②] 宋以后，浙东运河及江南运河南段水网发展尤其快，加之富春江、新安江及杭州湾带来的海运贸易，使得杭州的对外贸易空前发展，入华的外国商旅也非常多。 我们尤为知悉的意大利马可·波罗及其商队，把杭州称为"天城"，对杭州的城内贸易状况记载尤详，这本身就跟马可·波罗商人世家出身有关。 他来中国南方调查也是为了掌握交通贸易路线以及商贸物资状况，为以后的贸易往来做好调查工作。 马可·波罗商队对后世西方认识中国产生了重大影响。 克莱斯克·亚伯拉罕（Abraham Cresque）于约 1375 年绘制的《加泰罗尼亚地图》也吸收了来自《马可·波罗游记》等新地理知识。 在其地图上还绘制了马可·波罗商队前往中国的场景。

"南连闽粤，北接江淮"的杭州处在京杭大运河及钱塘江等水系交汇处。杭州不仅出产丝织品、锡箔、纸张等货品，还有来自湖州、嘉兴、金华、台州、宁波等地的土特产。 这些物资源源不断运抵杭州，又通过大运河和海运转售于各地。 海外市场对我国丝绸等丝织品尤为需要，竟达到光绪《仙居县

---

① 宋·朱熹:《朱子全书》第 25 册,安徽教育出版社 2002 年版,第 4336 页。

② 宋·姚宽:《西溪语丛》,转引自倪士毅:《隋唐名郡杭州》,浙江人民出版社 1990 年版,第 99 页。

志》所说的"以番舶日充贸易者，且遍于远洋绝岛，获利不资"。 如果要说京杭大运河沿线城市的对外传播与影响力，杭州凭借浙东运河及钱塘江、新安江、杭州湾等水系而进行的海运贸易，则是我国运河文化对外传播的最为重要的贡献之一。

第三章　漕运习俗与社会信仰

　　杭州运河具有明显的区域以及跨区域特征。 杭州运河文化既包含杭州区域范围内的江南文化圈特征，又融入了移民带来的北方中原文化、齐鲁文化及燕赵等文化类型。 流动的运河水，流淌出具有跨越我国东南西北各文化类型的传播网络。 连接宁波与杭州的浙东运河以及连接北京、西安、洛阳、开封和杭州的京杭大运河，使得杭州成为陆地丝绸之路与海上丝绸之路的连接点、交汇处。 历经海洋、草原、沙漠、高山的商队与商人，在杭州转运着各地特产，进而形成了我国重要的贸易集散地与中转站。 凭借运河交通方式的便利条件，杭州商贸得以繁荣，社会文化丰富多彩。 运河的流动性与包容性，使得外地精英极为便利地渗入到杭州当地的社会生活中。 杭州之于"运河文化带"而言，也不仅仅是这条线性人工河道上的一个地域性城市，而是一个与运河相关的社会文化生命体。 在这个社会文化生命体中，杭州本土知识系统一直以开放的姿态与外地政治、经济、思想等价值观念交互作用，进而体现在当下杭州人衣食住行等社会生活的各个方面。

第一节　漕运业中的语言和习惯

　　南宋以来，随着临安都城人口的激增以及都市商业的繁荣，都城管理者将行业相对集中的街巷设置为"行"或者称之为"团""市"。 "市肆谓之团行者，盖因官府回买而设此名。""有名为团者，如城西花团，泥路青果团、后市街柑子团，浑水闸鲞团。 又有名为'行'者，如官巷方梳行、销金行、冠子行、城北鱼行、城东蟹行、姜行、菱行、北猪行、候潮门外南猪行、南土北土门菜行、坝子桥鲜鱼行、横河头布行、鸡鹅行。 更有名为'市'者，如炭桥药市、官巷花市、融和市、南坊珠子市、修义坊肉市、城北米市。 其他工役之人，或名为'作分'者，如碾玉作、钻卷作、篦刀作、腰带作、金银打鈒作、裹贴作、铺翠作、裱褙作、装銮作、油作、木作、砖瓦作、泥水作、石作、竹作、漆作、钉铰作、箍桶作、裁缝作、修香浇烛作、打纸作、冥器等作分。"① 杭州民俗谚语"南门柴、东门菜、西门水、北门米"就是由此而来。宋时"南柴北米，东菜西水"的谚语，在明代被改成"南柴北米，东菜西鱼"，② 也是因为城西河湖水产丰富。 这一传统保留到二十世纪四五十年代。③

正是在此背景下，杭州市语与隐语流行起来。 明代田汝成评价道："乃今三百六十行，各有市语，不相通用，仓猝聆之。 竟不知为何等语也。 有日四平市语者，以一为忆多娇，二为耳边风，三为散秋香，四为思乡马，五为误佳期，六为柳摇金，七为砌花台，八为霸陵桥，九为救情郎，十为舍利于。小为消黎花，大为朵朵云，老为落梅风。 讳低物为辗，以其足下也。 复讳鞍为撒金钱，则又义意全无，徒以惑乱观听耳。"④ 清代文人翟灏在《通俗编》中说道，"今松木场香市中，犹习用此语"，⑤ 说明了明清时期杭州市语之流行，使用之频繁。 而这种行话市语，也是从商所需，"杭州人号为隐语，以欺外方"（陶宗仪《辍耕录》）。 杭州同行用市语，乃互通情报，什么货看涨，什么货看落，使双方心中有数，不致吃亏。 面对购物者或售物者，店家和行家使用市语，是使"外方"受骗上当。 清翟灏《通俗编》卷三十八"识余"辑录清代杭州各行业有关数目字的市语如下：

---

① 南宋以来杭州对民间泛指的各行各业俗称为"五行八作"，参见宋·吴自牧：《梦粱录》，浙江人民出版社 1980 年版，第 115 页。

② 明·田汝成：《西湖游览志余》，转引自陆鉴三：《西湖笔丛》，浙江文艺出版社 1985 年版，第 290 页。

③ 政协杭州市委员会文史资料研究委员会编：《杭州文史资料》第 11 辑，浙江人民出版社 1988 年版，第 95 页。

④ 明·田汝成：《西湖游览志余》，东方出版社 2012 年版，第 465 页。

⑤ 清·翟灏：《通俗编》，东方出版社 2013 年版，第 734 页。

米行：则一子、二力、三削、四类、五香、六竹、七才、八发、九丁、十足。

丝行：则一岳、二卓、三南、四长、五人、六龙、七青、八豁、九底。

（通"绸"）绫行：则一叉、二计、三沙、四子、五固、六羽、七落、八末、九各、十汤。

钱行：则一田、二伊、三寸、四水、五丁、六木、七才、八戈、九成。

铜行：一豆、二贝、三某、四长、五人、六土、七木、八令、九王、十合。

药行：一羌、二独、三前、四柴、五梗、六参、七苓、八壳、九草、十芎。

典当：一口、二仁、三工、四比、五才、六回、七寸、八本、九巾。

衣铺：一大、二土、三田、四东、五里、六春、七轩、八书、九籍。

杂货铺：一平头、二空工、三眠川、四睡目、五缺丑、六断大、七皂底、八分头、九未丸。①

上述行业，均与杭州区域的运河商业发展关系密切，也是运河商贸物资流通与贸易交换的主要内容。　说到运河贸易物资运输，社会上流行的各种针对船只的俗语值得我们探讨一二。　杭州地区对运河船只的俗语称谓很多，对河海之上的各种自然现象，也有独特的惯语称谓。　这些俗语朗朗上口，容易记诵。　其产生与发展，也是来自船民船工的生活经验与观察总结。《梦粱录》卷十二《江海船舰》载：

浙江乃通江渡海之津道，且如海商之舰，大小不等，大者五千料，可载五六百人；中等二千料至一千料，亦可载二三百人；余者谓之"钻风"，大小八橹或六橹，每船可载百余人。此网鱼买卖，亦有名"三板船"。不论此等船，且论舶商之船。自入海门，便是海洋，茫无畔岸，其势诚险。盖神龙怪蜃之所宅，风雨晦冥时，惟凭针盘而行，乃火长掌之，毫厘不敢差误，盖一舟人命所系也。愚屡见大商贾人，言此甚详

---

① 　清·翟灏：《通俗编》，东方出版社 2013 年版，第 734 页，

悉。若欲船泛外国买卖，则是泉州便可出洋，迤过七洲洋，舟中测水，约有七十余丈。若经昆仑、沙漠、蛇龙、乌猪等洋，神物多于此中行雨，上略起朵云，便见龙现金身，目光如电，爪角宛然，独不见尾耳。顷刻大雨如注，风浪掀天，可畏尤甚。但海洋近山礁则水浅，撞礁必坏船。全凭南针，或有少差，即葬鱼腹。自古舟人云："去怕七洲，回怕昆仑。"亦深五十余丈。又论舟师观海洋中日出日入，则知阴阳；验云气则知风色顺逆，毫发无差。远见浪花，则知风自彼来；见巨涛拍岸，则知次日当起南风；风电光则云夏风对闪。如此之类，略无少差。相水之清浑，便知山之近远。大洋之水，碧黑如淀；有山之水，碧而绿；傍山之水，浑而白矣。有鱼所聚，必多礁石，盖石中多澡苔，则鱼所依耳。每月十四、二十八日，谓之"大等日分"，此两日若风雨不当，则知一旬之内，多有风雨。凡测水之时，必视其底，知是何等沙泥，所以知近山有港。①

　　吴自牧上述大客船可称之为"一千料"，小一点的客船称之为"五百料"。此外还有各式俗称，如下记载："皆精巧创造，雕栏画供，行如平地。各有其名，曰百花、卜样锦、七宝、戗金、金狮子、何船、劣马儿、罗船、金胜、黄船、董船、刘船，其名甚多。"②根据船只功用的不同，杭州地区的船只还有许多有趣的称谓：如香船又称烧香船，是专门运送烧香客的船只；戏班船，则是专门用来运载戏班去各地演出的。其他还有专门收租、收账的称"帐船"；专门换破烂、乞食的称"敲梆船"；还有迎亲船、上坟船、龙船、灯船、台阁船，不胜枚举。还有打鱼、放生用的"瓜皮船"，供商贾妓女风流享乐的"小脚船"。

　　与运河水域密切相关的歌谣谚语以及故事传说，它们也是与运河密切相关的社会文化内容。《吴越春秋》曰："伍子胥逃楚。与楚太子建奔郑。晋顷公欲因太子谋郑。郑知之。杀太子建。伍员奔吴。追者在后。至江。

① 宋·吴自牧：《梦粱录》，浙江人民出版社 1980 年版，第 111—112 页。
② 宋·吴自牧：《梦粱录》，浙江人民出版社 1980 年版，第 110 页。

江中有渔父。子胥呼之。渔父欲渡。因歌曰云云。子胥止芦之漪。渔父又歌曰云云。既渡。渔父视之有饥色。曰：为子取饷。渔父去。子胥疑之。乃潜深苇之中。父来持麦饭鲍鱼羹盎浆。求之不见。因歌而呼之曰云云。子胥出饮食毕。解百金之剑以赠渔父。不受。问其姓名。不答。子胥诚渔父曰：掩子之盎浆。无令其露。渔父诺。胥行数步。渔者覆船自沈於江。"①根据渔夫渡伍子胥过江所唱渔歌的这则传说，形成了一首流传在江南的著名船歌：

渔夫歌

日月昭昭乎浸已驰，与子期乎芦之漪。

日已夕兮，予心忧悲。月已驰兮，何不渡为。

事浸急兮将奈何。

芦中人，芦中人，岂非穷士乎。②

此外，在南宋人赵彦卫《云麓漫钞》和杨万里《诚斋集》提到一首有关江南船歌。前者引当时"吴中舟师之歌"曰："月子弯弯照九州，几家欢乐几家愁？几家夫妇同罗帐，几家飘落在他州。"③后者引了两段丹阳舟人及纤夫之歌："张哥哥，李哥哥，大家着力一齐拖；一休休，二休休，月子弯弯照九州。"④这首船歌完整版最早出现在明叶盛《水东日记》卷五中，"月子弯弯照九州，几家欢乐几家愁？几家夫妇同罗帐？多少飘零在外头？"⑤

杭州地区与内河水系密切相关的船民船歌民俗，还有很多。比如这首《撑排人》："撑排人，没做头，日日夜夜在外头。头顶晒日头，汗流脚踝头。背纤背到五更头，霜打额角头。吃的冷饭头，睡在水上头，盖的破被头。一个浪头，打湿破被头，冻得浑身达达抖。吃的苦头，拿的零头，你要

①　周秉高：《全先秦两汉诗》，内蒙古大学出版社 2011 年版，第 643 页。

②　王辉斌：《商周逸诗辑考》，黄山书社 2012 年版，第 221 页。

③　冯克诚、田晓娜主编：《四库全书精编》，青海人民出版社 1998 年版，第 586 页。

④　匡扶：《两宋诗词选》，新疆人民出版社 1983 年版，第 167 页。

⑤　刘锡诚：《二十世纪中国民间文学学术史》，中国文联出版社 2014 年版，第 199 页。

讨添头，请你吃举头。 老来没劲头，一脚踢出门外头。 只好睡在屋檐头，冻死在街头。"①现在属于杭州市的富阳，也有这样的歌谣传说。 如明代《富春谣》：

富春谣

富阳江之鱼，富阳山之茶。

鱼肥卖我子，茶香破我家。

采茶妇，捕鱼夫，

官府拷掠无完肤。

昊天何不仁，此地一何辜。

鱼胡不生别县，

茶胡不生别都。

富阳山，何日摧，

富阳水，何日枯。

山摧茶亦死，江枯鱼亦无。

于戏，山难摧。江难枯，

我民不可苏。②

此外，根据运河周边生活经验的总结，还有"北风落过雨，江里好钓鳗""六七月里修船，八九月里捉虾""蟹立冬，影无踪""肥多苗壮，水好鱼旺""端午午时落了雨，个个鱼塘都要瘟"等十分有趣的民俗谚语或歌谣传说。 依运河而生的杭城老百姓，还有很多流传至今的民俗节日活动。如端午节的龙舟竞赛："龙舟十余，彩旗叠鼓，交舞曼衍，粲如织锦。 内有曾经宣唤者，则锦衣花帽，以自别于众。 京尹为立赏格，竞渡争标。 内珰贵客，赏犒无算。 都人士女，两堤骈集，几于无置足地。 水面画楫，栉比

---

① 王家扬、董校昌编：《浙江省民间文学集成》（杭州市歌谣谚语卷），中国民间文艺出版社 1989 年版，第 25 页。

② 《富春谣》，转引自朱秋枫：《浙江歌谣源流史》，浙江古籍出版社 2004 年版，第 143—145 页。

如鱼鳞，亦无行舟之路，歌欢箫鼓之声，振动远近，其盛可以想见。"①

第二节　漕神信仰与民间崇拜

杭州地区与内河水文化有关的信仰有很多，多数跟依靠运河水道或海运贸易的商业有关。这其中尤以崇拜漕运神、潮神、水神、财神、仙人叔婆、路头神、龙王等信仰为盛。

杭州地区民间祭祀的漕运守护神——金龙四大王的历史记载有很多。据《金龙山圣迹记》："谢公绪，会稽诸生，居钱塘安溪，宋谢太后之侄也。三宫北行，公投苕溪死，门人葬其乡之金龙山。明太祖吕梁之捷，神显灵助焉，遂封金龙四大王，立庙黄河之上。其后拥护漕河，往来粮艘，惟神是赖。"②这里讲的就是明太祖朱元璋在吕梁大战元兵之时，夜晚梦见谢绪，因而取胜。后太祖便下诏封其为"金龙四大王"，后凡有漕运的地方，码头旁大多建有金龙四大王庙。据传言，"凡河流淤塞，力能开之，舟将覆溺，力能拯救之"。在康熙《钱塘县志》、雍正《浙江通志》卷第二百一十七《金龙四大王庙》条、乾隆《杭州府志》、朱国帧《涌幢小品》、陈继儒《宝颜堂集》等方志笔记都有此详细记载。

《咸淳临安志》浙江图中的张司封庙也与河道治理有关。张司封庙即北宋张夏祠庙，张夏，"宋太宗朝进，仁宗景祐中出，为两浙运司，字伯起，雍邱人。宋《祠典》作'工部夏员外'，误，俗称司封，以其授司封郎中也"③。身居两浙转运使的张夏为杭城修筑首条抗潮石堤，又创建专门从事采石修塘的悍江兵，两宋至近代，张夏成为钱塘江两岸民间信奉最为广泛的潮神。

此外，图中冯大郎庙同样与江神祭祀有关。《咸淳志》载："顺济庙，

---

① 宋·周密：《武林旧事》卷三，浙江古籍出版社 2011 年版，第 49 页。
② 清·姚东升辑：《释神校注》，周明校注，巴蜀书社 2015 年版，第 61 页。
③ 清·姚东升辑：《释神校注》，周明校注，巴蜀书社 2015 年版，第 62 页。

《国朝会要》云：浙江里民冯氏祠。"①《西湖游览志余》又载"顺济庙，在
清水闸。 其神冯俊，字德明，钱唐人"。② 他跟张夏一样，因为在水道管理
方面的杰出贡献，受到官方至民间的称赞，进而得以建祠以祀。③

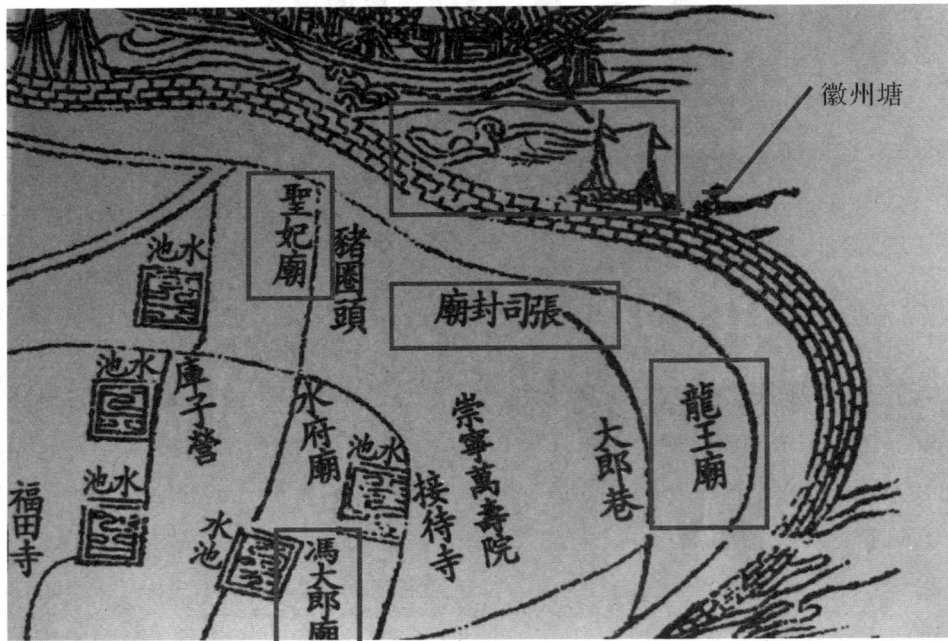

《咸淳临安志》中的"浙江图"

　　历史上，在与杭州运河漕运有关的民间信仰中，外来的信仰有妈祖，也
被称为天妃、天后、海神娘娘。 现如今，福建、广东和台湾地区的妈祖信
仰还十分兴盛，甚至被认为是莆神。 南宋建都临安后，南方城市间运河漕
运以及海运发达，甚至多有和海外国家进行贸易。 尤其是往来于临安贸易
的闽广商人或官员，在外地也非常热衷修建天妃宫。 《咸淳临安志》卷七

　　① 浙江省地方志编纂委员会编：《宋元浙江方志集成》第 3 册，杭州出版社 2009 年版，
第 1178 页。

　　② 明·田汝成：《西湖游览志余》，浙江人民出版社 1980 年版，第 213 页。

　　③ 姜青青：《〈咸淳临安志〉宋版"京城四图"复原研究》，上海古籍出版社 2015 年版，第
303—304 页。

三《外郡行祠·顺济圣妃庙》载："神虽莆神，所福遍宇内，故凡潮迎汐送，以神为心，回南簸北，以神为信，边防里捍，以神为命。商贩者不问食货之低昂，惟神之听。"①已经有研究者指出，这篇杭天妃宫的碑文出自丁伯圭（1171—1237）之手，莆田人，在杭城做官。此例是福建商人在杭州支持修建天妃宫的明证。②在吴自牧《梦粱录》中，也有关于天妃宫的记载："顺济天妃宫，在艮山门外，又行祠在城南萧公桥候潮门外瓶场河下市舶司侧。"③《西湖游览志》则称"天妃宫，在孩儿巷北，以祀水神，洪武初建"。④《嘉靖仁和县志》卷十二中对天妃宫有如下记载："天妃宫……以奉顺济圣妃。神本萧口林氏，都巡君之季女，幼悟玄理，逆知休咎。处室三十年，点与神契。没后显灵于江湖，非只运漕赖之以薪，而商旅舟楫，亦保无虞。尝闻泛悔者，每逼础风怒涛，呼神之灵，辄有霞光显布。宋元祐年前，英其数灵异，祀之萧之圣雄江口白湖。宣和五年赐顺济庙额。绍兴二十六年封灵惠夫人。绍熙三年改封灵惠妃。庆元四年加封顺济，从此闽广浙江淮甸凡濒海之地，往往立祠。或处羽士者，乃匾曰宫。"康熙十九年（1680）加封为"护国庇民妙灵昭应宏仁普济天后"，康熙二十三年（1674）又进封"天后"。同治七年（1868），杭州城北天后宫重修，丁申撰有《重修天后宫碑记》。⑤可见，宋时位于艮山门外的顺济庙在明代也被称为天妃宫。而杭城一带的沙河塘，长期以来是海内外客商贸易云集之地。历史上杭城多个地方修建有天后宫，具体数目已无法说清。清《艮山杂志》记载道："杭城内外，旧有祀庙凡四。"一在艮山门外，一在吴山三茅观东侧

---

① 《咸淳临安志》卷七三《外郡行祠·顺济圣妃庙》，转引自孙忠焕主编：《杭州运河文献集成（第三册）》，杭州出版社 2009 年版，第 258 页。

② （美）韩森：《变迁之神：南宋时期的民间信仰》，包伟民译，浙江人民出版社 1999 年版，第 146 页。

③ 萧公桥在今上城区南星桥东北，候潮门在今望仙桥东南。参见宋·吴自牧：《梦粱录》，浙江人民出版社 1980 年版，第 131 页。

④ 明·田汝成：《西湖游览志》，东方出版社 2012 年版，第 252 页。

⑤ 《城北天后宫志》，参见《藏外道书》第 20 册，巴蜀书社 1992—1994 年版，第 376—377 页。

（即三仙祠故址），一在孩儿巷西，一在现在的下城区天主教堂处。[①] 历史上，祭祀天妃以求水运贸易平安顺遂的传说故事很多，杭州也不例外。

绘制于 1716—1727 年间的《杭城西湖江干湖墅图》中，潮神、三郎庙清晰可见，杭州运河水系边的香积寺也清晰可见。 明清时期，西湖香市繁荣。张岱《陶庵梦忆》卷七载：“如逃如逐，如奔如追，撩扑不开，牵挽不住。 数有十万男男女女老老少少，日簇拥于寺之前后左右者，凡四阅月方罢，恐大江以东，断无此二地矣。”[②]杭城人乘船进庙上香，拜佛许愿，蔚然成风。 宋以来，杭州地区流行的神祇祠庙中，除前文着重提及的与运河漕运密切相关的天妃庙、金龙四大王庙、张司封庙以外，还有张王庙、五显庙、梓童庙等。[③]

---

① 钟丽萍主编：《流淌的文化——拱墅运河文化概览》，杭州出版社 2010 年版，第 159 页。

② 明·张岱：《陶庵梦忆注评》，上海古籍出版社 2014 年版，第 189 页。

③ （美）韩森：《变迁之神：南宋时期的民间信仰》，包伟民译，浙江人民出版社 1999 年版，第 188—189 页。

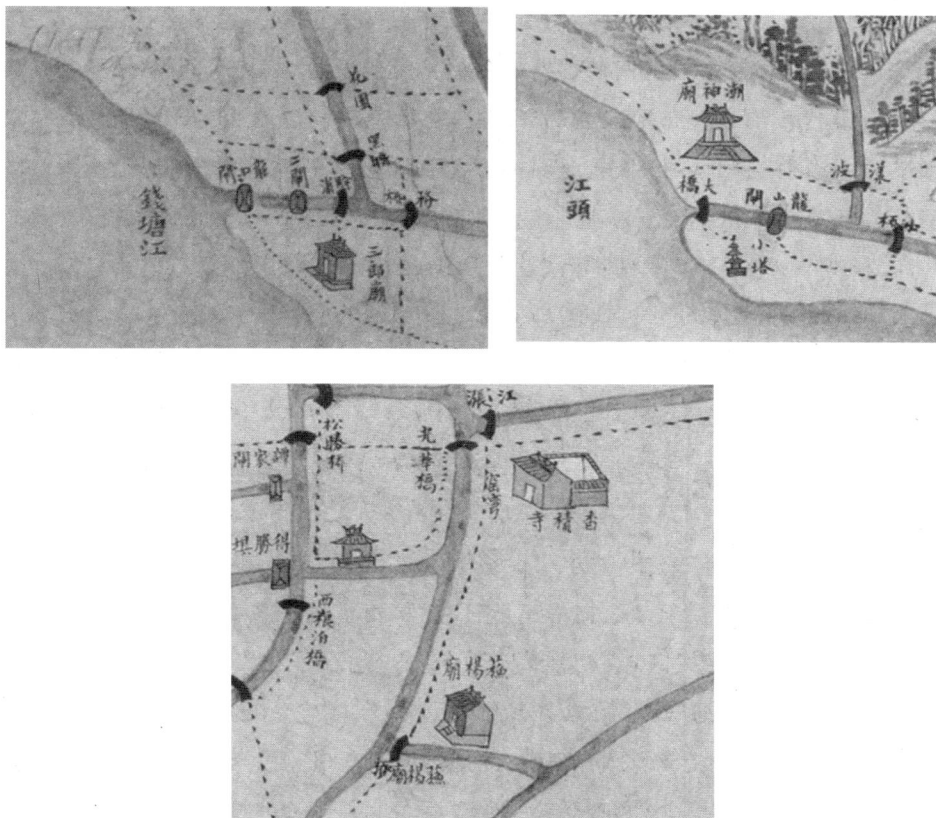

《杭城西湖江干湖墅图》上的三郎庙、潮神庙和香积寺

第三节 江浙漕运行帮会社的演变

南宋建都杭州后，杭城管理者为了便于相对集中的行业，故而形成许多专业的市、行、团、作。如金银市、珍珠市、丝棉市、生帛市、枕冠市、故衣市、衣绢市、花朵市、肉市、米市，又如花团、青果团、柑子团；银朱彩色行、金漆桌凳行、南北猪行、青器行、处布行、麻布行、青果行、海鲜行、纸扇行、麻线行、蟹行、鱼行、木行、竹行、果行、笋行；碾玉作、钻卷作、木

作、油作、砖瓦作、泥水作，名目繁多。 所谓"京都有四百四十行"，①行会组织具有极强的封建性，南宋耐得翁所著《都城纪胜·诸行》中记载"市肆谓之行者，因官府科索而得此名。 不以其物大小，但合充用者，皆置为行。"前文所引清雍正九年完成的《北新关志》中，详细罗列了经过杭州钞关的各类行名，足见杭州市场因为高度的商业化而造成的行业细化。 据《宋会要辑稿·职官》四二之一一"发运司"条记载："（宣和五年）九月五日，户部奏："荆湖南北路划刷大理（理当作礼）钱帛建库申，勘会荆湖南北路诸州军起贸上供钱物，有畸零数少去处，依条般往今便及沿流去处州军，团并成纲，起发上京，限日转发，连限杖一百。"②

此处"团并成纲"表明，运河沿线行业的专门化与漕运或纲运的组织运作有密切关系。《续资治通鉴长编》卷一百九十六"嘉祐七年二月辛巳"条中有："（前略）又请，江西漕船，团为十纲，以三班使臣部之。 直取通、泰、楚都仓盐。"③同条中还有："淮南既团新纲漕盐，挺增为十二纲，纲二十五艘，锁袱至州乃发。"④

根据这些记载可知，漕船二十五艘组成一纲，十纲为一团，与"小组"的纲相对的，则是"大组"的团。 由此可知，在宋代的纲运组织中存在着团的制度。 因此从团的"组合"一义可以类推开去。 宋时同业者组织起来的组合也称为团，这种团的意义也可以按纲团的解释来加以理解。《咸淳临安志》中还特别设了"团行"的条目，专门记载按各种商品的种类分别立团、行或市的情况。 在《梦粱录》等书的记载中，从奴婢、脚力、下夫一直到乞食、技艺等都有这样的组织，甚至像拾人粪这样的行当，都有团、行的组织，已达到无业不有团、行的程度。 在宋代广泛的商业活动的所有分野中，都活跃着一些牙侩，即买卖的中介人，他们参与客货的买卖经营活动。

---

① 于立文主编：《永乐大典精选》，中国华侨出版社 2011 年版，第 1364—1365 页。

② 刘琳等校：《宋会要辑稿》，上海古籍出版社 2014 年版，第 7051 页。

③ 宋·杨仲良：《皇宋通鉴长编纪事本末（第二册）》，黑龙江人民出版社 2006 年版，第 807 页。

④ 宋·杨仲良：《皇宋通鉴长编纪事本末（第二册）》，黑龙江人民出版社 2006 年版，第 807 页。

北宋王安石所创制的新法中，市易法被认为是当时政府重要的市场政策。而众所周如的是，在市易法中，牙侩占据了重要的地位。宋时在大小都市中必有牙侩的存在，周旋于土货的收购和客货的出售等商业活动中。传为宋代著作的《作邑自箴》中，记载了对牙侩进行管理的规定。牙侩与团、行之间的关系尚不明确，不过就杭州的事例来看，《咸淳临安志》卷八十九有载："（前略）又居民日用蔬菜果实之类，近因牙侩陈献置团拘卖，除牙钱太多，致细民难以买卖。"可知牙侩主管团的事务。甚至连日用的蔬菜果类的买卖中都有团的组织。由于市场交易被独占，因此交易者有向牙侩交纳牙息即口钱的义务。另外，在《宋会要辑稿·刑法》二之一一九中还记载了其他的一些事例："（淳熙）四年二月七日，监察御史齐庆胄百：'沿海诸处屯驻水军，多因土地所产，辄置军团，遇有民旅将到物货，虽已经商税，来许货卖，必令赴团上历给牌解牙息，方得自便。客贩由此妨滞，物价因而腾跃。乞令住罢。'从之。"①

这里所谓的军团也是团的一种，属于对驻屯军队进行管辖一类的组织。各路水军不许客商自行买卖管下的物产，而必须向军团交纳名为牙息的中介费，才被允许贩卖。此处的牙息在前面的例子中称为牙钱，而这里主管军团的人也是牙侩。以上简单地介绍了宋代团的意义以及与牙侩的关系。

宋代江口码头的团中最著名的就是鲞团。《梦粱录》卷十六中甚至专为其特设了一个《鲞铺》的条目，由此也可设想到当时它的繁盛状况，其谓："姑以皇鲞言之，此物产于温、台、四明等郡，城南浑水闸有团招客旅，鲞鱼聚集于此。城内外整铺不下一二百条家，皆就此上行。"杭州城内商会林立，"总的说来，城内各行各业共有十二种行会，每一行会都有一万两千个商家，每个商家至少有十二个工匠，有的是二十人，也有的为四十人。这些工匠们总有干不完的活儿，因为此城的产品畅销于国内其他城市"。

到明清时期，北关码头仍然是漕船的发船地和停泊场。清代丁丙《三塘唱晚》卷中引用了凌璋森的《里丛钞》，曰："运粮艘有杭一杭二杭三杭四等

---

① 刘琳等校：《宋会要辑稿》，上海古籍出版社 2014 年版，第 8347 页。

帮，每帮船二三十号，每船伍长一人，耆民巡丁一人，篙工十余人。伍长眷属，半居船中。自北关外至谢村，排有水次，各不相混。春运秋归，每届三年，轮流休葺。湖墅籍此衣食者，不下百家。自咸丰三年粤匪陷江宁，镇江随陷，漕运改海运。初则粮艘尚有苫盖，运丁尚给工食。至十年杭州初陷，海运亦停，粮船不可问矣。"①可见，"帮"完全就是宋代团的翻版。这条资料是研究明清时期漕船组织的重要史料。

明清时期，运河漕粮绝大部分供给来自江浙等东南地区。自然在江浙地区也需要更多的人员充当船工、舵工、跺工、水手或纤夫。"康熙初每船运军十名，至三十五年改定为一名，余九名选募水手充之，寻签本军子弟一人为副军。"可见，到了康熙中期，一只漕船上额定的 10 名水手中，除了 1 名负责人是有军籍的运军外，剩下的 9 名都是临时招募的水手。江浙相对富庶，本地人较少去从事船工这样辛苦而又收入低微的工作，所以长期聚集在江浙运河码头漕船上的船工多是来自山东、河南等地的无业游民。运军和漕船，按所属地区营卫划分为不同的"帮"，如德州帮、兴武三帮、凤中二帮、赣州帮等，名目繁多，数以百计。清代每年运粮 400 多万石，运河中粮船万艘以上，水手二三十万人，这些水手们常年漂泊，需相互照应，便形成了船帮。众多船帮统一为水手行帮，他们又跟罗教的产生密不可分。明中叶开始，民间宗教力量渗入漕运行业，引发了水手罗教、水手行帮、早期青帮等民间秘密组织在明清时期的相继出现，构成了晚期封建社会中的又一社会力量。目前也有多位学者关注并研究了该议题。②

罗教是明正德初年由山东即墨人罗清（1442—1527）创立。后人称其为罗祖。罗清家族世代皆为军籍，罗清年轻时便充任密云卫一带的守备军人，所以罗教创立不久，便与漕运发生了直接的联系，漕运水手是其第一批教徒。

---

① 清·丁丙：《三塘唱晚》，转引自《丛书集成续》第 53 册《史部》，上海书店出版社 1994 年版，第 343 页。

② 吴琦：《漕运与民间组织探析》，《华中师范大学学报（人文社会科学版）》1997 年第 1 期；曹金娜：《清代粮船水手中的罗教》，《宗教学研究》2013 年第 2 期；陈峰：《清代漕运水手的结帮活动及其对社会的危害》，《社会科学在线》1996 年第 2 期；周育民：《漕运水手行帮的兴起的历史考察》，《中国社会经济史研究》2013 年第 1 期。

　　明末，罗教南传杭州和苏州，在南方漕运水手中流传开来，漕运中的民间组织开始萌生。明末清初，杭州已经出现罗教庵堂。乾隆三十三年（1768），闽浙总督崔应阶《拿获罗教可庵人朱洮辉等审拟事》奏折中称："杭州府北新关外拱宸桥地方，向为粮船停泊之所，明季时有密云人钱姓、翁姓、松江潘姓三人流寓杭州，共兴罗教，即于该地各建一庵，供奉佛像，吃素念经，于是有钱庵、翁庵、潘庵之名。因该处逼近粮船水次，有水手人等借居其中，以致日久相率皈教。该庵遂为水手己业，复因不敷居住，酿资分建至数十庵之外，庵外各置余地，以资守庵人日用，并为水手身故义冢，每年粮船回空，其闲散水手皆寄寓各庵，积习相沿，视为常事，此水手皈教之由来也。"①此三人后来在组织中被尊为"三祖"。

　　乾隆三十三年（1768）是水手罗教向水手行帮转化的关键一年，由于官府拆毁了杭、苏一带的庵堂，水手的生死依托荡然无存。漕运水手由陆地转移到水上，由以庵堂为活动中心转向以老堂船为活动中心，进而突破了宗教形式。

　　道光五年（1825），据浙江巡抚奏报，各帮派控制的水手"不下四五万，沿途牵手尚不在此数"。可见，水手行帮已基本控制了江浙一带的漕运水手、舵工、纤夫人等。道光、咸丰年间，漕运中的民间组织又一次发生重大变化——青帮出现。水手"人众业寡，行计艰难"，更多的水手流落江湖。为了应付这一社会变动，维持组织的原有力量，寻求有效的生存方式，水手行帮开始改变组织策略和行为方式，不仅维持原来在水上的势力，而且开始向岸上渗透。咸丰三年（1853），清廷全面实行海行，运河漕运被废止，漕运水手承担南粮北运的历史彻底结束，最终促成水手行帮的彻底转变。

　　青帮，又称安清道友，史载：安清道友"号称潘门，亦曰潘安，又别称庆帮，俗讹为青帮"。青帮多崇奉潘祖，其主体成员是水手行帮时期与老安相对的新安一派。《清稗类钞》载："青帮者，其徒本皆以运漕为业，岁居粮船，船北上时，夹带南货，南下时，夹带北货，所谓粮船帮者是也。既改海运，艰於衣食，乃秘密结会，以贩私盐为业，亦有专以赌博及诈欺取财度日

――――――――――

　　① 　何善蒙：《民国杭州民间信仰》，杭州出版社2012年版，第114页。

者。 江浙为多,淮、徐、海尤盛,皖北亦有之。 亦曰安庆道友,为哥老会之别派。 闻其成立至今,已二十余传,有一定统系。"①

青帮有比较稳定的活动地点。 最初,水手行帮"多于滨河旷僻处所开设茶酒等铺,约集匪徒,寄存赃物",铺中"则有经堂,供奉神牌,设立老官师傅之位"。

经过雍正、乾隆两朝的两次打击,水手罗教失去了陆地据点,改在船上活动。 每一个船帮都设有一个"老堂船",相当于旗舰,供奉罗祖神像。 负责打理老堂船事务的人被帮众称为"老管"(通常由数人轮流担任),监理全帮财物账目,制定帮规,即是"当家的"。 至此官有的漕船成了各帮的私有财产。

各帮内部组织严密,老管具有无上权威。 有帮众犯错,会依帮规,处以棍打、烧炙、截耳、割筋等各种酷刑。 帮中定有联络信号,遇事传出"红箸""溜子",就"人即立聚"。 这种组织调度能力,不亚于武侠小说中的江湖帮派。

此后,各船帮虽还采用罗教的仪式,要求"凡投充水手,必拜一人为师",但其宗教性逐渐淡化,变为较为单纯的行业组织——水手行帮(漕帮)。 与此同时,罗祖也蜕变为水手这一行业的"祖师爷"。 至道光时,信奉罗祖的漕帮"不下四五万,而沿途所雇纤手尚不在此数内"。

雍正五年(1727),时为浙江巡抚的李卫下令,将罗教的庵堂改为"水手公所"。 乾隆三十三年(1768),查封苏杭地区依旧在传播罗教的水手公所,"概行拆毁,毋得仍前留存,复贻后患",逮捕罗教为首的守庵人、水手教徒数十人,其中有的被发配、斩首。 因闹事受朝廷镇压,清中后期的罗教突破宗教外壳,确立为行帮会社。 活动中心从庵堂转到老堂船,有帮规、仪式、联络信号等非政府组织特征。

从罗教到水手行帮,再到青帮,反映了漕运从兴盛到衰亡的过程,反映了晚期封建社会的演变格局,也反映了运河生活圈中人们的风风雨雨。 这些民间组织虽然皆以漕运作为其原生体,但是,社会的现实力量却塑造了它们不同

---

① 清·徐珂编:《清稗类钞》,中华书局 1986 年版,第 3659 页。

的特质和品格，而这些特质和品格又决定了它们在社会政治生活中的不同
表现。①

① 吴琦：《漕运与民间组织探析》，《华中师范大学学报（人文社会科学版）》1997 年第 1 期，第 123—129 页。

第四章　杭州漕运管理机构与税收制度

　　我国管理者为了实现全国运河漕运的通畅，发明了许多解决长途运粮的方案，其中尤以沿河设仓与分段运输策略最值得探讨。 在我国古代，仓用于储粮，库则用于保管其他物资，它们是具有不同概念的名词。 直到元代，刘秉忠针对"纳粮就远仓，有一废十者"的现象，提出"宜从近仓，以输为便"的主张，进而确定了我国在交通便利的沿河地区就近设置粮仓的仓储管理制度。 唐开元后期，宰相裴耀卿改直运为接运，在各个河段设立河仓，"水通则随近运转，不通即且纳在仓，不滞远船，不忧久耗，比于旷年长运，利便一倍有余"①。 这样就避免了长途运船在不熟悉的河道造成翻船沉粮的情况。安史之乱后，宰相刘晏根据运河、淮河、汴河、黄河、渭河的水势不同，采用大小不同船只通过水路分段运输的政策。《新唐书·食货志》载："江船不入汴，汴船不入河，河船不入渭；江南之运积扬州，汴河之运积河阴，河船之运积渭口，渭船之运入太仓，岁转输百一十万石，无升斗溺者。"②而在宋初至崇宁时的"转般法"和崇宁以后的"直达法"是我国运河漕运管理制度中的代表性措施。 该措施的发展变化直接关系着东南漕运规模与数量的兴衰变化。 笔者将在后面章节予以重点介绍。 沿途设仓及分段运输是我国大运河漕运管理体制中较为显著的特征，具体到以杭州为中心的运河漕运管理制度，还值得我们具体考察。

---

　　① 　中国文史出版社编:《二十五史》卷6《旧唐书》,中国文史出版社2003年版,第477页。

　　② 　宋·欧阳修、宋·宋祁:《新唐书》第1册,岳麓书社1997年版,第843页。

隋开皇九年（589），隋文帝杨坚平定南朝陈国，而当时的钱唐郡在旧陈国境内。故而，隋文帝废钱唐郡而置杭州，州治始设余杭县，称之为杭州。开皇十年（590），因避免江南氏族豪强反隋暴动，杭州州治迁移至钱唐县凤凰山麓的柳浦。[①] 次年，杨素平定江南地区的暴动，进而在此修筑杭州城。迁至柳浦的主要原因是这里是内河外海的交通要道。杨浦处于钱塘江入海口，沿钱塘江上行船可至通婺（今浙江金华）、睦（今浙江建德）等州，下行船则出外海。从柳浦越过钱塘江往东行进，管理者则可以进入浙东运河区域，进而控制宁绍平原及浙东运河出海口岸等要地。此时杭州州城城郭范围大致东临盐桥河（今中河），西临西湖，南至凤凰山，北至钱唐门（今湖滨六公园附近）。

绍兴十一年（1141）和议之后，确定宋金以淮河为界。宋金政治军事上的对立，使得运河也被分成两段。这一时期作为南宋首都的临安，由北而上的江南运河还可以抵达润州，临安以东的浙东运河逐渐繁荣。此时的临安处于杭嘉湖平原与宁绍平原两大鱼米之乡连接处，物资丰富。临安又处于江南运河、浙东运河以及钱塘江三条水路交汇处，交通便利。全国各地上供赋税也容易通过这些水路运抵临安。不仅如此，还有日本、朝鲜等国使臣的往来和海商船舶的出入。姚宽《西溪丛语》卷上《会稽论海潮碑》载："不由大江，惟泛余杭小江，易舟而浮运河，达于杭越矣。"南宋政府重视对外贸易，从中抽取商税，[②]这同样是南宋时期杭州运河漕运的新内容、新特点。

第一节　江南运河的开凿是杭州运河漕运管理的开始

打江山易，守江山难。为了避免南北朝时期的分裂局面，有效控制江南地区，隋炀帝于大业六年（610）在春秋战国以来所形成的人工河道与自然河

---

① 柳浦在今杭州城南地区、钱塘江北岸南星桥一带。
② 曹家齐：《运河与两宋国计略论》，《徐州师范大学学报》（哲学社会科学版）2001年第2期，第107页。

道的基础上，开凿了由京口（今江苏镇江）至余杭（今浙江杭州余杭区）的江南运河。 江南运河的出现，才真正打通了京师长安、洛阳等中原政治中心与江南经济体系的联系。 正是在这个时候，隋以来的南北大运河漕运管理体系才真正建立起来。 司马光《资治通鉴》载："穿江南河，自京口至余杭，八百余里，广十余丈，使可通龙舟，并置驿官、草顿，欲东巡会稽。"①司马光所谓的"江南河"，北起今江苏镇江京口，向东南经丹阳、常州、无锡、苏州、平望及浙江嘉兴，然后折向西南，经石门、崇福、长安、临平，再沿上塘河到达杭州城区。

隋炀帝开凿江南运河以后，又在杭州城东、城南开人工河道（今杭州中河、龙山河），经杨浦而至白塔岭附近，进而可通至钱塘江。 司马光所谓的"置驿官"正是预示着杭州运河漕运管理制度系统化、常规化的开始。

运河沿线城市的漕运管理乃至制度的完善，依赖于运河交通系统的完善与沿线重点城市经济的繁荣。 江南运河的开通，使得杭州成为南北大运河水运系统一个重要的节点城市，自此杭州的经济与政治地位大幅提升。 唐代魏徵等人所撰《隋书》卷三一《地理下》载："丹阳旧京所在，人物本盛，小人率多商贩，君子资于官禄，市廛列肆，埒于二京，人杂五方，故俗颇相类。京口东通吴、会，南接江、湖，西连都邑，也一都会也。 ……宣城、毗陵、吴郡、会稽、余杭、东阳，其俗也同。 然数郡川泽沃衍，有海陆之饶，珍异所聚，故商贾并凑。 ……新安、永嘉、建安、遂安……其俗又颇同豫章。"②魏徵等人不仅在当时就确认了杭州城商业的繁荣，河道的发达，也指出由当时京口至余杭的江南运河沿岸已经形成了一批颇具规模的江南城市群。 如丹阳（今江苏江宁）、宣城（今安徽宣州）、毗陵（今江苏常州）、吴（今江苏苏州）、会稽（今浙江绍兴）、余杭（今浙江杭州）、新安（今安徽徽州）、东阳（今浙江金华）、永嘉（今浙江丽水）、遂安（今浙江淳安）等江南重要州郡。

---

① 宋·司马光：《资治通鉴》卷一八一《隋纪五》，岳麓书社 2011 年版，第 2624 页。
② 唐·魏徵：《隋书》卷三一《地理下》，引自王国平主编：《西湖文献集成》第 1 册《正史及全国地理志等中的西湖史料专辑》，杭州出版社 2004 年版，第 20 页。

第二节　杭州运河漕运管理制度化的初期特征

隋唐时期，由于江南运河初步凿通至杭州，杭州城内的人工河道系统尚不完善。 从自然环境上来说，因受洪涝与旱灾的影响，西湖、钱塘江与杭州段运河总是发生争水的情况，严重影响运河漕运的稳定性。 钱塘江潮患的时候，运河河道淤塞。 旱灾发生的时候，杭州运河河道水力更是紧张。 上塘河的主要水源就是西湖，沿湖农田常常大量引湖水灌溉，湖水不足的同时，自然就造成上塘河等杭州运河河道水浅，进而严重影响杭州运河的漕运功能。 为了改善杭州运河通漕状况，特别是改善运河漕运与农业灌溉的矛盾，朝廷实施了一系列制度化管理方略。

制度化管理的前提是基础设施的相对完善。 为改善杭州运河河道系统，隋代官府开凿了清湖河，使得江南运河可以方便通达柳浦西面的新州城。 周武则天天授三年（692）开辟了东苕溪①漕运航道，并命令钱塘、於潜、余杭、临安四县漕船沿东苕溪进入湖州，再由荻塘进入江南运河北上。 从中可见东苕溪漕运航道减轻了杭州段运河的漕运压力。 唐长庆四年（824）年初，杭州刺史白居易整治杭州河湖水道，重点整治的是临平湖、上湖（即钱塘湖或称西湖）。 白居易的运河治理经验告诉我们，在整治工程开始以前，大量的研究调研是必须的。 他调研出钱塘湖"凡放水灌溉，没减一寸，可灌溉十五余顷；每一复时，可溉五十余顷"②的数据。 随后，白居易领导杭州民众修筑湖堤、复浚李泌六井。③ 白居易在解决了杭州民众生活用水及农业灌溉用水的同时，也保障了杭州段运河漕运的顺畅。 唐咸通二年（861），刺史崔彦在钱

---

① 东苕溪位于杭州西北部，发源于今天的临安东天目山北部平顶山南麓的马尖岗，向东流进临安里畈、桥东、临天、青山和余杭区余杭镇，自余杭镇折向北流，至汤湾渡汇入中苕溪，至瓶窑再汇入北苕溪，至德清县城纳入余英溪。

② 唐·白居易：《白居易集》，中华书局 1997 年版，第 1432 页。

③ 唐兴元元年（784），刺史李泌在涌金门外到钱唐门一线开凿了"六井"，即相国井、西井、金牛池、方井、白龟池、小方井。

唐县治南面五公里开凿了三条沙河，即后人所称之外沙河、里沙河、中沙河。当钱塘江潮水涌入杭州城内后，可以从这三条沙河排出。 崔彦在一定程度上解决了杭州城因钱塘江所致海潮倒灌的问题。

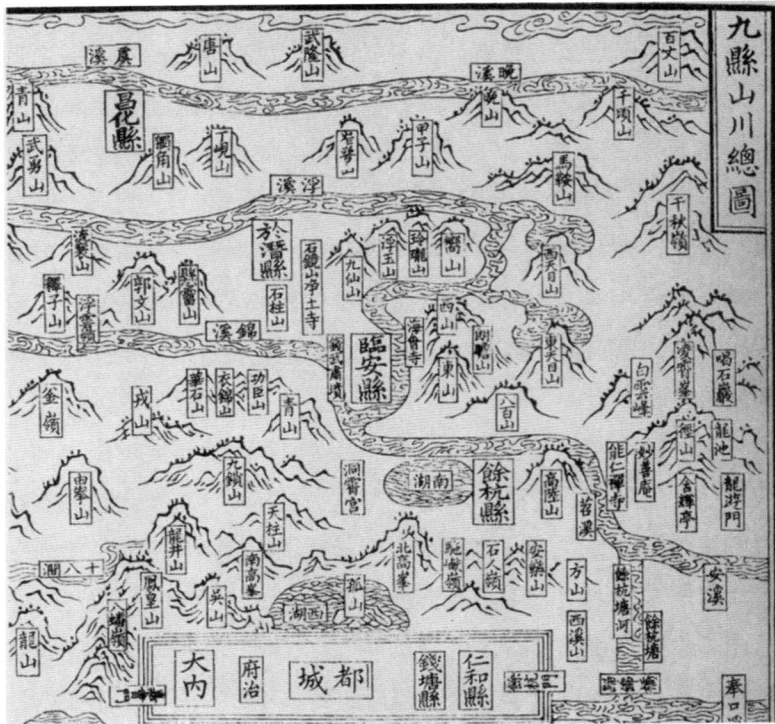

南宋《咸淳临安志》附图（局部），清同治六年补刊本

在上述凿河修堤等水利工程建设的硬件保障下，白居易所编《钱唐湖石记》将杭州运河漕运管理、西湖湖水管理从制度层面予以规范。 徐吉军研究员甚至认为《钱唐湖石记》可以说是"杭州历史上第一部西湖和运河的管理法"。① 《钱唐湖石记》是有关杭州运河漕运治理的重要历史文献，不过从性质上来说，还不足以称为"管理法"。 该文献记录的是白居易在杭州刺史任上所写关于西湖水利问题的文章，涉及灌溉农田、控制水位、疏通水井、防止溃堤等事项。 所以说该文献尚不足以称为杭州管理者管理杭州运河的专门法

---

① 徐吉军：《杭州运河史话》，杭州出版社 2013 年版，第 35 页。

规——至多可以说是杭州河道治理从经验管理到立法管理之间的"领导纪要"。鉴于该文献的重要性，此处将全文摘录《钱唐湖石记》如下：

　　钱唐湖一名上湖，周回三十里，北有石函，南有笕。凡放水溉田，每减一寸，可溉十五余顷；每一复时，可溉五十余顷。先须别选公勤军吏二人，一人立于田次，一人立于湖次，与本所由田户，据顷亩，定日时，量尺寸，节限而放之。若岁旱，百姓请水，须令经州陈状，刺史自便压帖所由，即日与水。若待状入司，符下县，县帖乡，乡差所由，动经旬日，虽得水，而旱田苗无所及也。大抵此州春多雨，夏秋多旱。若堤防如法，蓄泄及时，即濒湖千余顷田，无凶年矣。自钱唐至盐官界，应溉夹官河①田，须放湖入河，从河入田。准盐铁使旧法，又须先量河水浅深，待溉田毕，却还本水尺寸。往往旱甚，即湖水不充。今年修筑湖堤，高加数尺，水亦随加，即不虞足矣。脱或不足，即更决临平湖，添注官河，又有余矣。俗云决放湖水，不利钱唐县官，县官多假他辞以惑刺史。或云鱼龙无所托，或云茭菱失其利。且鱼龙与生民之命孰急？茭菱与稻粮之利孰多？断可知矣。又云放湖即郭内六井无水，亦妄也。且湖底高，井管低，湖中又有泉数十眼，湖耗则泉涌，虽尽竭湖水，而泉用有余。况前后放湖，终不至竭，而云井无水，谬矣！其郭内六井，李泌相公典郡日所作，甚利于人。与湖相通，中有阴窦，往往埋塞，亦宜数察而通理之，则虽大旱而井水常足。湖中有无税田约十数顷，湖浅则田出，湖深则田没。田户多与所由计会，盗泄湖水，以利私田。其石函、南笕，并诸小笕闼，非浇田时，并须封闭筑塞，数令巡检，小有漏泄，罪责所由，即无盗泄之弊矣。又若霖雨三日以上，即往往堤决，须所由巡守，预为之防。其笕之南，旧有缺岸，若水暴涨即于缺岸泄之又不减兼于石函南笕泄之防堤溃也。余在郡三年，仍岁逢旱，湖之利害，尽究其由。恐来者要知，故书之于石。欲读者易晓，故不文其言。

------

① 夹官河即运河。

长庆四年三月十日杭州刺史白居易记。①

从上述文献史料中，我们可以初步总结出白居易管理杭州时期运河漕运制度化的基本特征。

第一，运河漕运优先原则。 白居易明确说到灌溉运河沿岸农田，以不影响运河漕运为前提，且设专人测量运河水位，曰"须先量河水浅深"。 一旦河水水位不足，则放湖水补足。 第二，明确杭州运河漕运由盐铁使统一管理，避免权责不清。 白居易所提夹官河即运河，由盐铁使统一管理。 盐铁使管理杭州运河的首要工作就是保持航道漕运畅通无阻，故需对运河制定水位标准，并安排专人管理测量。 第三，建立了杭州运河沿线基础设施管理责任到人的专人巡检制度，并有相应惩罚追责。 白居易说："其石函、南笕，并诸小笕闉，非浇田时，并须封闭筑塞，数令巡检，小有漏泄，罪责所由，即无盗泄之弊矣。"这段话讲的就是杭州运河的河堤、笕、函、闸、堰等设施，均设有专人巡检，并责任到人。 第四，建立了杭州运河管理的应急预案制度。白居易说："又若霖雨三日以上，即往往堤决，须所由巡守，预为之防。 其笕之南，旧有缺岸，若水暴涨，即于缺岸泄之；又不减，兼于石函、南笕泄之，防堤溃也。"如此预案处置，则为杭州当地巡守如何处理运河泄洪与蓄水的问题，提供了操作指南与标准。 第五，明确了江南运河杭州段为"夹官河"地位。 所谓名正言顺，杭州运河正式被官方统治者定位为官方河道的重要地位时，才会事事以运河漕运通航为先，哪怕杭州当地农田的灌溉等生计大事，也应优先考虑运河漕运问题。 这也表明该时期杭州运河漕运已经完全成为南北大运河政治经济体系的重要组成部分，而不再仅是沟通杭州城水系的人工河道。

白居易出任杭州刺史的时候，也是以唐王朝中书舍人身份前往。 来自北方统治集团的官员出使江南运河南端起点的杭州，表明了国家权力体系对杭州地方性运河漕运能力的重视。 这又跟当时号称"东南名郡"的杭州商业发达程度有关。 唐李华《杭州刺史厅壁记》载："杭州，东南名郡，后汉分会稽

---

① 唐·白居易：《白居易集》，中华书局 1997 年版，第 1431—1433 页。

为吴郡，钱塘属。隋平陈，置此州，咽喉吴越，势雄江海。国家阜成，兆人户口日益增，领九县，所临莅者多当时名公：宋丞相、刘仆射、崔尚书之訏谟大政其间；刘尚书、裴给事之盛德远业；魏左丞、苏吏部之公望遗爱在人；韦太原、崔河南、刘右丞、侯中丞节制方隅。有事以来，承制权假以相国元公，旬朔之间，生人受赐。由是望甲余州，各士、良将，递临此部。况郊海门，池浙江，三山动摇于掌端，灵涛歕激于城下；水牵卉服，陆控山夷；骈樯二十里，开肆三万室。"①从此记载，足见杭州城经济、文化乃至人口的快速发展。正是江南运河通至杭州后，杭州城的经济与政治地位越发重要，才使得隋唐统治者注重修筑杭州运河河道以保障漕运通畅。在白居易的主持下，他比较完善地建立了杭州运河漕运管理制度。

隋唐以后，杭州运河漕运管理取得了进一步发展。南宋王明清《玉照新志》卷五载："杭州在唐、繁雄不及姑苏、会稽两郡，因钱氏建国始盛。"而五代吴越国时期杭州经济的繁荣，又跟杭州段运河漕运管理的发展分不开。《十国春秋》卷八九《契盈传》载："一日侍中懿王游碧波亭。时潮水初满，舟楫辐凑，望之不见其首尾。王喜曰：'吴越国去京师三千里，谁知一水之利如此邪！'契盈答曰：'可谓三千里外一条水，十二时中两度潮。'时江南未通，两浙贡赋率由海达青州，故云。时人称为骈切。"②

五代初期，钱镠为"保境安民"，加强杭州运河管理，在运河入江口（钱塘江口）修建了龙山闸和浙江闸，以遏制因江潮涌入而夹带泥沙入河。明田汝成《西湖游览志》对此有确切的记载："五代以前，江潮直入运河，无复遮捍。钱氏有国，乃置龙山、浙江两闸，启闭以时，故泥水不入。"③龙山闸在今杭州闸口白塔岭一带，浙江闸在今杭州南星桥三郎庙一带。时至今日，杭州白塔岭至三郎庙一段运河被称为"龙山河"，也是这个原因，钱镠所建龙山与浙江两闸是在运河入江口建造的上下两闸。这种复式船闸极大地缓解了钱塘江泥沙对运河的淤塞。其原理是：钱塘江潮汛时，开上闸，关下闸，放江

---

① 唐·李华：《杭州刺史厅壁记》，引自周绍良主编：《全唐文新编》第2部，吉林文史出版社2000年版，第3597页。

② 王云五主编：《楹联丛话》附续话（三册），商务印书馆1935年版，第1页。

③ 明·田汝成：《西湖游览志》，东方出版社2012年版，第5页。

潮入龙山河；潮汛过后，关上闸，待泥沙沉淀后，开下闸放水进入下一段运河，即今杭州中河。 这工作原理既有助于减轻钱塘江泥沙对运河的淤塞压力，也有助于稳定地保障运河的漕运功能。 故，钱王钱镠通过复式船闸的方式治理杭州运河漕运，实为五代时期杭州运河漕运管理制度的一大创新。

如前所述，吴越国政治经济的繁荣使杭州运河漕运频繁。 为了更好地管理杭州运河漕运物资的输送，为过往商家提供停靠、饮食等配套服务，钱镠新修或修缮了西兴、柳浦、碧波亭、范浦、临平等渡口码头。 杭州运河沿线渡口码头等基础设施的增多与完善，扩大了杭州的城市规模，便利了杭州运河漕运管理，也在客观上刺激了杭州运河漕运能力的提升。 如钱镠天宝五年（912）八月，修建了西陵城，后改名为西兴。 《乾道临安志》载，"（吴越国时期）在旧治子城北门外"修建了碧波亭——此亭临水，面阔数丈。 后晋天福三年（938）十二月，文穆王钱元瓘（887—941）"大阅马步军，泊楼橹于碧波亭"。① 《梦粱录》亦载碧波亭码头："盐桥运河，南自碧波亭州桥，与保安水门里横河，过望仙桥，直北至梅家桥出天宗水门。"②吴越国时期渡口码头的增多，是杭州运河漕运业务繁荣的客观需要。 从事漕运生意的商贾、船民皆需要在渡口码头停歇与就餐，甚至在这些停留地点商谈贸易合作。

第三节　杭州运河漕运管理制度成熟于宋代

北宋时期，统治者基于打造以开封为中心的运河交通系统，对江南运河的管理十分重视。 宋神宗熙宁元年（1068），宋神宗统一提举两浙开修河渠胡淮的奏请，诏设杭州之长安、秀州之杉青、常州之望亭等三堰监护使臣，并以"管干河塘"系衔，会同其所属僚佐，时常对运河巡检修浚，监督各闸按时启闭。 这说明北宋统治者从国家管理角度，在杭州新设了相应的运河漕运监护官员，负责杭州运河河道的综合性管理工作。 其目的依然是保障相应运河漕

---

① 《吴越备史》卷二，引自任爽主编：《十国典制考》，中华书局 2004 年版，第 58 页。
② 宋·吴自牧：《梦粱录》，浙江人民出版社 1980 年版，第 108 页。

运的稳定与通畅，进而强化北宋政权的国家统治。 北宋时期漕粮绝大部分来自东南地区，其中又以东南六路所供漕粮为最。 东南六路主要指的是庆历元年（1041）到熙宁五年（1072）之间的淮南路、江南东、西路、荆湖南、北路及两浙路，此后东南诸路行政区划虽略有变化，但时人惯以江南六路作为统称。①

直到北宋时期，我国漕运管理机构与相应的管理制度才成熟起来。 时至北宋时期，上至中央，下至各地路府州县，在漕粮的统一调配、收缴、发送、押运、下卸、进仓和储备等各个环节才形成了一整套系统的管理结构。② 而这一套漕运管理制度又为南宋统治者所传承和更新。 故我们有必要了解北宋时期成熟的漕运管理制度。 三司是漕运在中央的主管部门，内设使、副、判官和推官，最高长官又被称为计相。 在三司管理下，地方各个环节均设有管理漕务的职能部门，各级地方政府还要配合漕务部门工作。 转运使是地方负责财赋转输的重要官员，三司则通过对转运使等地方官员进行考课奖惩的方式，进行约束与管理。 时人甚至把转运使称为"三司子司"，从而表明了他们之间的从属性。 具体到地方，主管漕运的部门主要有转运司和发运司。

北宋时期，转运司又被称为"漕司"，"掌经度一路财赋而察其登耗有无，以足上供及郡县之费"③，"掌按察官吏之事，转输淮浙江湖赋人之物以供京都，收摘山煮海鼓铸之利以归公上，而总其漕运之事则隶发运司"。 转运司内设使、副、判官等官职人员，人员配置与数量根据在地情况而繁简不一。

发运司则专职漕运，内设有使、副、判官、都监、勾当公事等诸职务，此制始于北宋太祖建隆二年（961），最初设在东京。 发运司"掌经度山泽财货

①　任克宁、郑胜明：《宋"东南六路"分合考释》，《沧桑》2008 年第 1 期，第 22—23 页；陈锋：《北宋东南漕运制度的演变及其影响》，《河北学刊》1991 年第 2 期，第 89 页。

②　王艳：《北宋漕运管理机构概述》，《洛阳师专学报》1998 年第 4 期，第 85 页。

③　转运使的设置始于唐，最初主要是为转输江淮财赋以供京师的职务。参见元·脱脱：《宋史》卷一六七《职官志》，吉林人民出版社 1995 年版，第 2480 页。

之源,漕淮、浙、江、湖六路①储廪以输中都,而兼制茶盐、泉宝之政,及专举刺官吏之事"。② 时有三门白波发运司江淮发运司(即江南、淮南、荆湖路、两浙路发运司)两处,后者主要负责江南六路赋税转运事宜,故比前者地位更为重要。 发运司是北宋政府在东南地区实行漕运转般法的主要部门。 转般法从形式上讲是指东南六路将漕运物资运至淮南, 再由汴河漕船转运京师,即转递运输,故名"转般"。③ 宋太宗淳化年间(990—994)派杨允恭等赴淮南主持漕运工作,他明确规定了"江、浙所运,止于淮、泗,由淮、泗输京师,行之一岁,上供者六百万"④。 至仁宗宝元元年(1038),发运司已成为领导和监督东南各路漕运的最高机构。 发运司总理江南六路漕粮存储与运输,并借鉴利用刘晏和籴的经验,将平籴法应用于转般法,保障了地方漕粮代输京师的稳定性,客观上也减少了谷贱伤农或谷贵伤民的现象。 此外,北宋政府还把漕运转般法与东南地区实行的"官卖盐法"结合起来,即六路转运司控制淮南盐的运销。⑤ 这样运送漕粮至淮南转般的各路漕船可以利用空船载盐返航,既可以合理利用漕船,又省去了专门的运盐费用,可谓一举多得。

通过上述分析,我们可以简单地理解为:转运司负责各路财政税赋的征缴,并分限送至发运司。 而发运司则需要有计划地将收缴的税赋按期漕运至京师。 北宋后期,宋政府在东南地区实行漕运直达法,即东南六路物资由各转运司直接运至京师,不再在淮南对漕运进行转般、代发及调剂的工作。 这样,东南六路漕运管理制度中,原有"代发"制度所带来的缓解运务压力、平衡各地物价、稳定各地税赋的功能逐渐丧失。 宋徽宗大观以后,出现了"或

---

① 淮(淮南路或淮南东、西路)、浙(两浙路或两浙东、西路)、江(江南路或江南东、西路)、湖(荆湖路或荆湖南北路)六路,常被表述为"江南六路"。

② 元·脱脱:《宋史》,吉林人民出版社1995年版,第2479页。

③ 这一漕运管理措施早在唐时已经有所践行。唐玄宗时期的裴耀卿即建议变更长运,于河口、洛口置仓,加上洛阳至长安诸仓,使得"节级转运,水通则舟行,水浅则寓于仓以待,则舟无停留,而物不耗矣"。唐刘晏也制定了"江淮之道,各自置船,淮船不入汴,汴船不入河,河船不入渭"的制度,解决各航段河道载航能差异。

④ 元·脱脱:《宋史》,吉林人民出版社1995年版,第7212页。

⑤ 陈锋:《北宋东南漕运制度的演变及其影响》,《河北学刊》1991年第2期,第78—79页。

行转般，或行直达，诏令不一"的局面。① 北宋后期漕运管理制度的混乱与
退化，与北宋灭亡的加速，不无关系。

漕粮上路后，具体的催纲、押纲工作要由各个漕运路线上的催纲司和拨发
司负责。 唐代宗时，主持江淮漕运的刘晏，针对漕运管理不完善，特别是对
运夫监督不力的问题，采取了加强管理的措施，即：将十只漕船编为一组，称
作一"纲"， 派押运者一人具体负责监督；又取消了以前差派民户充押运者
的办法，改用盐利招募人充"纲吏"，承担押纲任务（参见《新唐书》卷五三
《食货志》）。 宋代部分地沿袭了唐代纲法。 宋初，以十船为一纲，派设押
送者一员，但随后因存在押纲者勾结运卒侵盗船物的现象，于是，在宋真宗大
中祥符九年（1016）， 主管东南漕运的发运使李溥乃"并三纲为一，以三人共
主之，使更相伺察"（《宋史》卷二九九《李溥传》）。 此后，三十船为一纲
成为基本定制。 根据陈锋先生的研究，北宋漕运押纲人员大致有以下四类：
（1）服衙前役的民户；（2）低级武职将吏——军将、军大将及使臣、殿侍
等；（3）离任官以及进纳官、铨试不中者等；（4）应募的土人民户。② 他们
是北宋漕运运输过程中的直接监督管理者，相当于现在的监工、工头。 宋代
纲运，种类繁多。 按人数分，有以五百人为一纲。 按物种分，有米纲、粮
纲、绢纲、布纲、糖纲、香药纲、钱纲、马纲、牛纲、羊纲、盐纲及粮斛马料
纲。 按货色品质分，则有细色纲与粗色纲；细色纲即龙脑、珍珠之类，每一
纲五千两；乳香、檀香之类属粗色纲，每纲一万斤或两万斤。③ 足见宋代运
河漕运具体内容的丰富。

漕粮输至京城后，由排岸司和下卸司负责下卸和进仓。 入仓后，各仓场
的管理人员要负责漕粮的储备工作。 漕运仓场主要有两种，即船般仓和转般
仓。④ 足见，北宋时期的漕运管理制度，从漕粮的发起与入仓，皆有专门管

---

① 《宋会要辑稿·食货四三》，转引自吴慧主编：《中国商业通史》第 2 卷，中国财政经
济出版社 2006 年版，第 732 页。

② 陈锋：《北宋漕运押纲人员考述》，《中国史研究》1997 年第 1 期，第 119 页。

③ 王瑞明：《宋代纲运与阶级矛盾》，《历史研究》1978 年第 10 期，第 82 页。

④ 按宋东京之制，受四方之运者，谓之船般仓，兼有储存和平籴双重功能，起中转仓的
作用。转般仓分别设在真、楚、扬、泗州各地，受纳粮物繁多，规模很大。

理。 这也是北宋百余年间,平均每年可以从江南地区平稳地收到六百万石粮食的主要原因。① 北宋时期漕粮又主要来自东南地区,正如宋人所说:"国家都于汴,实就漕挽东南之利。 京师亿万之口所食,赡军养民,皆出于二浙。 此乃国之根本,且可不思其所从来?"②正是由于中唐以后我国经济重心南移之势不可阻挡,北宋时期较为科学合理的转般法、平籴法以及王安石将"均输法"③专用于江南六路,使得宋时江南地区经济水平得到进一步的稳定发展。 北宋时期漕粮数量远远超过汉唐时期年四百万石的数量。 当然,这也跟北宋定都于开封有关,较之汉唐定都长安,避开了漕运线上的三门峡之险;较之明清定都北京,又大大地缩短了与东南纳漕之区的距离,故使漕运获得了极为优越的运路条件。④

北宋时期,每年需粮食数目大概八百万石,其中漕运六百万石来自江南地区。 其影响,一方面是在中央集权下强化了江南地区运河漕运体系的发展,形成了我国历史上最为稳定成熟的漕运制度;另一方面,北宋政府对东南地区农民无休止的掠夺,给江南地区造成了巨大的生存压力,出现"东南财用窘耗日甚,郡县鲜有兼岁之储"的景象。 江南地区稍有灾荒,也不免出现饿殍遍野。 由此可见,我们对于如何正确评价宋代繁华一时的运河漕运制度,也应持全面的客观的角度去分析。

1. 苏轼对杭州运河漕运管理的突出贡献

苏轼在任期间,他认真研究了杭州运河河道的水利情况。 在杭州运河漕运管理工作上,苏轼尤以疏浚西湖、开导城内二河、整修六井这三项工程贡献

---

① 陈锋:《略论北宋的漕粮》,《贵州社会科学》1997 年第 2 期,第 95 页。
② 宋·范祖禹:《范太史集》卷二《上哲宗封还臣僚论浙西赈济事状》。转引自宋·赵汝愚编:《宋朝诸臣奏议》(下册),上海古籍出版社 1999 年版,第 1144 页。
③ 熙宁二年(1069),王安石在东南漕运中实行的"均输法"是指:首先,打破了旧有的管理体制,扩大了发运使职权,使其"预知在京仓库所当办者",全权负责东南漕运事务。其次,根据京师需要,对各项定额随时调整,避免所供非所需,即"三司有余粟,则以粟转为钱、为银绢,以充上供之数,他物亦然,故有无相资,无偏重之弊"。最后,漕运采用"徙贵就贱,用近易远"原则,灵活变通,节省运费。
④ 陈锋:《略论北宋的漕粮》,《贵州社会科学》1997 年第 2 期,第 97 页。

最大。　他在《申三省起请开湖六条状》中，详列有关杭州水利工程改造的经费、人工、设备、分界、违禁、管理等具体办法。　相关文献如下：

元祐五年五月初五日，龙图阁学士左朝奉郎知杭州苏轼状申。轼于熙宁中通判杭州，访问民间疾苦。父老皆云："惟苦运河淤塞。远则五年，近则三年，率常一开浚，不独劳役兵民，而运河自州前至北郭穿闤阓中，盖十四五里。每将兴工，市肆汹动，公私骚然，自胥吏壕寨兵级等，皆能恐喝人户，或云当于某处置土，某处过泥水，则居者皆有失业之忧。既得重赂，又转而之他。及工役既毕，则房廊邸店，作践狼藉，园围隙地，例成丘阜，积雨荡濯，复入河中，居民患厌，未易悉数。若三五年失开，则公私壅滞，以尺寸水欲行数百斛舟，人牛力尽，跬步千里，虽监司使命，有数日不能出郭者。其余艰阻，固不待言。"问其所以频开屡塞之由。皆云："龙山、浙江两闸，日纳潮水，泥沙浑浊，一泛一淤，积日稍久，便及四五尺，其势当然，不足怪也。"轼又问言："潮水淤塞，非独近岁，若自唐以来如此，则城中皆为丘阜，无复平田。今验所在，堆叠泥沙，不过三五十年所积耳，其故何也？"父老皆言："钱氏有国时，郡城之东有小堰门，既云小堰，则容有大者。昔人以大小二堰隔截江水，不放入城，则城中诸河，专用西湖水，水既清彻，无由淤塞。而余杭门外地名半道洪者，亦有堰名为清河，意似爱惜湖水，不令走下。自天禧中，故相王钦若知杭州，始坏此堰，以快目下舟楫往来，今七十余年矣，以意度之，必自此后湖水不足于用，而取足于江潮。又况今者西湖日就堙塞，昔之水面，半为葑田，霖潦之际，无所潴畜，流溢害田，而干旱之月，湖自减涸，不能复及运河。"

谨按唐长庆中刺史白居易浚治西湖，作《石函记》，其略曰："自钱塘至盐官界应溉夹河田者，皆放湖入河，自河入田，每减一寸，可溉十五顷，每一伏时，可溉五十顷。若堤防如法，蓄泄及时，则濒河千顷，无凶年矣。"由此观之，西湖之水，尚能自运河入田以溉千顷，则运河足用可知也。轼于是时，虽知此利害，而讲求其方，未得要便。今者蒙恩出典此州，自去年七月到任，首见运河干浅，使客出入艰苦万状，谷米薪乃，亦缘此暴贵，寻刷捍江兵士及诸色厢军得千余人，自十月兴工，至今年四月终，开浚茅山、盐桥二河，各十余里，皆有水八尺以上。见今公私舟船通利。

父老皆言："自三十年以来，开河未有若此深快者也。"然潮水日至，淤填如旧，则三五年间，前功复弃。轼方讲问其策，而临濮县主簿监在城商税苏坚建议曰："江潮灌注城中诸河，岁月已久，若遽用钱氏故事，以堰闸却之，令自城外转过，不惟事体稍大，而湖面葑合，积水不多，虽引入城，未可全恃。宜参酌古今，且用中策。今城中运河有二，其一曰茅山河，南抵龙山浙江闸口，而北出天宗门。其一曰盐桥河，南至州前碧波亭下，东合茅山河，而北出余杭门。余杭、天宗二门，东西相望，不及三百步。二河合于门外，以北抵长河堰下。今宜于钤辖司前创置一闸，每遇潮上，则暂闭此闸，令龙山浙江潮水，径从茅山河出天宗门，候一两时辰，潮平水清，然后开闸，则盐桥一河过中者，永无潮水淤塞、开淘搔扰之患。而茅山河纵复淤填，乃在人户稀少村落相半之中，虽不免开淘，而泥土有可堆积，不为人患。潮水自茅山河行十余里至梅家桥下，始与盐桥河相通，潮已行远，泥沙澄坠，虽入盐桥河，亦不淤填。茅山河既日受潮水，无缘涸竭，而盐桥河底低茅山河底四尺，则盐桥河亦无涸竭之理。然犹当过虑，以备乏水。今西湖水贯城以入于清湖河者，大小凡五道。皆自清湖河而下以北出余杭门，不复与城中运河相灌输，此最可惜。宜于涌金门内小河中，置一小堰，使暗门、涌金门二道所引湖水，皆入法慧寺东沟中，南行九十一丈，则凿为新沟二十六丈，以东达于承天寺东之沟，又南行九十丈，复凿为新沟一百有七丈，以东入于猫儿桥河口，自猫儿桥河口入新水门，以入于盐桥河，则咫尺之近矣。此河下流，则江潮清水之所入，上流，则西湖活水之所注，永无乏绝之忧矣。而湖水所过，皆曲折之间，颇作石柜贮水，使民得汲用浣濯，且以备火灾，其利甚博。此所谓参酌古今而用中策也。"

轼寻以坚之言使通直郎知仁和县事黄僎相度可否，及率僚吏躬亲验视，一一皆如坚言，可成无疑也。谨以四月二十日兴功开导及作堰闸，且以余力修完六井，皆不过数月，可以成就。而本州父老农民睹此利便,相率诣轼陈状,凡一百一十五人,皆言:"西湖之利,上自运河,下及民田,亿万生聚,饮食所资,非止为游观之美,而近年以来,埋塞几半,水面日减,茭葑日滋,更二十年,无西湖矣。"劝轼因此尽力开之。轼既深愧其言,而患兵工寡少,费用之资无所从出。父老皆言:"窃闻朝廷近赐度牒一百道,每道一百七十贯,为钱一万七千贯。本州既高估米价,召人入中,减价出粜,以济饥民,消折之余,尚有米钱约共一万贯石,若支用此,亦足以集事矣。"

适会钱塘县尉许敦仁建言西湖可开状,其略曰:"议者欲开西湖久矣,自太守郑公戬以来,苟有志于民者,莫不以此为急,然皆用工灭裂,又无以善其后。盖西湖水浅,茭葑壮猛,虽尽力开撩,而三二年间,人工不继,则随手葑合,与不开同。窃见吴人种菱,每岁之春,芟除涝漉,寸草不遗,然后下种。若将葑田变为菱荡,永无茭草埋塞之患。今乞用上件钱米,雇人开湖,候开成湖面,即给与人户,量出课利,作菱荡租佃,获利既厚,岁岁加工,若稍不除治,微生茭葑,即许人划赁,但使人户常忧划夺,自然尽力,永无后患。今有钱米一万贯石,度所雇得十万工,每工约开葑一丈,亦可添得十万丈水面,不为小补。"

轼寻以敦仁之策,参考众议,皆谓允当。已一面牒本州依敦仁擘画,支上件钱米雇人,仍差捍江船务楼店务兵士共五百人,般载葑草,于四月二十八日兴工去讫。今来有合行起请事件,谨具画一如左。

一、今来所创置钤辖司前一闸,虽每遇潮上,闭闸一两时辰,而公私舟船欲出入闸者,自须先期出入,必不肯端坐以待闭闸,兼更有茅山一河自可通行,以此实无阻滞之患,而能隔截江潮,径自茅山河出天宗门,至盐桥一河,永无埋塞开淘搔扰之患,为利不小。恐来者不知本末,以阻滞为言,轻有变改,积以岁月,旧患复作,今来起请新置钤辖司前一闸,遇潮上闭讫,方得开龙山浙江闸,候潮平水清,方得却开钤辖司前闸。

一、盐桥运河岸上,有治平四年提刑元积中所立石刻,为人户屋舍侵占牵路已行除拆外,具载阔狭丈尺。今方二十余年,而两岸人户复侵占牵路,盖屋数千间,却于屋外别作牵路,以致河道日就浅窄。准此,据理并合拆除,本州方行相度,而人户相率经州,乞遍逐人家后丈尺,各作木岸,以护河堤,仍据所侵占地量出赁钱,官为桩管准备修补木岸,乞免拆除屋舍。本州已依状施行去讫。今来起请应占牵路人户所出赁钱,并送通判厅收管,准备修补河岸,不得别将支用,如违,并科违制。

一、自来西湖水面,不许人租佃,惟茭葑之地,方许请赁种植。今来既将葑田开成水面,须至给与人户请佃种菱。深虑岁久人户日渐侵占旧来水面种植,官司无由觉察,已指挥本州候开湖了日,于今来新开界上,立小石塔三五所,相望为界,亦须至立条约束。今来起请,应石塔以内水面,不得请射及侵占种植,如违,许人告,每丈支赏钱五贯文省,以犯人家财充。

一、湖上种菱人户,自来商割葑地,如田塍状,以为疆界。缘此即渐葑合,不可不禁。今来起请应种菱人户,只得标插竹木为四至,不得以商葑为界,如违,亦许人划赁。

一、本州公使库,自来收西湖菱草荡课利钱四百五十四贯,充公使。今来既开草葑,尽变为菱荡,给与人户租佃,即今后课利,亦必稍增。若拨入公使库,未为稳便。今来起请欲乞应西湖上新旧菱荡课利,并委自本州量立课额,今后永不得增添。如人户不切除治,致少有草葑,即许人划赁,其划赁人,特与权免三年课利。所有新旧菱荡课利钱,尽送钱塘县尉司收管,谓之开湖司公使库,更不得支用,以备逐年雇人开葑撩浅,如敢别将支用,并科违制。

一、钱塘县尉廨宇,在西湖上。今来起请今后差钱塘县尉衔位内带管勾开湖司公事,常切点检,才有茭葑,即依法施行。或支开湖司钱物,雇人开撩替日,委后政点检交割。如有茭葑不切除治,即申所属点检,申吏部理为违制。

以上六条,并刻石置知州及钱塘县尉厅上,常切点检。

右谨件如前。勘会西湖葑田共二十五万余丈,合用人夫二十余万工。上件钱米,约可雇十万工,只开得一半。轼已具状奏闻,乞别赐度牒五十道,通成一百道,充开湖费用外,所有逐一子细利害,不敢一一絫烦天听。伏乞仆射相公、门下侍郎、中书侍郎、尚书左丞、尚书右丞特赐详览前件所陈利害,及起请六事,逐一敷奏,立为本州条贯,早赐降下,依禀施行。兼画成地图一面,随状纳上,谨具状申三省,谨状。[①]

在这份苏轼通过大量实地走访与调研后形成的官方文件《申三省起请开湖六条状》中,苏轼提出了治理茅山河与盐桥运河的计划。 元祐四年（1089）,苏轼组织捍江兵士及诸色厢军千余人"开浚茅山、盐桥两河,各十余里,皆有水八尺以上",使得其南接龙山河。 苏轼同时还重修龙山闸和浙江闸,恢复它们的通航功能。 苏轼还在茅山河与盐桥河交汇处即铃辖司前（约今过军桥西）设置浑水闸和清水闸。 涨潮时闭闸,以避免泥沙混入;退潮后启闸,确保水位,便利通航。 史载,"每遇潮上,则暂闭此闸,令龙山、浙江潮水,径从茅山河出天宗门,候一二时辰,潮平水清,然后开闸"[②],进而放钱塘江水进入盐桥河,既能保持盐桥河的水位,又避免潮泥淤塞。 需要指出的是,苏轼修建的浑水闸和清水闸是借鉴了钱镠修造龙山闸和浙江闸所用的复式船闸法。 由此可见杭州地方官员在运河漕运管理制度上的传承与继续。

此外,宋英宗治平四年（1067）,提点刑狱元积中曾在盐桥运河岸边立下石碑,借以规定运河两岸供牵舟船用的纤道宽度,避免运河沿岸居民对运河纤道的占用与堵塞。 而在元祐四年（1089）苏轼出任知州的时候,运河两岸的住户再次侵占纤道,盖造房屋数千间,以致运河河道日益狭窄。 杭州运河纤道主要有浙东运河的"运道塘"、杭州城内运河两岸的纤路和杭州城北的纤塘。 为防止住户进一步侵占纤道,苏轼比元积中管理杭州运河纤道更进一步——他提出对纤道管理进行立法保护,在《申三省起请开湖六条状》中,苏轼写道:"盐桥运河岸上,有治平四年提刑元积中所立石刻,为人户屋舍侵占牵路已行除拆外,具载阔狭丈尺。 今方二十余年,而两岸人户复侵占牵路,盖屋数千间,却于屋外别作牵路,以致河道日就浅窄。 准此,据理并合拆

---

① 宋·苏轼:《东坡全集 4》,北京燕山出版社 2009 年版,第 2016—2019 页。
② 宋·苏轼:《东坡全集 4》,北京燕山出版社 2009 年版,第 2017 页。

除，本州方行相度，而人户相率经州，乞遍逐人家后丈尺，各作木岸，以护河堤，仍据所侵占地量出赁钱，官为桩管准备修补木岸，乞免拆除屋舍。 本州已依状施行去讫。 今来起请应占牵路人户所出赁钱，并送通判厅收管，准备修补河岸，不得别将支用，如违，并科违制。"①苏轼对运河纤道立法保护的建议得到了北宋皇帝的同意。 苏轼有力地遏制了市民侵占运河纤道之风，这在当时是杭州运河管理的一大突出特点。

当然，治理杭州运河的地方官员远不止苏轼一人。 熙宁五年（1072），卢秉提举盐事。 他征调千余民工开挖汤村镇（今乔司一带）运盐河。 虽然苏轼对卢秉开运盐河多有批评，但是也客观记录了杭州地方官员对运河漕运的重视，也反映了运河疏浚工程中民工之不易。 苏轼《是日宿水路寺寄北山清顺僧二首》曰："草没河堤雨暗村，寺藏修竹不知门。 拾薪煮药怜僧病，扫地焚香净客魂。 农事未休侵小雪，佛灯初上报黄昏。 年来渐识幽居味，思与高人对榻论。 长嫌钟鼓聒湖山，此境萧条却自然。 乞食绕村真为饱，无言对客本非禅。 披榛觅路冲泥入，洗足关门听雨眠。 遥想后身穷贾岛，夜寒应耸作诗肩。"又如《汤村开运盐河雨中督役》曰："居官不任事，萧散羡长卿。 胡不归去来，滞留愧渊明。 盐事星火急，谁能恤农耕。 薨薨晓鼓动，万指罗沟坑。 天雨助官政，泫然淋衣缨。 人如鸭与猪，投泥相溅惊。 下马荒堤上，四顾但湖泓。 线路不容足，又与牛羊争。 归田虽贱辱，岂识泥中行。 寄语故山友，慎毋厌藜羹。"苏轼在监督卢秉开运盐河的过程中，多有牢骚，实则这些不同意见也是身为杭州通判应尽的职责。 苏轼被别有用心的同僚织罗罪名，说他反对朝廷，攻击新政。 宋朋九万《东坡乌台诗案·与王诜往来诗赋》载："是时，卢秉提举盐事，擘画开运盐河，差夫千余人。 轼于大雨中部役，其河只为般盐，既非农事，而役农民，秋田未了，有妨农事。 又其河中间，有涌沙数里，轼宣言开得不便。 轼自嗟泥雨劳苦，羡司马长卿，居官而不任事；又愧陶渊明，不早弃官归去也。 农事未休，而役夫千余人，故云'盐事星火急，谁能恤农耕'；又言百姓已劳苦不易，天雨又助官政劳民，转致百姓疲役，人在泥水中，辛苦无异鸭与猪；又言轼亦在泥中，与牛羊争路而

---

① 宋·苏轼：《东坡全集 4》，北京燕山出版社 2009 年版，第 2018 页。

行，若归田，岂识于此哉！故云：'寄言故山友，慎勿厌藜藿而思仕宦，以讥讽朝廷，开运盐河，不当以妨农事也。'"①

南宋胡仔所编《苕溪渔隐丛话》卷四十三所载略有不同："是时，卢秉提举盐事，擘画开运盐河，差夫千余人。某于大雨中部役，其河只为般盐，既非农事，而役农民，秋田未了，有妨农事。又其河中间，有涌沙数里，意言开得不便，自叹泥雨劳苦，羡司马长卿居官而不任事，又愧陶渊明不早弃官归去也。农事未休，而役千余人，故云：'盐事星火急，谁能恤农耕？'又言百姓已劳苦不易，天雨又助官政之劳民，转致百姓疲弊，役人在泥水中辛苦，无异鸭与猪。又言某亦在泥中，与牛羊争路而行，若归田岂至此哉！故云寄语故山友，慎不可厌藜藿而思仕宦。以讥开运盐河不当，又妨农事也。"②

谁曾想到，杭州治理运河河道的事情，也与北宋时期重大的"乌台诗案"有所关联。作为北宋著名政治家的苏轼在杭治理运河期间，也与北宋统治阶层内部权力争斗发生了关系。此外，苏轼治理杭州运河的经验也证实了傅崇兰先生在《中国运河城市发展史》一书中提及的观点："自隋代开挖江南运河以后至南宋末年，杭州城内水系的畅通无阻，是杭州城市正常发展的条件；而杭州城内水系畅通，则既靠西湖水的灌注，又靠与运河相通，二者缺一不可。由此可知，杭州城市位置的稳定，既不能缺少西湖，也不能缺少运河。"③苏轼的确是把疏浚运河水系与西湖整治看成一个整体在管理。

2. 北宋时期漕运税务机关的出现：浙江场和龙山场

北宋时杭州运河码头多集中在城南和城北两地。城南码头以城外运河起点的江口码头以及作为龙山河起点的江儿头最为著名。前者专为从温州、台州等地沿浙东运河而来的船只提供服务，后者则是钱塘江上游衢州、婺州船只

---

①　宋·朋九万：《东坡乌台诗案》，中华书局1985年版，第8页。

②　《苕溪渔隐丛话》是南宋中国诗话集。胡仔编撰，前集六十卷，后集四十卷。共一百卷，五十余万字。前集六十卷成于高宗绍兴十八年（1148），后集四十卷成于孝宗乾道三年（1167）。参见郑翰献主编《钱塘江文献集成》第2册《钱塘江海塘史料（二）》，杭州出版社2014年版，第163页。

③　傅崇兰：《中国运河城市发展史》，四川人民出版社1985年版，第99页。

的专用码头。 由于往来船只繁多，北宋时期的江口码头和江儿头十分热闹繁华。 正是往来于这两个码头的漕运船只繁多，北宋统治者就在这两个码头上分别设立了浙江场、龙山场两个税务机关，向进入这两个码头的船只收取关税，作为政府收入。

3.南宋时期杭州运河漕运管理的新特点

根据徐吉军研究员的研究，南宋时期杭州运河管理的主要措施有：一是指定浙两运河南两浙路厢军负责；①二是以法律条令保护城内运河不受污染；②三是对运河的建筑设施进行及时维修整治。③ 其中第二和第三两则管理办法较有新意。 立法保护运河河道环境及对运河建筑设施的维修，体现出南宋杭州运河管理已经不仅仅局限在疏浚河道，而对环境及周边建筑设施都在进行管理保护。 为何南宋统治者已经关注到这些与运河漕运并不直接相关的内容呢？ 这是因为南宋时期，杭州城外运河（浙西运河和浙东运河）及其支流的修建与疏浚工程已经非常完备。 以城外运河支流为例，南宋时期已有贴沙河、下塘河、前沙河、下湖河、新开运河、外沙河、子塘河、余杭塘河、奉口河、窑塘河、赤岸河、菜市河、后沙河、蔡官人塘河、施何村河、方兴河、真珠河、龙山河等城外运河支流，足见运河河道数量之多。 而南宋临安城内主要运河河道，也已经奠定了杭州运河河道体系的基

---

① 绍兴四年正月（1134），两浙厢军集中四千余人，将运河挖深加宽。为了鼓励厢军开挖运河的积极性，当时规定，从疏浚时得到的有价值的遗物中抽取十分之四奖赏浚河军兵。如遇死骨，听便僧徒收埋，满二百之数，给度牒一道，以资鼓励。

② 据《宋会要辑稿》方域一七之二一、二二载，绍兴四年（1134）二月二十七日，刑部转起发诸州厢军开河转运副使马承等奏："临安府运河开撩渐见深浚，今来沿河两岸居民等尚将粪土瓦砾抛掷已开河内，乞严行约束。"高宗接奏后，马上下诏要求大理寺立法，申明严禁居民用粪土填河："辄将粪土瓦砾等抛入新河开运河者，杖八十科断。"并令在城都监及排岸外沙巡检经常加以巡察，"如有违戾，许临安府依法施行"。要求临安府在城内外多贴榜示，让禁令做到家喻户晓。另据《成淳临安志》卷八九《纪遗一·纪事》载，绍兴二十六年（1156）七月，户部尚书兼权知临安府韩仲通上奏更严其禁。

③ 据《成淳临安志》卷二一《疆域六·桥道》载，成淳四年（1268）九月，临安知府潜说友奉朝廷之命维修加固城内外桥梁，"撤旧更新青大半，余则随其阙坏，一切整茸，庳者增崇，狭者增阔"。经整治后，城内外运河舟楫往来，始无过去逼仄阻碍的现象。

本格局，主要有盐桥运河（大河）、市河（小河）、清湖河（西河）、茅山河。 在《宋会要辑稿》《宋史·河渠志》等文献中，详细记载了临安运河的数次疏浚过程。

四是粮仓储粮机制的构建。 南宋的都城临安府是全国的政治中心，同时也是最繁华的商业都市。 全府户口在乾道年间（1165—1173）已达 20 万户有余，淳祐年间（1241—1252）增至 38 万余户，咸淳年间（1265—1274）又增至 39 万户；府城户口比率不详，但从市区伸展至城外东西南北数十里而仍然十分繁盛看来，①临安府城户口在全府户口中所占的比率应该甚高。 除地主食用租米，官员、吏人食用俸米外，一般市民都必须籴米而食，每日出粜食米的数量，达二千石至四千石。② 据《梦粱录》卷一六《米铺》载："杭州人烟稠密，城内外不下数十万户，百十万口。 每日街市食米，除府第、官舍、宅舍、富室及诸司有该俸人外"，"杭城常愿米船纷纷而来，早夜不绝可也"，需要大量稻米。 周密《癸辛杂识续集》载："杭城除有米之家，仰籴而食者凡十六七万人，人以二升计之，非三四千石不可以支一日之用，而南北外二厢不与焉，客旅之往来又不与焉。"③如果吴自牧、周密的记载还只是表明临安需米甚多，并未指出临安运河漕运供应粮食的事实，那么元人胡长孺的记载则将临安运河漕粮之往来经过记录得尤为清楚："前此四十四年，在武林，闻故老诵说，赵忠惠公为临安尹，会城中见口日食文思院斛米三千石，民间又藉北关天宗水门米船入四千石，乃为平籴仓二十八敖盐桥北。 籴湖、常、秀诸州米，置碓房，春治精善，岁六十万石。 辄取贱价与民。 竟尹去十三年，米价不翔，民不食粝恶，驵侩不罹刑。"④

据此，我们可以知道通过杭州城北的水门即天宗水门而来的米船的客贩

① 乾道《临安志》卷二："城南北两厢（原注：绍兴十一年（1141）五月七日郡守俞俟奏请：府城之外，南北相距三十里，人烟繁盛，各比一邑，乞于江涨桥、浙江置城南北左右厢，差亲民资序京朝官主管本厢公事。……奉圣旨依）。"吴自牧：《梦粱录》卷一九"榻房"条："杭城之外，城南西东北各数十里，人烟生聚，民物阜蕃，市井坊陌。铺席骈盛，数日经行不尽，各可比州路一州郡，足见杭城繁盛矣。"
② 梁庚尧：《南宋的农村经济》，新星出版社 2006 年版，第 160 页。
③ 明·田汝成：《西湖游览志余》，浙江人民出版社 1980 年版，第 362 页。
④ 明·田汝成：《西湖游览志余》，上海古籍出版社 1988 年版，第 189—190 页。

米斛，每日大概有三千石。如果一旦运河水浅，粮食等运输不继，整个都城便会陷入困境。故孝宗隆兴元年（1163）十二月二十五日有诏曰："临安府近缘河道浅涩，客米兴贩未至，深虑民庶艰食。可将本府见管常平义仓米减价出粜，其粜到价钱不得妄用，候秋成日旋行补粜。"①由于浙西运河畅通无阻，因此人们可以很方便地到达江淮、两湖及四川等地。从当时的文献记载来看，临安与两湖、四川等地的联系主要是通过水路。在浙西运河中，都城临安一段称上塘河。在当时相近诸河道中，以此行地最长，故亦称长河，明人称中河，以对清湖闸水而言，又名夹官河。南宁时期的上塘河西自德胜桥东，抵长安坝、长安镇，又东抵海宁县城，总长度达一百余里。南通外沙河、菜市河、蔡官人河，东达赤岸河、施何村河、方兴河。两岸田土千顷以上，为临安都城重要的粮食和蔬菜供应地。临安所需漕粮多来自"苏、湖、秀"三州。正是在南宋时期临安运河漕运航道的畅通，故而米粮供入临安后，就有必要沿运河两岸修建粮仓以储存。代表性的粮仓有：省仓上界、省仓中界、省仓下界、丰储仓、丰储西仓、端平仓、淳祐仓、平粜仓、咸淳仓九大粮仓。在《咸淳临安志》《宋会要辑稿》中有关于九大仓的详细情况，尤其是省仓三界的收纳支遣管理组织情况。

据姚汉源先生研究："宋时，杭州前往越（绍兴）、明（宁波）两州，钱塘江官渡（渡口，船只停靠的地方）主要有两处，一是浙江渡（该渡口北岸在杭州城东南侯潮门外浙江亭江边，亭北就是六朝时柳浦所在地，该渡口南岸在西兴渡，西兴渡在萧山县西 6 公里）；二为龙山渡（该渡口北岸在六和塔下江边，该渡口南岸是萧山渔浦渡，渔浦渡在萧山县西南 17.5 公里）。"②宋时渡口有专官监察。浙江亭、西兴两处由中央专差武职官 1 员，任期 1 年。龙山、渔浦两处次要，是监镇官监管。③

---

① 刘琳等校：《宋会要辑稿》，上海古籍出版社 2014 年版，第 7570 页。
② 姚汉源：《浙东运河史考略》，载盛鸿郎主编：《鉴湖与绍兴水利》，中国书店 1991 年版，第 146－175 页。
③ 陈志富：《萧绍运河的开挖和发展变迁》，转引自《2013 年中国水利学会水利史研究会学术年会暨中国大运河水利遗产保护与利用战略论坛》，绍兴 2013 年，第 222 页。

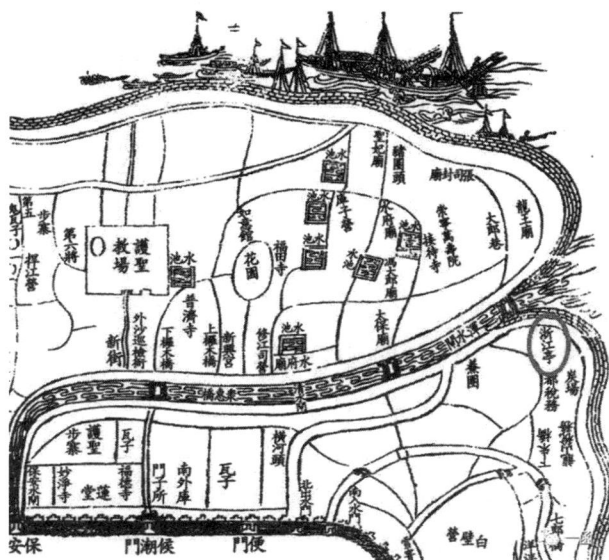

《咸淳临安志》"浙江图"中浙江亭的位置

第四节　元代杭州运河漕运管理以修浚河道为主

元初，杭州至大都的运河航程大约需要两个月。由于南宋政府的灭亡，政治中心的北移，北方统治者对杭州运河漕运的管理相对减弱。到元朝中期，杭州城内运河年久失修加之河中垃圾污染等问题，已经严重影响杭州城市民众的日常生活。元武宗至大元年（1308），江浙行省令史裴坚认识到杭州运河漕运久疏管理带来的问题，他要求予以修浚杭城运河：

> 龙山河在杭州城外，岁久淤塞。武宗至大元年，江浙省令史裴坚言："杭州钱塘江，近年以来为沙涂壅涨，潮水远去，离北岸十五里，舟楫不能到岸。商旅往来，募夫搬运十七八里，使诸物翔涌，生民失所，递运官物，甚为烦扰。访问宋时并江岸有南北古河一道，名龙山河。今浙江亭南至龙山闸约一十五里，粪壤填塞，两岸居民，间有侵占。迹

其形势，宜改修运河，开掘沙土，对闸搬载，直抵浙江，转入两处市河，免担负之劳，生民获惠。"省下杭州路相视，钱塘县城南上隔龙山河至横河桥，委系旧河，居民侵占，起建房屋，若疏通以接运河，公私大便。计工十五万七千五百六十六，日役夫五千二百五十二，度可三十日毕。所役夫于本路录事司，仁和、钱塘县富实之家差请，就持筐、檐、锹、锸，应役。人日支官粮二升，该米三千一百五十一石三斗二升。河长九里三百六十二步，造石桥八，立上下二闸，计用钞一百六十三锭二十三两四钱七分七厘。省准咨请丞相脱脱总治其事，于仁宗延佑三年三月七日兴工，至四月十八日工毕。[①]

这次修浚杭州龙山河故道是由元丞相康里脱脱主持，说明即使是远在杭州的运河漕运管理，依然离不开中央政府的重视与支持。元后期，杭州运河再次面临严重淤塞，迫使北方统治者不得不再次下令修浚。元惠帝至正六年（1346）十月开始修浚杭州运河，特别是南起龙山、北至猪圈坝长达30余里的运河干线一段。元苏天爵（1294—1352）《江浙行省浚治杭州河渠记》详细记载了该工程：

至正六年十月，江浙行中书省[②]令始浚治杭州郡城河渠。明年二月卒事。宰臣慎于出令，僚吏勤于督工，民庶乐于趋役，于是河流环合，舟航经行，商旅由远而至，食货之价不翔，稚耄莫不皆喜，公私咸以为利矣。又明年冬，天爵承命参预省政，幕府奥林请纪其事于石。

古者立国居民，则恃山川以为固。大江之南，其城郭往往依乎川泽，又为沟渠以达于市井。民欲引重致远，必赖舟楫之用。岁月既久，宁无湮涸，则加浚治之功焉。然劳民伤财，昔人所重。居藩省者，必得

---

① 明·宋濂等：《元史》卷六五《河渠二·龙山河道》，岳麓书社 1998 年版，第 921—922 页。

② 江浙等处行中书省（江浙行中书省），为直属元朝的中央政府的一级行政区，简称"江浙"或"江浙省"。在当时民间多简称为江浙省、江浙行省。为路三十、府一、州二，属州二十六，属县一百四十三。本省陆站一百八十处，水站八十二处。

140

清慎之臣，知爱民为本，则能倡其众。官郡县者，必得廉能之人，知奉公为职，则能集其事。否则，克有成功者鲜矣。杭州为东南一大都会，山川之盛，跨吴、越、闽、浙之远；土贡之富，兼荆、广、川、蜀之饶。郡西为湖，昔人酾渠引水入城，联络巷陌，凡民之居，前通阛阓，后达河渠。舟帆之往来，有无之贸易，皆以河为利。或时填淤，居者行者胥以为病。在上者，日理政务，有不屑为，长民者，压于大府，不敢擅为。观望因循，天下之事日渐废坏。有志于当世者，可不为之长虑乎！

　　岁在乙酉，天子念东南贡赋之烦劳，悯民生之凋弊，诏命国王丞相江浙省事。王威仪有度，中外具瞻。又命翰林学士承旨达世贴穆尔为平章政事。公读书守法，不矜不扬。曾未数月，百度修举。乃询民之利病，众以河渠不治为言。丞相咨于官僚而允合，谋于宪府而金同。平章公总其事于上，检校官李益、杭州路总管赵琏董其役于下，又以掾曹十余人分治其工。南起龙山，北至猪圈坝，延袤三十余里。寻以冬寒止役，春复役之。郡中郭外支流二十余里，共深三尺，广仍其旧，悉导湖水注之。为役四万二千五百工，用钞八万五千贯。复虑上出涂泥值雨入河，命诸寺载而积之江浒。又新木闸者四，石梁者一。其经营谋画，皆出平章公心计指授，钞则盐漕备风涛所储，工则僦诸庸保。恐民之不知，申以永久之利；防吏之为奸，严以烦扰之禁。公治事少暇，亲行河上，以抚慰之，以故人忘其劳，事克以集。

　　尝闻自昔有天下者，皆立法制以维持之，又选材能以奉行之，下至封疆、城郭、河渠、津梁，各有官守，掌其厉禁。是以修治有方，启闭有时，小大得职，民物安堵。况治水者当行其所无事，则绩用有成。而卤莽灭裂之徒，或者力欲侥幸，觊一时之功，未有不为民患者也。观夫杭州浚治河渠之事，宰辅谋猷之贤，任人严谨，作事周密，诚足以为后世之法哉。故备述之，俾来者尚勿废前人之功，永为一方之利也欤。①

苏天爵不仅详细记录了本次浚治杭州运河河道的过程，并且认为以往杭

---

①　元·苏天爵：《滋溪文稿》，中华书局 1997 年版，第 36—38 页。

州运河漕运治理的基本内容是"皆立法制以维持之，又选材能以奉行之，下至封疆、城郭、河渠、津梁，各有官守，掌其厉禁。 是以修治有方，启闭有时，小大得职，民物安堵"。 就是说：一是通过立法以维护运河河道；二是选拔德才兼备的当地官员执行落实法规；三是运河沿线各个设施都应有专门官员予以管理保护，并对违法行为予以惩治；四是运河修浚需要有规划设计，运河闸口日常运行需按时开关，不论官职大小，均应在其任，谋其职。 苏天爵作为元代汉人高管，自然了解既往汉人治理杭州运河的经验教训，也知道运河漕运对于国家稳定、民众生计的重要性。 当江浙行省主政者不了解运河漕运对于杭州经济与社会稳定的重要性，乃至出现惰政的情况时，杭州运河河道淤塞、垃圾成堆的情况自然会发生。 这也说明元时期的杭州运河漕运繁荣程度不及南宋时期。

第五节　明清时期杭州运河漕运税收管理制度

明清时期，依靠京杭大运河南下的漕运物资主要是山东、河南的棉花，山东、河南、安徽、苏北的豆货，直隶、山东的枣梨；北上的商品主要是丝绸、棉布、茶叶、瓷器、纸张、铁器及各种手工品。 明朝以来，全国共有八大钞关：九江、崇文门、河西务、临清、湖墅、扬州、北新、淮安。 其中北新关就在杭州，足见杭州运河漕运业务量之大。 除北新关以外，杭州还有南新关和洋关最为著名。

北新关始自明宣德四年（1429），因此地有北新桥。 《北关新志》卷一五《文词》说"据桥而关，以榷民舟算商税"，即收取京杭大运河上的船料钞以及商税。 因过关税需以宝钞支付，故又称钞关。 成化四年（1468），此关废除。 成化七年（1471），复设此关，此后为定制。 北新关大约在今杭州拱墅区大关的大兜路北。

明成化七年（1471），明朝廷采纳千户汪礼的建议，在杭州设立南新关，在今杭州江干区候潮门外候潮路抽分厂巷。 雍正《浙江通志》卷八六"南新关"条引《南关榷事书》记载，其关"门坊堂室，俱有次第，面河为轩数楹，叠砌阶级，以便抽分"，并注："司启闭者，有庆丰桥。"嘉靖三十六年（1557）因为倭寇之乱，关署迁移到城内的德寿官后圃，估验仍在原址。 清顺治二年（1645），设其抽分验放在城外旧厂而驻节则仍于城内榷署。 据光绪《杭州府志》卷六四《赋税七·官役》载，雍正七年（1729），南新关交由织造兼管。 据雍正《浙江通志》卷八六《榷税》载，南新关下有小关 10 处，即：潼临关、安溪关、观音关、良畎关、板桥关、粃粝关、北新关、美政关、古荡关、富新关。

杭州市洋关始设于清光绪二十二年（1896），又被称为杭州关。 是年六月，清朝政府根据与日本订立的《马关条约》，被迫在杭州旧钞关的基础上，于拱宸桥新设杭州海关，山杭嘉湖道邹渭清兼海关监督，管理一切稽征事宜。 稍后，海关总税务司赫德派遣浙海关头等帮办、英国人李士理为杭州首任税务司，着手房屋、码头等各项营建工作。 9 月 26 日，杭州海关正式开关。 10 月 1 日，杭州海关开始征税。 根据 1896 年 2 月英国公使马德里与清政府总理各国事务衙门签订的协议，杭州关如同其他口岸的海关一样，以税务司为首的洋员掌握了一切大权，重要职位全为洋员占据。 清代杭州海关所征收税种主要有进口税、出口税、沿海贸易税、鸦片税、厘金、转口贸易税六种。

通过上述对杭州运河漕运管理在津口关税管理方面的梳理，我们可以看到明清时期杭州税收管理相对完善，税种比较齐全。 特别是杭州洋关，已经不单单是征收京杭大运河上发生的各种关税，也开始对近代以来的对外进出口贸易进行征税。 这说明，杭州的确与海洋贸易保持着密切的关系。

第五章　杭州河漕文化在海外的传播与影响

　　在海外传播中国大运河文化与沿线城市风土人情的群体中，以亲身见闻过大运河的入华外国人居多。张环宙《外国人眼中的大运河》（杭州出版社，2013）一书虽然没有明确指明研究对象是"外国人眼中的杭州运河"，但是其书中首次较为全面地收录了有关入华外国使节、传教士、旅行者对杭州运河文化的见闻与记载。陈学文《外国人审视中的运河、西湖与明清杭州城市的发展》、范金明《朝鲜人眼中的中国运河风情——以崔溥〈漂海录〉为中心》两文，[①]均通过比勘明清时期中国地方文献与外国人著作的研究方式，再现了国内外不同知识群体对中国运河的不同记载、不同解读。而有关崔溥《漂海录》，可以参考葛振家等人的相关研究，[②]其中多有关于崔溥行经杭州段运河的专项研究。王健《积淀与记忆：古代西方旅行家书写大运河》认为："以元代为界限，可分两个时期，唐宋时期，西方（主要是阿拉伯）关于大运河的记载十分模糊，不如东方（主要是日本）文献翔实。元代日本记载付阙，西方（意大利、阿拉伯）旅行家记载占主导地位，以马可·波罗、伊本白图泰为代表。明清以后，东方记载重新出现（日本、朝鲜半岛），欧洲人

---

　　① 陈学文：《外国人审视中的运河、西湖与明清杭州城市的发展》，《杭州师范大学学报（哲学社会版）》2002 年第 5 期，第 80—83 页；范金明：《朝鲜人眼中的中国运河风情——以崔溥〈漂海录〉为中心》，《文明》2017 年第 7 期，第 17 页。

　　② 葛振家：《崔溥〈漂海录〉评注》，线装书局 2002 年版；葛振家主编：《崔溥漂海录研究》，社会科学文献出版社 1995 年版。

（荷英）记录增多。"①此外，田余庆、李孝聪《唐宋运河在中外交流史上的地位和作用》一文对唐宋运河与海外交流进行了专题论述。② 向达《元代马哥孛罗诸外国人所见之杭州》（《东方杂志》，1929）一文较早地从异域视角审视杭州地方文化，尤其是考察了元代以来欧洲人和阿拉伯人对杭州的游历记录。 胡梦飞《外国人视野中的明清京杭大运河》③一文以崔溥《漂海录》、策彦周良《初渡集》和《再渡集》、入华耶稣会士利玛窦的回忆录、纽霍夫《荷使初访中国记》以及马嘎尔尼使团成员的记录为例，概述式地介绍了这些外国人眼中的运河文化与沿线风情。

第一节　运河文化在朝日的传播与影响

一、日本僧人成寻笔下的临安运河

唐宋时期日本高僧圆仁的《入唐求法巡礼记》和日本僧人成寻的《参天台五台山记》两书中，多有关于唐宋运河的相关记载。 民国时期，《水利月刊》曾经选译日本学者池田静夫研究杭州和苏州运河的成果，其中多次引用圆仁与成寻的记述与观点。④ 近年来，已经有研究者翻译了其关于杭州运河的研究。⑤ 而在入华的日本记录者中，北宋时期入华的成寻记录的有关杭州运河及其沿线风土人情的内容最为集中。

---

① 王健：《积淀与记忆：古代西方旅行家书写大运河》，《江南大学学报（人文社会科学版）》2017 年第 1 期，第 25 页。

② 田余庆、李孝聪：《唐宋运河在中外交流史上的地位和作用》，参见唐宋运河考察队编：《运河访古》，上海人民出版社 1986 年版。

③ 胡梦飞：《外国人视野中的明清京杭大运河》，中国文化报 2013 年 4 月 18 日第 14 版。

④ 王健：《积淀与记忆：古代西方旅行家书写大运河》，《江南大学学报（人文社会科学版）》，2017 年第 1 期，第 27 页。

⑤ （日）池田静夫：《运河之都——杭州》，参见陈述主编：《杭州运河历史研究》，杭州出版社 2006 年版，第 219—377 页。

日本僧人成寻（1011—1081），俗姓藤原氏。 宋神宗熙宁五年（1072）三月，成寻、赖缘、快宗、圣秀、惟观、心贤、善久和沙弥长明等八人，私自搭乘商船到达中国，在旅行中他记载了他到达明州、杭州、台州，以及随着运河北上开封的中国见闻。 他的日记《参天台山五台山记》中留下了有关杭州运河的诸多信息：

> 四月廿二日（辛未）……戌时，吴船头、林廿郎、李二郎，相共出见市，以百千七宝庄严，一处或二三百灯，以琉璃壶悬并，内燃火玉，大径五六寸，小三四寸，每屋悬之，色青赤白等也。 或悬玉帘庄严，女人唝琴吹笙，伎乐众多，不可思议。 或作种种形象，以水令舞、令打鼓、令出水，二人如师回转，二人从口吐水，高四五尺，二人从肘出水，高五尺，二人驰马，总百余人。 造立高台，人形长五寸许，种种巧术，不可宣尽。 每见物人与茶汤，令出钱一文。 市东西卅余町，南北卅余町. 每一町有大路，小路百千，卖买不可言尽。 见物人满路头并舍内，以银茶器每人饮茶，出钱一文……①

这段亲身见闻的史料反映了南宋临安都市商业的发达。② 而其反映的杭州夜市，与中文史料对比来看，则充分印证了杭州运河沿线商业贸易的繁荣。清雍正时所修《西湖志》卷三载：北关夜市"盖水陆辐辏之所，商贾云集。 每至夕阳在山，则樯帆卸泊，百货登市，故市不于日中而常至夜分，且在城闉之外，无金吾之禁，篝火烛照如同白日，凡自西湖归者，多集于此，熙熙攘攘，人影杂沓，不减元宵灯市"③。 成寻对宋时临安的城南江口码头及相关建筑设施的记载，让我们可以从亲历者的视角来回顾当时的杭州运河文化。他对江口码头描述道："（四月）十三日壬戌，小雨下。 巳时雨止，潮满满来，音如雷声。 人人集出见之。 造岸潮向来，奇怖事也。 即出船了。 未时

---

① （日）成寻：《新校参天台山五台山记》，上海古籍出版社 2009 年版，第 26—27 页。
② 徐吉军：《南宋都城临安》，杭州出版社 2008 年版，第 9 页。
③ 陆鉴三选注：《西湖笔丛》，浙江文艺出版社 1985 年版，第 96 页。

著杭州凑口，津屋皆瓦葺，楼门相交。海面四方叠石，高一丈许，长十余町许，及江口河左右同前。大桥亘河，如日本宇治桥。买卖大小船，不知其数。回船入河十町许，桥下留船。河左右家皆瓦葺无隙，并造庄严。大船不可数尽。"①

首先映入这位高僧眼中的就是津屋。关于津屋，将在后文中加以探讨。接着，他注意到的是石堤。这条石堤紧压着江岸而筑，因此堤上的津屋紧贴着江面，几乎就要碰到江水了，似乎从船上直接就可以上陆，将货物送往仓库中。石堤往外突出得相当高，在海潮中突起，因此从江口往上溯流，可以看到运河两侧的事物。码头从江口一直延续到运河中的浑水闸处。而所谓的凑口，则是从石堤在江中突起的部位一直到江口这一段。与日本宇治桥相比的是跨蒲桥，也在江口的码头上。从这座桥进入运河，一直往前到浑水闸处就是运河码头。南宋吴自牧在《梦粱录》卷十二《江海船舰》条中还把这里的江口码头与下游的龙山码头合起来进行过描述："江岸之船甚夥，初非一色，海舶、大舰、纲艇、大小船只，公私新江渔浦等渡船，买卖客船，皆泊于江岸。盖杭城众大之区，客贩最多，兼仕宦往来，皆聚于此耳。"换言之，浙江上游的山货与浙东及由海道而来的海货，都在这里的江口码头处汇集。成寻等人从明州（今宁波）经绍兴，于四月十二日抵达萧山，并停泊一宿。他记载道："（四月）十四日（癸亥）。午时潮满，人人多来，开河中门户入船，上河数里，又开水门八船。大桥两处，皆以石为柱子……"②同书中在其他地方还载有："（五月）四日（癸未）。卯时出船，过通济桥次门，见公移，免下了。过十五里，至第二水门清水闸，依潮少，闭门，门下止船了。"③这与前一条的记载正好相反，记的是在江干一带下城内运河，在第二水门的清水闸处停泊下来。接着又说道："（五月）五日（甲申），天晴。卯时陈咏参府，申可开水门由。使者来，开水门，出船。他船三四十只，大以为悦。已

---

①　（日）成寻：《参天台山五台山记》，转引自王国平主编：《西湖文献集成》附册《海外西湖史料专辑》，杭州出版社 2004 年版，第 3 页。

②　（日）成寻：《参天台山五台山记》，转引自王国平主编：《西湖文献集成》附册《海外西湖史料专辑》，杭州出版社 2004 年版，第 3 页。

③　（日）成寻：《新校参天台山五台山记》，上海古籍出版社 2009 年版，第 38 页。

时，江下止船，依潮未满也。 申时，潮满，出船，得顺风，上帆。 过钱塘江，三江中其一也。 酉时，着越州西兴，泊宿。"①这里记载的是从清水闸经浑水闸出江干之事。 上述成寻关于杭州运河的日记实录再现了杭州运河河道对船只的运营管理。

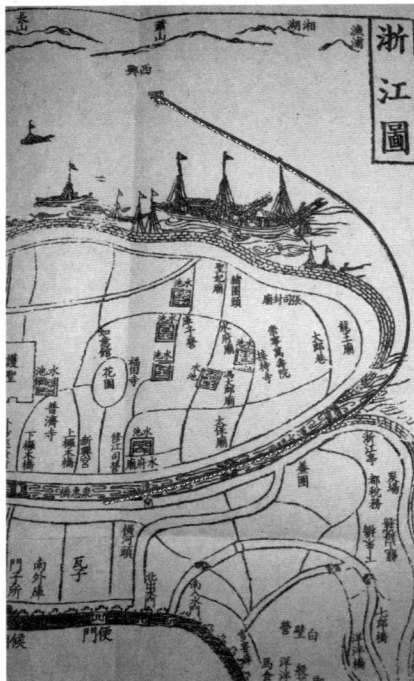

成寻从清水闸经浑水闸前往西兴的路线

此外，日本京都天龙寺妙智院高僧策彦周良（1501—1579）于明嘉靖十八年（1539）与嘉靖二十六年（1547）先后两次作为日本遣明使副使与正使奉派入明。 他在中国逗留五年余，多次沿着运河北上与南下。 策彦周良把两次来华的经历，写成记事性的诗文集《初渡集》和《再渡集》，成为中日关系史上的重要文献。 他的记录中记载了运河广陵驿、邵伯驿、孟城驿、安平驿等情况，有助于今天了解当年运河扬州段的沿岸情况。 但他对运河杭州段的记录远不如成寻。

---

① （日）成寻：《新校参天台山五台山记》，上海古籍出版社 2009 年版，第 39 页。

二、朝鲜人崔溥《漂海录》中的杭州运河

十五世纪末期由朝鲜人崔溥写成的《漂海录》，是明代第一个行经运河全程的朝鲜人的日记体著作，生动形象地展示了当时大运河的交通情形和沿岸风貌，富有学术价值。朝鲜成宗十九年（明朝弘治元年，1488）正月三十日，朝鲜济州等三邑推刷敬差官崔溥闻父丧，遂登船奔丧，不幸遭遇风浪，漂流海上14天，历尽艰险，最后在中国宁波府属地获救登岸。在中国官员的押送下，从宁波沿着运河北上，一路上过驿过闸，历时44天，成为明代时行经运河全程的第一个朝鲜人。

明中后期的运河沿岸城镇是当时中国商品经济和社会文化最为发达的地区，运河的经济文化往来也是最为繁忙兴盛的。崔溥一行经过运河，留下了对运河经济文化交流和运河沿岸城镇面貌的系统又完整的描述，这些描述为崔溥《漂海录》之前，乃至以后相当长时期的同类记载所不备，因而弥足珍贵，颇具价值。崔溥记杭州："东南一都会。接屋连廊，连衽成帷，市积金银，人拥锦绣，蛮樯海舶，栉立街衢，酒帘歌楼，咫尺相望，四时有不谢之花，八节有常绿之景，真所谓别作天地也。"这是关于杭州最早的总体描述。记苏州吴江县城"屋伟壮丽，下铺础砌"，是极为难得的资料。崔溥所记镇江城北江边的西津渡，丰富了西津渡的具体内容。崔溥所记高邮州州城，是非常难得地反映高邮面貌的一条记载。其所记华北最大的商品转输中心临清："楼台之密，货财之富，船舶之集，虽不及苏杭，亦甲于山东，名于天下矣。"不仅及时地记录下明中期临清之兴盛，南来北往商贩之活跃，兼对临清做出了符合实际发展程度的定位，在城市史特别是明代运河城市史研究中有着不可忽视的意义。

崔溥在杭州待了七天，经由坝子桥入京杭大运河回朝鲜。他说坝子桥的土坝边"商舶俱会，樯竿如簇"，东运河上"画舫绯丽，不可胜数"。崔溥描绘出了商船云集坝子桥，翻坝进入东运河的盛况。而且他还告诉我们，东运河在明代如同西湖一样，已经是杭州的旅游胜地。

第二节 运河文化在欧洲的传播与影响

十三至十四世纪，中国处于蒙元统治时代，大约在 1240 年前后，蒙古统治者数次发动西征，西方基督教世界逐渐了解到远东有蒙古人的存在。据马可·波罗等人记述，大汗统治地域分为三部分，蒙古本部称为鞑靼（Tartaria/Tartary），中国北部称为契丹（Catai/Cathay），南部称为蛮子国（Mangi）。① 此时西方人的中国地理认知新体系被建立起来，即"鞑靼—契丹—蛮子"体系取代了古典时代以来的"赛里斯—秦尼"体系。马可·波罗等人从陆路来华，再从东南亚海路返欧。他们对中国已经有较完整的地理认知，对美丽富饶的蛮子国都行在城（杭州，Quinsay②）多有记载。鄂多立克、马黎诺里也长期在中国南方待过，也对蛮子国有较多记述。

一、马可·波罗时代欧洲人眼中的杭州与运河

十三世纪最为著名、影响最大的游记文学是《马可波罗行纪》（*livre des merverlles*，又被称为《马可波罗游记》《东方见闻录》等）。③ 作为意大利人商人和旅行家身份的马可·波罗（Marco Polo，1254—1324），留居中国 17 年。他为欧洲世界带去了有关中国贸易、物产、地理、文化和政治等各个方面的信息。西方研究者认为："《马可波罗行纪》不是一部单纯的游记，而

---

① 蒙古人称南宋为南家子（Nangkias），欧洲人旅行记录中便多称南宋统治下的中国南部为蛮子国。

② 也称作 Quisai 或者 Kinsai。据汉学家慕勒考证，元代时中国、中亚、西亚等地波斯语通行。对杭州行在一词的读音是根据 Hsingtsai（音 Hangtsai）的转译。

③ 本文所引《马可波罗行纪》主要根据以下三个版本综合而成，A. C. MOLE and P. PELLIOT. *The Description of the World*[M]. London：George Routledge & Sons Limited，1938；Reprinted by New York：AMS Press INC. ，1976；H. YULE. *The Book of Ser Marco Polo the Venetian*[M]. Revised by H. Cordier. London，1903；《马可波罗行纪》，冯承钧译，北京：中华书局，1954 年；（意）马可·波罗：《马可波罗行纪》，冯承钧译，北京：东方出版社，2007 年。有关《马可波罗行纪》版本问题，可参见杨志玖：《百年来我国对〈马可·波罗游记〉的介绍与研究》，《天津社会科学》，1996 年第 1 期。

是启蒙式作品。 对于闭塞的欧洲人来说，无异于振聋发聩，为欧洲人展示了全新的知识领域和视野。 这本书的意义，在于它导致了欧洲人文科学的广泛复兴。"①马可·波罗对中国之动植物、南北地区生活差异、上层社会宴饮做了诸多记录。 其中有关动植物的记录与研究，可参见莱昂纳多·奥尔西克（Leonardo Olschki，1885—1961）的文章。② 马可·波罗在中国的旅行路线有两条：一条是西南线，自大都经河北、山西、陕西、四川、云南到缅甸等地；另一条是沿着京杭大运河到杭州，然后向东南到福建泉州等地。③

十五世纪欧洲人根据马可·波罗的记载而想象的东方旅行的艰辛④

马可·波罗赞叹杭州是"世界上最美丽华贵之天城"，对蛮子国都行在（今杭州）的城市建设与商业贸易报道尤为详细。 马可·波罗说："据共同

---

① WILLIAM D. HALSEY ed. *Collier's Encyclopedia*［M］. Vol. 15. New York：Macmillan Educational Co. ，1984：383.

② LEONARDO OLSCHKI. *Marco Polo's Asia：an introduction to his "Description of the world" called "Il milione"*［M］. Berkeley：University of California Press，1960：147—159.

③ 党宝海:《马可·波罗眼中的中国》,中华书局 2010 年版,第 3 页。

④ Navigateurs cherchant leur route dans l'océan Indien avec un astrolabe，15century，Livres des merveilles de Marco Polo.

之说，这座城方圆约有一百哩。 道路河渠颇宽展，此外有衢，列市其中，赴市之人甚众。"①他对杭州城内运河水系及城市商业繁荣进行了概括。 他还说杭州"位于一个清澈的淡水湖与一条大河之间。 河水经由大小运河引导，流入全城各处，并将所有垃圾带入湖中，最终流入大海。 而河渠与街道相通，车船运送居民必需之粮食非常方便"，马可·波罗说的清水湖可能是西湖，而这条大河则应该是钱塘江。 差不多同时代的阿拉伯贵族阿布而菲达（1273—1331年）就在其著作中说"据来自中国的人说，中国有一大城市，叫做 Khanfu，现在则被称作 Khansa。 此城之北，有一清澈的湖泊名叫 Sikhu，要用半天时间才能绕行此湖一周"。② Sikhu 显然就是西湖的对音。

此外，"该城中各种大小桥梁的数目达12000座"。③ 商人家庭出身的马可·波罗，尤其关注所到之地的商贸情况。 他说行在"城内除了各街道上密密麻麻的店铺之外，还有大市十所，沿街小市场无数"。 据马可·波罗观察，这些市场每边都长达半哩，市场之间彼此相距四哩。 "市场后面与行人通行的大道并行，并有一宽渠，邻市渠岸有石建大厦，乃印度等国商人挈其行李商货顿止之所，利其近市也。"马可·波罗的记录说明杭州大市场是沿街而设，为城中居民或客商服务。 作为初到杭州的外国商人，他们肯定是往杭州城内最为繁华的商业区域参观考察，故马可·波罗笔下所记的"大市后的宽渠"应该就是当时城内运河主河道如中河、菜市河、市河、清湖河。 其中，最有可能的是中河沿线的市场。 因中河沿线的确有很多防火防盗的储存仓库，称之为塌坊——也就是马可·波罗笔下的"石建大厦"。 当然，这也只是笔者的猜测，还需要更多的研究来论证是否如我所说的这般。

---

① （意）马可·波罗：《马可波罗行纪》，（法）沙海昂注、冯承钧译，中国旅游出版社2016年版，第292—296页。

② 龚缨晏：《欧洲与杭州相识之路》，杭州出版社2004年版，第69页。

③ （意）马可·波罗：《马可波罗行纪》，（法）沙海昂注、冯承钧译，中国旅游出版社2016年版，第293页。

十五世纪欧洲画家笔下的杭州城，根据《马可波罗行纪》创作

马可·波罗认为在杭州市场可以买到任何东西。 肉类供应充足，"城内有许多屠宰场，它们的肉供应给富人和大官。 至于穷人，则不加选择地吃各种不洁的肉，毫不厌恶"。 "城市距海二五哩，每天都有大批鱼类运到城中。 由于城市的污秽排到湖中，所以湖中亦有很多长得肥美的鱼。 几个小时之内，鱼就可以销售一空。 因为居民的人数实在太多，而他们每餐都要吃鱼肉。"①他的详细见闻记录是：

> 每星期有三日为市集之日，有四五万人携消费之百货来此贸易。由此种种食物甚丰，野味如獐鹿、花鹿、野兔、家兔，禽类如鹧鸪、野鸡、家鸡之属甚众，鸭、鹅之多，尤不可胜计。平时养之于湖上，其价甚贱，物搀齐亚城银钱一枚，可购鹅一对、鸭两对。复有屠场，屠宰大畜，如小牛、大牛、山羊之属，其肉乃供富人大官之食，至若下民，则食种种不洁之肉。毫无厌恶。
>
> 此种市场常有种种菜蔬果实，就中有大梨，每颗重至十磅，②肉白

---

①　（意）马可·波罗：《马可波罗行纪》；（法）沙海昂注、冯承钧译，中国旅游出版社 2016 年版，第 294 页。

②　这里的磅应该是罗马磅，1 罗马磅约 335.9 克，故 10 磅重的梨子不合常理，暂无法考证是马可·波罗口述的水果名称错误了，还是该水果的重量记录出错了，存疑。参见：（英）莱斯莉·阿德金斯、（英）罗伊·阿德金斯：《古代罗马社会生活》，商务印书馆 2015 年版，第 408 页。

如面,芬香可口。按季有黄桃、白桃,味皆甚佳。然此地不种葡萄,亦无葡萄酒,由他国输入干葡萄及葡萄酒,但土人习饮米酒不喜饮葡萄酒。①

马可·波罗还记录了杭城火爆的鱼市,仅售各种香味米酒的酒铺以及杭州的西湖船宴。② 马可·波罗还说:"由于杭州出产大量的丝绸,加上商人从外省运来的绸缎,所以,当地居民大多数的人,总是浑身绫罗,遍体锦绣。""她们的绸缎服装和浑身珠宝的昂贵,是令人无法想象的。"丝绸业是元代杭州运河漕运的大宗。 虽然马可·波罗是元灭南宋之后才到杭州的,但是杭州并未因为这次改朝换代的战争受到致命的摧毁,正所谓"九衢之市肆,不移一代之繁华如故"。

《马可波罗行纪》在欧洲影响深远。 到二十一世纪初,已发现《马可波罗行纪》抄本 150 种左右,各种文字刊本已在 120 种以上。③ 马可·波罗对蛮子国都行在繁华的商贸记录,激发了更多欧洲人前往东方探险。 马可·波罗之后的诸多西方文献,在传抄和吸收《马可波罗行纪》等资料后,他们的转述同样在西方本土引起了巨大反响。

大约在 1318 年从意大利威尼斯前往中国的鄂多立克(Odoric of Pordenone,1286—1331),先抵达中国广州后,然后沿海北上,经刺桐(Zayton,泉州)、福州(Fuzo)至杭州,然后从杭州经运河达到元大都(Taydo,北京)。 他也是马可·波罗时代亲身前往中国并记录杭州及其运河沿线情况的代表性欧洲传教士。 他撰写的《鄂多立克东游录》中不仅记录了一些有关中国各地的新信息,还在亲历过程中,不断地验证马可·波罗描述的杭州印象。 与马可·波罗陆上通道前往北方元大都,经过大运河南下杭州,而后又从南方刺桐(泉州)海港返回威尼斯不同,鄂多立克正好与马可·波罗的路线相反。 他选择

---

① (意)马可·波罗:《马可波罗行纪》,冯承钧译,东方出版社 2007 年版,第 405—406 页。

② (意)马可·波罗:《马可波罗行纪》,冯承钧译,东方出版社 2007 年版,第 407—408 页。

③ 黄时鉴:《略谈马可波罗书的抄本与刊本》,《黄时鉴文集》Ⅱ,中西书局 2011 年版,第 214—217 页。

了从海路而来，经由大运河北上元大都。 他们两个都是蒙元时代"一带一路"的亲历者与见证者。

十四世纪鄂多立克从威尼斯前往中国①

鄂多立克对杭州的记录较马可·波罗来说，新增了很多新奇有趣的内容。马可·波罗提及了杭州地区捕鱼的情景，但是并不详细。 鄂多立克对此进行了详细补充，他是第一位"向欧洲人介绍用鸬鹚在钱塘江中捕鱼方法"②的外国人。 他详述了中国人用鸬鹚捕鱼及徒手捕鱼的见闻：

（旅舍店主）想让我高兴，说：如你要看美妙的捕鱼，随我来。于是他领我上桥，我看见他在那里有几艘船，船的栖木上系着些水鸟。这些水禽，他现在用绳子圈住喉咙，让它们不能吞食捕到的鱼。接着他把三只大篮子放到一艘船里，两头各一只，中间一只，再把水禽放出去。它们马上潜入水中，捕捉大量的鱼，一旦捉住鱼时，就自行把鱼投入篮内，因此不多会儿功夫，三只篮子都满了。我的主人这时松开它们脖子上的绳，让它们再入水捕鱼供自己吞食。水禽吃饱后，返回栖所，如前一样给系起来。我把其中几条鱼当做我的一顿饱餐。③

---

①　"Romance and Travels", 14th century. Reproduction in Genghis Khan et l'Empire Mongol by Jean-Paul Roux, collection "Découvertes Gallimard" (nº 422), série Histoire.

②　张环宙、沈旭伟：《外国人眼中的大运河》，杭州出版社 2013 年版，第 73 页。

③　这种捕鱼的水禽即鸬鹚，俗称鱼鹰，或鱼鸦（鸭），参见（意）鄂多立克：《鄂多立克东游录》，何高济译，中华书局 1981 年版，第 67 页。

不过，笔者需要指出的是，原文中鄂多立克所说的鸬鹚捕鱼所在的大河是在一个叫作"白沙（Belsa）的城中，它有一座横跨该河的桥。 桥头是我寄宿的旅舍"，①目前我们尚不能准确识别鄂多立克所谓的"Belsa"是浙江的哪个城市，但这个城市肯定不是当时的杭州城，我们目前尚无法推论出这条河就是钱塘江。 所以前述有关研究者说鄂多立克是首位向欧洲介绍钱塘江鸬鹚捕鱼方法的人的看法，是不确切的。 鄂多立克对于河中捕鱼之事特别感兴趣，他说："离开该地，旅行若干天后，我目睹了另一种捕鱼法。 捕鱼人这次是在一艘船里，船里备有一桶热水；渔人脱得赤条条的，每人肩上挂个袋子。 随后，他们潜入水中（约半个时刻），用手捕鱼，装入背上的口袋。 他们出水时，把口袋扔进船舱，自己却跳进热水桶，同时候，另一些人接他们的班，如前一样干；就这样捕捉了大量的鱼。"②

威廉·亚历山大《中国衣冠风俗图解》（1814）中的"鸬鹚捕鱼图"③

---

① （意）鄂多立克：《鄂多立克东游录》，何高济译，中华书局 1981 年版，第 72 页。
② （意）鄂多立克：《鄂多立克东游录》，何高济译，中华书局 1981 年版，第 66—67 页。
③ WILLIAM ALEXANDER. *Picturesque representations of the dress and manners of the Chinese*[M]. W. Bulmer and Co. Cleveland-row，1814，picture 3.

十九世纪初，去过中国实地考察的马嘎尔尼使团画师威廉·亚历山大以及欧洲的德国本土学者 Wilhelm Gottlieb Tobias（1758—1811）都对中国运河沿线的鸬鹚捕鱼场景十分留意，并进行了绘制。他们对这一知识感到好奇，这与既往马可·波罗时代入华欧洲人对华知识进行传播有关。

德国自然史学者 **Wilhelm Gottlieb Tobias** 手绘的中国捕鱼图①

鄂多立克惊叹杭州之大，他认为杭州跟威尼斯一样有运河。他也跟马可·波罗一样说杭州有"一万两千多座桥""城旁流过一条河"。这条河当然就是钱塘江。鄂多立克曾向当地的外国人打探消息，认为杭州"城市周围有一百英里"。与马可·波罗不同的是，鄂多立克是从海路登陆"南方蛮子国"的。这里是沿海地区，盛产鱼米等食料，商业贸易也比较发达，食物生

---

① WILHELM GOTTLIEB TOBIAS. *Unterhaltungen aus der naturgeschichte*［M］. Augsburg：Engelbrecht，1800，picture 188，189，190.

产和交换也十分频繁。 鄂多立克来到中国南方后，说这里"盛产面包、酒、米、肉，各种鱼，各种人类食用的粮食"，"（杭州城）那里始终有大量的面食和猪肉，米和酒，酒又称为米酿（Bigni），[①]享有盛名。 那儿确实有其他种种食物"。[②] 他认为此时的中国南方工商业比较发达，"百姓都是商人和工匠，不管怎么穷，只要还能靠双手为生，就没有人行乞"。[③]

马可·波罗在南方更多是走马观花式地记录繁华的贸易市场和多样的商业物料，说明他作为生意人而比较关心物资与商品情况。 比如马可·波罗只是对苏州有大量大黄、姜等香辛料贸易感兴趣，但是鄂多立克却发现了扬州城内餐饮市场的专业化："倘若有人想要以丰盛筵席款待他的友人，他就去找一家专为此目的而开设的旅舍，对它的老板说：'给我的若干友人准备一桌筵席，我打算为它花多少钱。'然后老板一如他吩咐的那样做，客人们受到的招待比在主人自己家里还要好。"[④]南宋时期的扬州城因为北方社会精英及大量劳动力的迁入，使得当时的杭州、扬州商品经济发达，社会餐饮的分工细化。大众餐饮管理和消费的专门化是当时江南商品经济高水平发展的重要指标。鄂多立克更像是在为马可·波罗的记载"查漏补缺"。 虽然鄂多立克也明确说杭州是"最好的通商地"，[⑤]但作为罗马天主教圣方济各会的杰出修士，鄂多立克显然并没有像马可·波罗那样对商业感兴趣，鄂多立克更多地关注中国之行沿途的宗教信仰问题。 在杭州期间，他更多笔墨也还是关注当地的传

---

① 何高济认为 Bigni 应为汉语，但其对音不明，姑译作米酿。柔克义认为是米酒。路易吉·布雷桑认为 Bigin 是土耳其语"发酵"的意思。但据韩儒林考证，"酒又称为米酿"一句应改为"故有匐你热汗（所以有酒官热汗）"，文义则前后相称。"热汗"，官名，热汗掌监察非违，厘定班次。参见（意）鄂多立克：《鄂多立克东游录》，何高济译，中华书局 1981 年版，第 68 页；（意）路易吉·布雷桑：《西方人眼里的杭州》，学林出版社 2010 年版，第 54、59 页；韩儒林：《突厥官号考释》，引自韩儒林：《穹庐集：元史及西北民族史研究》，上海人民出版社 1982 年版，第 309—310 页；史有为：《异文化使者——外来词》，吉林教育出版社 1991 年版，第 52 页。

② （意）鄂多立克：《鄂多立克东游录》，何高济译，中华书局 1981 年版，第 68 页。

③ 这里所指面包应该是中国面食的泛称，参见（意）鄂多立克：《鄂多立克东游录》，何高济译，中华书局 1981 年版，第 64 页。

④ （意）鄂多立克：《鄂多立克东游录》，何高济译，中华书局 1981 年版，第 71 页。

⑤ （意）鄂多立克：《鄂多立克东游录》，何高济译，中华书局 1981 年版，第 75 页。

教情况。

马黎诺里（Giovanni de'Marignolli，1290—？）是意大利圣方济各会士，元末出访元大都的欧洲传教士，后经杭州，从泉州通过海运返回欧洲。《马黎诺里游记》对杭州做了这样的记载：蛮子（Manzi）之地，其富足超乎常人的想象……这里有城市三万，至于小镇则无可计数。其中最为著名的当推"行在"（Campsay）。此城最美、最大、最富。在现今世界上的所有城市中，也可能是有史以来世界上所有城市中，它是最为神奇、最为富贵、最为壮观的城市。特别是它的寺庙，有的居然生活着一两千僧人，当人们讲起城中上万座石桥时（桥上有种种雕刻及许多手持武器的王子雕像），那些没有到过此城的人，都认为简直难以相信，还以为讲述者是在说谎。而当时的阿拉伯人，同样把杭州视为世界上最美丽、繁荣、神奇的城市。①

正是在《马可波罗行纪》《鄂多立克东游录》等有关东方著作的影响下，某些不能亲自前往中国验证有关中国的传闻是否真实的人，则根据已有的西文文字材料，以文学的笔触拼接出一个想象中的中国。《曼德维尔游记》就是这样一部虚构的但又在当时产生重大影响的文学作品，欧洲人在许多个世纪里都相信其真实性。② 曼德维尔书中所记旅行时间为 1322—1357 年，《曼德维尔游记》有关中国的材料来源有马可·波罗、鄂多立克、海屯等人，最为重要的是《鄂多立克东游录》。由于《曼德维尔游记》出现在十四世纪中后叶，在欧洲发行量极大，现存约三百个版本，超过了马可·波罗的行纪版本数量，也因此将有关亚洲和中国的详细信息传到了欧洲，但是《曼德维尔游记》中有关杭州的内容并未超越马可·波罗或鄂多立克，③亦即没有关于杭州的新知识被收录到该游记中。

---

① 　王国平：《运河名城——杭州》，中国文史出版社 2009 年版，第 409 页。

② 　（英）曼德维尔：《曼德维尔游记》，任虹译，引自周宁：《契丹传奇》文选，学苑出版社 2004 年版；葛桂录：《欧洲中世纪一部最流行的非宗教作品——〈曼德维尔游记〉的文本生成、版本流传及中国形象综述》，《福建师范大学（哲学社会科学版）》2006 年第 4 期；杜平：《西方中世纪游记中的东方形象——〈以马可·波罗游记〉和〈曼德维尔游记〉为例》，引自张叉：《外国语文论丛》第 4 辑，四川大学出版社 2010 年版，第 331 页。

③ 　（意）路易吉·布雷桑编：《西方人眼里的杭州》，学林出版社 2010 年版，第 75、78 页。

二、大航海时代以后欧洲人所知的杭州运河

大航海时代以后，早期入华耶稣会传教士是认识中国（包括杭州及大运河）的主要群体。 意大利耶稣会传教士利玛窦（Matteo Ricci， 1552—1610）对此有卓越贡献。 利玛窦对杭州乃至杭州运河有更多关注与了解，与他在华结交的好友李之藻不无关系，李之藻来自杭州。 利玛窦所绘制的《万国图志》中，记录了有关于京杭大运河的走势与流向。 本文在后文"欧洲地图上的大运河"将详细讲述此事。 但是，利玛窦传播并反映大运河知识的《万国图志》之所以在国内外造成重大影响，与李之藻的贡献分不开。 万历三十年（1602），太仆寺少卿李之藻出资刊行了利玛窦地图，称之为《坤舆万国全图》。

在菲利普·奥诺里奥（Philippus Honorius）①所编《实用政治集锦》（*Praxis Prudentiae Politicae*）一书中，②收有乌戈·康图大约在 1583 年前后所撰的《伟大的行在城和中国君王的关系》（*Relatione de la gram citta del Quinsay，et del re della China*）著述。 其中提及了有关行在城（书中提及行在被拼写为 Mangi，Manti 或者 Marchi 等形式）所在位置、皇宫、居民习俗以及城内运河水系及商贸等活动情况。③ 该部分有关杭州的意大利文内容已经有研究者通过中文译出。④

乌戈·康图多有提到杭州城内运河与航船情况，"（杭州）城市道路非常宽阔，因为在道路中间设有水路，大船能够安然通过"。⑤ 他也提及杭州城市一个发达的商业城市，"万物应有尽有……，无数人通过陆路和海路，从四面八方朝这里聚集并居住此地，他们有来自印度群岛和中国东部诸岛的，有来

---

① 菲利普·奥诺里奥(Philippus Honorius)是朱里奥·贝利(Giulio Belli)的笔名,参见(意)路易吉·布雷桑编:《西方人眼里的杭州》,学林出版社 2010 年版,第 102 页。

② PHILIPPUS HONORIUS. Praxis Prudentiae Politicae[M]. Wolfius：1611.

③ （意）路易吉·布雷桑编:《西方人眼里的杭州》,学林出版社 2010 年版,第 90 页。

④ （意）路易吉·布雷桑编:《西方人眼里的杭州》,学林出版社 2010 年版,第 91—99 页。

⑤ （意）路易吉·布雷桑编:《西方人眼里的杭州》,学林出版社 2010 年版,第 93 页。

《实用政治集锦》（**1611**）封面

自鞑靼和波斯的，也有来自阿拉伯半岛和中国的，还有来自蛮子本地的……"①乌戈·康图有关杭州的记录更多是来自前人记述，如他提及"（杭州）城中有一万二千座桥……，房屋由石头和砖块建成"②这样的表述，与《马可波罗行纪》中的记录相似。

十七世纪，天主教耶稣会意大利籍传教士卫匡国（Martino Martini，1614—1661）于1643年来到中国，1650年启程返欧，在此期间他用拉丁文出版了《中国新地图集》（阿姆斯特丹，1655）。他在中国的多数时间留在了杭州。《中国新地图集》向欧洲介绍了最新的中国地理知识，被认为是"自1615年利玛窦的著作《基督教远征中国史》问世之后，及十七世纪晚期有关中国的较多作品出版以前，欧洲读者所可能见到的关于中国最新最全面的报导和评论"。③

---

①　（意）路易吉·布雷桑编：《西方人眼里的杭州》，学林出版社2010年版，第95页。

②　（意）路易吉·布雷桑编：《西方人眼里的杭州》，学林出版社2010年版，第93页。

③　沈定平：《论卫匡国在中西文化交流史上的地位与作用》，《中国社会科学》1995年第3期，第174—175页。

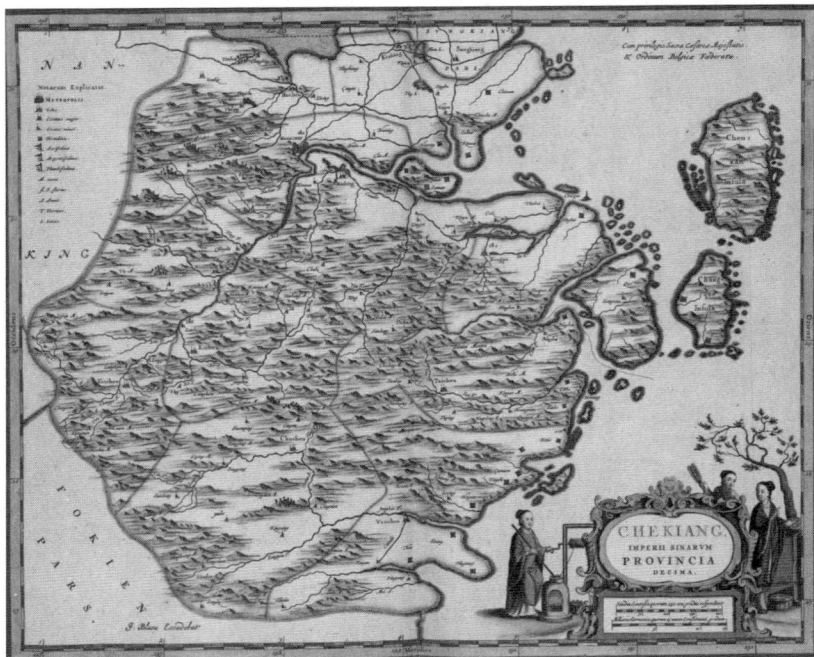

卫匡国《中国新地图集》中的"浙江图"

卫匡国是长时间在杭州生活的欧洲传教士，他对杭州西湖乃至运河的记录很多。 他甚至提及"西湖起源于流入城中的多条运河"。① 不仅是河流，卫匡国还记载了很多关于杭州桥梁、街道、西湖游船的事迹：

> 尽管没有水路进出，人们还是在西湖上建造了不少船只。这些船只颜色鲜艳，往往还涂有金粉，然是金碧辉煌，即使把它们称为"金殿"也不过分。船上是欢宴、表演和娱乐的理想场所，对于那些美食家、酒徒和寻欢作乐的人们来说，那里要什么有什么，再没有什么比在西湖游船上享乐更为美妙的事了！而且这些船上的设施齐备，在平静的西湖上穿行丝毫不必担心安全问题，没有暴风雨，只是有时有客人酗酒和放纵过度，难免产生一些摩擦，但也无伤大雅。可以肯定的是，中国

---

① （意）路易吉·布雷桑编：《西方人眼里的杭州》，学林出版社 2010 年版，第 116 页。

人把西湖和杭州这座城市比喻为"人间天堂"，真是一点都不过分。①

卫匡国对西湖船宴的详细记录受了马可·波罗、曾德昭等人的影响。马可·波罗更多是对西湖上的游船感兴趣："除了这些，湖中还有许多大大小小的木船，可以用来游湖"，"能到湖上游览确实能给人以最大的快乐，从船上远望，可以饱览这座城市的全部壮丽景色"。曾德昭的描写比马可·波罗进一步，提及这类小船"色彩和镀金形式多样，可供休歇宴乐之用，船舱或头舱设有厨房"②。卫匡国笔下的"金殿"辉煌、"人间天堂"，是对杭州和西湖船宴的极高评价，对杭州充满感情。卫匡国长期在杭传教，这些记述既来自他的亲身见闻，也参考了前人的记述。

十七世纪中后期，随着荷兰在远东贸易以及出版业方面的快速发展，荷兰人有关中国的报道开始广泛影响欧洲社会。1655年，荷兰东印度公司派出的贸易使团从巴达维亚出发，前往北京拜见中国皇帝。随行管事和画家约翰·纽霍夫（John Nieuhof，1618—1672）通过笔记和素描记录了他从澳门、广东、江西、安徽、江苏、山东、河北到达北京等数十个城市的印象。1665年，阿姆斯特丹梅尔斯出版社出版了荷文版纽霍夫著《荷兰东印度公司使华记》。③由于当时荷兰已经是欧洲出版业中心，纽霍夫的著作一经出版就因其真实性和可读性风靡一时。法文版、英文版、德文版随后刊出。纽霍夫的著作也被认为是整个启蒙时代有关中国奇特形象的起源之一。④其中150余幅插图中，多有关于京杭大运河的描绘。《荷使初访中国记》记载："五月二十一日，我们来到扬州。该城位于运河左岸，距仪征六十里，呈四方形，建有高墙堡垒，方圆步行约三个小时，运河右岸有一片漂亮的郊区，商业也十

---

① （意）卫匡国：《第十省——浙江》（摘录本3），摘录自弗朗科·德马尔奇主编：《卫匡国全集》第三卷《中国新地图集》，特伦托大学2003年版，第9页。

② （葡）曾德昭：《大中国志》，何高济译，商务印书馆2012年版，第26页。

③ （荷）包乐史、庄国土：《〈荷使初访中国记〉研究》，厦门大学出版社1989年版，第23页。

④ （荷）包乐史、庄国土：《〈荷使初访中国记〉研究》，厦门大学出版社1989年版，第4页。

分繁荣。"①《荷使初访中国记》记载淮安清江浦镇："这个镇分布在河两岸，房舍美观，宝塔壮丽，位于运河和黄河的连接之处，方圆有一华里。 该城商业发达，居民富裕，还有很多船坞，制造各种船只出售。"②

珠江里的广州船只③

虽然纽霍夫没有在书中直接反映杭州运河及其漕运情况，但是我们通过比较纽霍夫留下的百余幅铜版插图可知，基本上反映的都是运河沿线城市及大量运河船只的信息。

十七世纪来自海外有关所记录的杭州信息还有很多，这些海外人士也未必全是欧洲人。 如 1675 年以俄国使节身份入华的斯帕塔鲁·米列斯库（Nicolae Spataru Milescu，1636—1708）就对杭州运河河道、城市桥梁、钱塘江多有记载。 在其所著《中国漫记》中，他写到杭城有许多河道和桥，运河上布满了船只，"江河湖泊形成水网，用以连接城市，行船通商。 ……中国

---

① （荷）包乐史、庄国土：《〈荷使初访中国记〉研究》，厦门大学出版社 1989 年版，第 70 页。

② （荷）包乐史、庄国土：《〈荷使初访中国记〉研究》，厦门大学出版社 1989 年版，第 72 页。

③ JOHANNES NIEUHOF. *Die Gesantschaft der Ost-Indischen Geselschaft in den Vereinigten Niederländern an den tartarischen Cham und nunmehr auch sinischen Keiser* [M]. Amsterdam：Gedruckt und verlegt durch Jacob Mörs . . . , 1666，between p. 48-49.

无一城市不是居河而立，或是天然江河或是人工运河"①。 他还说"在这个城市（杭州），包括它的郊区，有无数高石桥。 ……整个城市的桥梁超过 1万座，城市位于西湖东岸。 ……这个城市的另一边为钱塘江环抱。 城市位于河川密布地区，还挖掘了许多运河，河上可通行大船"②。 张环宙《外国人眼中的大运河》一书也有研究，此处从略。③

三、十八世纪以来欧洲人眼中的杭州运河

十八世纪以来，法国著名汉学家杜赫德（Jean Baptiste du Halde，1674—1743）于 1735 年所编著的《中华大帝国志》（*The General History of China*）④被认为是此前编成的耶稣会士报道与研究中国之集大成者。⑤ 杜赫德本人并未到过中国，他对中国的"间接"报道，主要是基于他同时期的其他入华耶稣会士的有关中国的著作或报告。 其中，他认为杭州府（Hang tcheou fou）是"中华帝国最富有、最宏大的城市之一"，这里"运河河渠便利，盛产世界上最好的丝绸"，⑥ "城外的河渠中有大量船只，船工全家住在船上"，他还记录到"宽阔的钱塘江（Tcien tang kiang）就在城墙外流过"，而且杭州是当之无愧的"丝绸之乡"。⑦

1792 年，英国人马嘎尔尼率领使团访华，1793 年在热河行宫得以谒见乾

---

① （罗）尼古拉·斯帕塔鲁·米列斯库：《中国漫记》，中国工人出版社 2000 年版，第 31页。

② （罗）尼古拉·斯帕塔鲁·米列斯库：《中国漫记》，中国工人出版社 2000 年版，第174 页。

③ 张环宙、沈旭伟：《外国人眼中的大运河》，杭州出版社 2013 年版，第 74—78 页。

④ 《中华大帝国志》全名为《中华帝国及其所属鞑靼地区的地理、历史、编年纪、政治和博物》，有关该书专门研究可参见张允熠等：《中国：欧洲的样板——启蒙时期儒学西传欧洲》，黄山书社 2010 年版；阎宗临：《阎宗临史学文集》，山西古籍出版社 1998 年版；阎宗临：《传教士于法国早期汉学》，大象出版社 2003 年版。

⑤ 计翔翔：《西方早期汉学试析》，《浙江大学学报（人文社会科学版）》2002 年第 1 期，第 95 页。

⑥ J. B. DU HALDE. *The general history of China* [M]. Vol. 1, trans Richard Brooks. London：John Watts，1741：193.

⑦ J. B. DU HALDE. *The General History of China* [M]. Vol. 1, trans Richard Brooks. London：John Watts，1741：194.

隆皇帝。 其间，马嘎尔尼使团在北京、天津、东南沿海做了大量的实地调查。 在马嘎尔尼本人的日志及其他随行人员（约翰·巴罗、威廉·亚历山大等）的报道中，①多有关于我国运河及其运河沿线城市的情况。

《英使谒见乾隆纪实》记载了运河上的水闸："运河的水倾入运河之后，为了防止水流太急，又在运河上认为需要的地方安了几道水闸，有的相距不到一哩，这在其他地方是没有的。 同欧洲的水闸不一样，运河水闸没有高低水门。 它的水门构造非常简单，容易控制，修理起来也不需要很多费用。 它只是几块大木板，上下相接安在桥砧或石堤的两边沟槽里，当中留出开口来足够大船航行。"②

《英使谒见乾隆纪实》还记载："10月18日船到达山东省境。 北直隶省的招待人员在这里换上了山东省的。 当天下午路过了两个城，在每个城前都停泊了许多船。 今天是中国月份的十五，沿路居民昼夜不停地举行宗教仪式，爆竹声，锣鼓声，烧香拜神等等，从午夜起一直搞到第二天天亮。"③

又如，《英使谒见乾隆纪实》中记载了运河上的民间信仰与祭祀情况："使节团船只穿过黄河的地方水流很急，为了保证行船的安全，来往船只都在这里祭供河神。 使节船长在一群水手包围之中手里拿一个公鸡，走到前甲板把鸡头割下抛到水里，然后用鸡血滴在船的甲板、桅杆、锚和房舱门口并在上面插上几根鸡毛。 船头甲板上摆上几碗肉类菜肴，摆成单行，前面又摆上酒、茶、油、盐各一杯。 船长跪下来磕了三个头，两手高举，口中念念有词，似乎在祷告神灵。 水手们同时大声敲锣、放鞭炮、烧纸、烧香。 船长在船头奠酒依次把酒、茶、油、盐等一一抛到河里。 仪礼完毕之后，水手们围坐在甲板上，把祭神的肉食大家痛快吃一顿。 等到船只平安渡过对岸，船长还要

---

① （英）斯当东:《英使谒见乾隆纪实》,叶笃义译,商务印书馆1963年版;（英）爱尼斯·安德逊:《英使访华录》,费振东译,商务印书馆1963年版;王思治:《清史论稿·英使马戛尔尼来华》,巴蜀书社1987年版;JOHN BARROW. *Travels in China*［M］. London:printed by A. Strahan, Printers-Street, for T. Cadell and W. Davies, in the Strand, 1804;WILLIAM ALEXANDER. *The costume of China*［M］. London:W. Miller, 1804.

② （英）斯当东:《英使谒见乾隆纪实》,叶笃义译,商务印书馆1963年版,第432页。

③ （英）斯当东:《英使谒见乾隆纪实》,叶笃义译,商务印书馆1963年版,第430页。

出来在原处磕三个头答谢河神。"①

随行人员威廉·亚历山大（William Alexander，1767—1816）②在《中国服饰》（*The Costume of China*，1805）中，也反映了使团沿着运河的所见所闻，其中有反映杭州城外运河及京杭大运河船只的绘画形象。

威廉·亚历山大所绘杭州运河上的堤坝③

威廉·亚历山大所绘扬州运河上的船只④

---

① （英）斯当东：《英使谒见乾隆纪实》，叶笃义译，商务印书馆1963年版，第440页。

② （英）威廉·亚历山大随团访问了中国的天津、北京、承德、杭州、广州和澳门等地，创作了大量的速写和水彩画。此外，他所著《中国衣冠风俗图解》（*Picturesque Representations of the Dress and Manners of the Chinese*，1814）内含数十幅彩色版画，里边也包含有许多我国大运河沿线民俗及运河船只图像。

③ WILLIAM ALEXANDER. *The costume of China*［M］. London：W. Miller，1805：79.

④ WILLIAM ALEXANDER. *The costume of China*［M］. London：W. Miller，1805：187.

此次与访华行程有关的书籍纷纷以亚历山大的作品作为插图，以铜版雕刻印制。如副使斯当东所著《英使谒见乾隆纪实》及巴罗的《中国旅行记》等图书，均有引用。十九世纪英国著名版画家托马斯·阿罗姆（Thomas Allom，1804—1872）也曾依据访问中国的英国马嘎尔尼使团随团画师威廉·亚历山大的素描稿为原型，于 1843 年创作了反映中国运河沿线城市风貌的铜版画作品。

南京郊外

慕雅德（Arthur Evans Moule，1836—1918），1865 年作为英国圣公会华东教区副主教和秘书从宁波来到杭州，在其留下的《英国圣公会浙江传教使团的故事》（1878）、《新旧中国：来华三十年的个人回忆和观察》（1891）和《在华五十年：回忆与观察》（1911）三部作品中，对杭州运河多有记载。其中在《新旧中国》一书中的 31 张照片中有 15 张是由他的英国圣公会同事格罗夫斯（Williams Leach Groves）拍摄。其中 5 张可以确认是 1883—1886 年格罗夫斯在杭州拍摄的。[①] 慕雅德记载了杭州的运河渡船系统、运河沿线大型城市概况以及钱塘江等信息。尤其是他对运河上的杭州城之重要性的认识，超过了同时代许多人，他说道："杭州有大运河作为终点站，此运河通过长江，越过黄河，只有 650 英里就到达天津。"[②]他在《在华五十年》一书中，讲述了自己在杭州东河翻坝进入杭州的场景："我们的船来到坝边，船夫将两

---

① 张环宙、沈旭伟：《外国人眼中的大运河》，杭州出版社 2013 年版，第 104 页。

② VEN. ARTHUR E. MOULE. *New China and old：personal Recollections and Observations of Thirty Years*[M]. Seeley And Co. Limited，1902：75.

根缆绳绑在船前的柱子上。 10 多个工人转动绞盘，缆绳越来越紧，船后有数人猛推。 船移动时，人们喊着号子，加快转动绞盘，齐心协力把船弄到坝顶。 在坝顶，工人使劲一推，我们的船就猛地一下滑入了东河。 我知道，我开始真正进入杭州市。"他还在《在华五十年》一书中，拍摄了当时杭城的河道水门照片。

慕雅德《在华五十年》中的杭州运河水门①

　　① ARTHUR EVANS MOULE. *Half a centry in China*: *recollections and observations*[M]. Hodder and Stoughton，1911:136-137.

清末杭州城内运河及雷峰塔·见慕雅德《在华五十年》

杭州城内运河与桥，见慕雅德《在华五十年》

十九世纪以后，欧美关于杭州运河的内容越来越多。 1854 年到浙江宁波、山东烟台等地传教的美国基督教北长老会传教士倪维思（1829—1893）《中国和中国人》（1868），美国基督教长老会传教士丁韪良（W. A. P Martin, 1827—1916）所撰《花甲记忆》（1896）和《中国之觉醒》（1907），美国传教士莱昂（David Nelson Lyon）《1870 年杭州日记》（*Hangchow Journal of* 1870），①德国地理学家李希霍芬《李希霍芬中国旅行记》，②美国地理学家威廉·埃德加·盖洛（William Edgar Geil, 1865—

---

① 可参见杭州市政协文史委员会等编：《天城遗珍：杭州对外文化交流史迹》，杭州出版社 2016 年版。

② （德）费迪南德·冯·李希霍芬：《李希霍芬中国旅行记》，（德）E. 蒂森选编，李岩、王彦会译，商务印书馆 2016 年版。

1925）所撰《中国十八省府》，美国摄影家西德尼·戴维·甘博（Sidney David Gamble，1890—1968）二十世纪初留下的大量杭州摄影作品，英国伊莎贝拉·伯德（Isabella Bird，1831—1904）《1898：一个英国女人眼中的中国》，①美国著名商人罗伯特·大来（Robert Dollar，1844—1932）有关1910—1911年间三次访问杭州的回忆录②等著述中，多有记录杭州运河沿线的风情与文化。

第三节　运河文化在阿拉伯国家的传播与影响

十三世纪，蒙古人征服西亚后，建立了伊利汗国。 伊利汗国宰相拉施特（Rashīd al-Dīn，1245—1318）奉命编撰一部官方历史著作《史集》（Jāmi al-Tavārīkh），其中记载："元朝中国分为不同的行省，其中第六个行省的行政中心在行在（即杭州）"，"它是以前蛮子国的都城"。 北京原有一条运河与江南相通，但随着时间的流逝，运河逐渐淤塞了，从杭州等地开出的船无法进入北京，妨碍了货物的畅运，于是元朝皇帝下令开挖运河，引人江水。"这条长长的大运河从北京一直通到杭州与泉州，需要整整航行40天才能走完全程。 杭州与泉州则是著名的港口，来自印度等地货船经常光顾这里。"③

---

① 伊莎贝拉·伯德《1898：一个英国女人眼中的中国》（湖北人民出版社2007年版）一书原名为《扬子江流域及以外地区》（The Yangtze Valley and Beyond）。

② 可参见 ROBERT DOLLAR. Memories of Robert Dollar [M]. W. S. Van Cott&Co.，1922；沈弘：《京杭大运河、之江校区和灵隐寺——记美国慈善家大来先生的杭州情结》，《文化艺术研究》2011年第1期。

③ 龚缨晏：《欧洲与杭州：相识之路》，杭州出版社2004年版，第66—67页。

十四世纪细密画

（波斯）拉施特编著的《史集》①中的细密画作主要反映了伊尔汗国蒙古宫廷生活，②以及蒙古西征中的战争情景。 如上图是十四世纪的细密画，反映的是蒙古军队进攻伊朗巴格达，其中可以看到巴格达城的护城运河。

伊本·白图泰（Ibn Battutah，1304—1377），摩洛哥人，阿拉伯国家著名的旅行家，曾到达印度、中国、西班牙、苏丹、马里等44个国家。 其1333年来到印度，1342年由海路经过马六甲海峡前往中国，1347年到达刺桐（泉

---

① （波斯）拉施特主编：《史集》，余大均、周建奇译，商务印书馆1997年版。该书波斯文手稿可在线检索，https://images. is. ed. ac. uk/luna/servlet/detail/UoEsha～4～4～64742～103064? sort ＝ work_creator_details％2Cwork_shelfmark％2Cwork_source_page_no％2Cwork_title&qvq＝q：9999999;sort：work_creator_details％2Cwork_shelfmark％2Cwork_source_page_no％2Cwork_title;lc：UoEsha～4～4&mi＝0&trs＝1，检索日期［2018-05-25］

② 细密画（miniature）是波斯艺术的重要门类，是一种精细刻画的小型绘画。主要用于书籍的插图和封面、扉页徽章、盒子、镜框等物件上和宝石、象牙首饰上的装饰图案。细密画一般画于羊皮纸、纸或书籍封面的象牙板上或木板上，题材多为人物肖像、图案或风景，也有风俗故事，多采用矿物质颜料，甚至以珍珠、蓝宝石磨粉作颜料。十三世纪上半叶，蒙古人占领巴格达后，建立了伊尔汗国，首位伊尔汗国皇帝是忽必烈兄弟旭烈兀。在旭烈兀及其继承人的统治下，在巴格达、大不里士等地区出现了一批波斯风格与中国画画风相混合的细密画作品。十三至十五世纪，关于蒙古宫廷生活、蒙古军事及重大事件的波斯细密画被大量创作。拉施特《史集》的细密画插图，其画中树木、山川和景色的画法与元代绘画艺术尤其相近。

州），后来又去了汗沙（Khansa，即行在），并沿京杭运河到了汗八里（北京，元大都）。 他的游记记载了杭州："有河流三条穿过，其一是一大江伸出的港湾，小艇运载食品和石炭来城，港内亦有游艇……港湾内船艇相接，帆樯蔽天。 彩色风帆与绸伞，相映生辉。 雕舫画艇，十分精致。 游客相遇时，乘客多用柑桔、柠檬投报。"①伊本·白图泰说的杭州市内的三条河是中河、清湖河与市河，大江是钱塘江，港湾是江口码头。 大江伸出的港湾形成的河流就是中河的南段即龙山河，因为当时杭州只有龙山河与钱塘江相通。从伊本·白图泰笔下，我们知道了江口码头的繁华，也了解到元代的杭州人可以乘坐游艇沿着中河到钱塘江游玩，游客之间可以相互娱乐。

第四节　欧洲地图上的大运河

一、《1375 年加泰罗尼亚地图》上的京杭大运河

在十四、十五世纪《1375 年加泰罗尼亚地图》《毛罗地图》上，承载着马可·波罗等人留下的杭州运河知识，说明了欧洲古典时期，中世纪时期有关杭州运河知识的传承与接续。 欧洲知识系统长期以来杂糅了古典时期有关蒙古的旧知识，又融合了地理大发现以后的新获得的亲历见闻。

克莱斯克·亚伯拉罕（Cresques Abraham）约在 1375 年绘制的《1375 年加泰罗尼亚地图》（Catalan Atlas），威尼斯僧侣毛罗（Fra Mauro）约在 1459 年绘制的《毛罗地图》（Fra Mauro's World Map），系十四至十五世纪的著名世界地图，它们充分反映了托勒密，尤其是马可·波罗的影响。《1375 年加泰罗尼亚地图》《毛罗地图》等欧洲本土作品，吸收了蒙元时期马可·波罗等人有关中国及鞑靼新的知识，以新的"鞑靼—契丹—蛮子"体系取代了古典时代以来的"赛里斯—秦尼国"认知体系，并最终把这些有关中国各地新的知识反映到了该时期的地图之上。

---

① （摩洛哥）伊本·白图泰:《伊本·白图泰游记》,宁夏人民出版社 2000 年版,第552—553 页。

《1375 年加泰罗尼亚地图》（Catalan Atlas，1375）被认为是"中世纪最好、最丰富完备的世界地图"，一般认为该地图是阿拉贡王国（Aragon，1035—1837）①命令御用制图师克莱斯克·亚伯拉罕（1325—1387）②于 1375 年绘制。该图现藏法国国家图书馆（Bibliotheque Nationale），③在西班牙、意大利、俄罗斯、土耳其等国有晚期的抄本。该图原先绘制在六张大羊皮纸上，④每一张羊皮纸为 69 厘米×49 厘米。

该图制作者的背景值得我们留意。该图是阿拉贡王国约翰一世送给法国国王查理五世（Charles V，1364—1381 年在位）的礼物。类似《1375 年加泰罗尼亚地图》这样赠送给他国贵族的装饰性地图，已经失去了严格的航海实用意义，是一种用于装饰的"波托兰海图"。比如该图就没有指南玫瑰，早期用于航海目的波托兰海图最大的特点之一便是指南玫瑰——这样的海图用指南玫瑰伸出的航线来代替经度和纬度。有研究者认为，尽管早期的波托兰海图是基于航海等实用需求产生，后期类似《1375 年加泰罗尼亚地图》这种装饰豪华、颜色鲜艳的波托兰海图已经变成展示王侯贵族们自己财富的象征。⑤

《1375 年加泰罗尼亚地图》的作者力图描绘出世界各地及各地居民的情

---

① "加泰罗尼亚"是现在西班牙东北部的一个区域。十四世纪，统治这一地区的是阿拉贡王国（Aragon，1035—1837），其领土包括地中海中的巴利阿里群岛（其中最大的岛屿是马略卡岛）。该王国是十一至十九世纪时，伊比利亚半岛东北部阿拉贡地区的封建王国。由于该国是一个东西交汇的海上贸易大国，十分重视航海图。十四世纪，欧洲有两个航海图绘制中心，一个是意大利北部地区，另一个就是加泰罗尼亚地区，有人将后者称之为"加泰罗尼亚—马略卡学派"。该学派绘制的地图具有广泛吸收阿拉伯及犹太文化的特点，他们的地图绘制范围还延展至亚非欧内陆地图，甚至通过航海图技术来绘制世界地图。他们还在这种"航海图"上用鲜艳的颜色描绘人物、城市或山川。可以说，该学派绘制的地图具有百科全书性质，这也是我们发现许多有关亚洲地区蒙古知识的重要原因。

② 克莱斯克·亚伯拉罕是来自马略卡岛帕尔玛的犹太人，是被称为"地图与指南针大师"的优秀航海图制作人。

③ 该图收藏于法国国家图书馆，馆藏信息：Bibliothèque nationale de France，Département des manuscrits，Espagnol 30.该馆在线网站可检索获得扫描图片，http://expositions.bnf.fr/ciel/catalan/index.htm，检索日期[2016-05-20].

④ 后来，在保管及观阅的过程中，每张羊皮纸被不断地对折，结果在对折处断成两半，于是该地图变成了 12 张羊皮纸。

⑤ （日）宫崎正胜：《航海图的世界史·海上道路改变历史》，朱悦玮译，中信出版社 2014 年版，第 66 页。

况，但是他并未做到。 这幅地图的第一页和第二页是加那利群岛和科西嘉岛，第三页和第四页是从意大利到黑海，第五页和第六页是从里海到印度，第七页和第八页是印度以东的区域。[①] 该地图广泛吸收了世界最新地理知识，是现存地图中最早集中反映《马可波罗游纪》内容者。[②] 为了介绍更多东方的情况，作者甚至为此把地图绘制成了长方形，参见下图：《1375 年加泰罗尼亚地图》东亚部分。

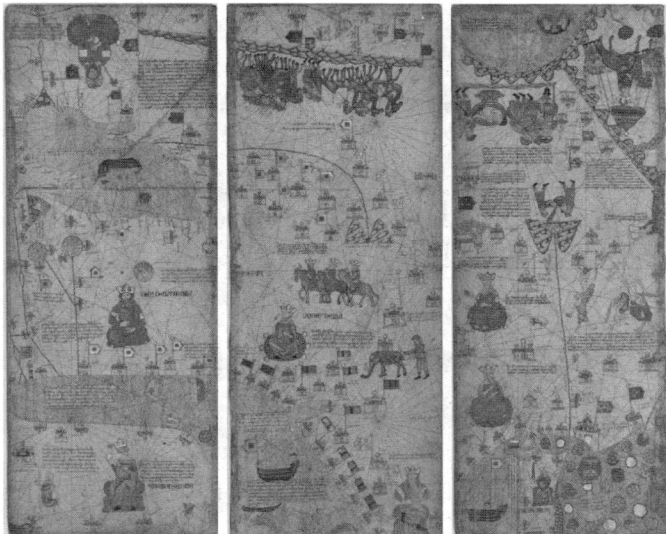

《**1375 年加泰罗尼亚地图**》东亚部分

　　在积极吸取当时包括《马可波罗行纪》等新地理知识的基础上，该地图对东亚地区的中国北方蒙古地区及宫廷贵族多有介绍。 图中描摹的中亚北线商路上的驼队，一般认为是指马可·波罗的父亲和叔父前往中国的情形。

　　織田武雄、龚缨晏等学者对《1375 年加泰罗尼亚地图》的东亚地区的内容做了较详考订。 地图上有一段文字特别记录了有关蒙古和忽必烈的信息：

---

　　① （日）宫崎正胜：《航海图的世界史·海上道路改变历史》，朱悦玮译，中信出版社 2014 年版，第 67—69 页。

　　② 王永杰：《卜弥格〈中国地图册〉研究》，浙江大学博士学位论文，2014 年，第 40 页；龚缨晏、邹银兰：《〈1375 加泰罗尼亚地图〉：新技术与新知识的结晶》，《地图》2005 年第 2 期，第 69 页。

"北方是契丹（Cataya），这里有大汗及其都城汗八里（Chanbaleth）；南方是蛮子（Manji），此处有著名的刺桐（Zayton）和行在（Cansay）。忽必烈建造了一条从蛮子（Manji）到汗八里（Cambulac）的大运河。"①

《1375 年加泰罗尼亚地图》上的马可·波罗商队前往中国的情景图②

可以说，《1375 年加泰罗尼亚地图》是目前我们所见欧洲古地图上最早明确指出连接北方汗八里（元大都别称）及南方蛮子（当时杭州的别称）的京杭大运河的古地图。同样地，欧洲古地图知识系统里有关京杭大运河的记载也是受了马可·波罗的影响。

---

① 这里所说的 Cataya，即"契丹"之音译，是中世纪欧洲人对中国北方的称呼，有时也泛指中国；Chanbaleth 或 Cambulac，是突厥语"汗八里"（义为帝王之城）的音译，指的是元朝的大都北京城；Manji 是"蛮子"的音译，原是中国北方对南宋统治下的南方的辱称，欧洲人以此词指称中国南方；Zayton 是刺桐之音译，指的是福建泉州；Cansay 则是"行在"之音译，指的是原来的南宋都城杭州。这段文字所记述的正是中国。参见龚缨晏、邬银兰：《〈1375 年加泰罗尼亚地图〉：新技术与新知识的结晶》，《地图》2005 年第 2 期，第 69 页。

② La caravane de Marco Polo voyageant vers les Indes，from Abraham Cresques，Atlas catalan，1375，Scanné de Coureurs des mers，Poivre d'Arvor.

二、"飞马亚洲"地图上的杭州

此外，西方在十六世纪有一种以人体或动物的形象来绘制地图的传统。1581 年绘制的"飞马亚洲"（Asia Secvnda Pars Terrae Informa Pegasir）地图就是这类型地图的代表作之一。该地图最早见于海因里赫·布恩丁（Heinrich Bunting）编绘的《旅程圣迹》（*Itinerarium Sacrae Scripturae*，1581—1585）之中。该图马首是小亚细亚，后颔是亚美尼亚，颈部是西亚，右翼是斯基泰，左翼是鞑靼，从后腰到右后腿是印度，左后腿是马来半岛……"这幅地图也反映了当时西方人已经对中国北方蒙古人以及南方汉人的区分。左翼是鞑靼，而在马尾巴上的 Quinsay 指称杭州，也就是中国的概念。

"飞马亚洲"地图上的杭州①

_____

① 转引自黄时鉴：《黄时鉴文集 III》，中西书局 2011 年版，彩图 1。

三、利玛窦首次在中文世界地图上反映了京杭大运河的走势图

利玛窦是天主教在中国传教的开拓者之一。 利玛窦的晚年回忆录手稿原为意大利文。[①] 耶稣会士金尼阁（Nicolas Trigault，1577—1628）在返回欧洲途中，将该手稿翻译成拉丁文，并于 1615 年在欧洲以《基督教远征中国史》为名出版。[②] 该著作一经出版，立刻在欧洲引起轰动，并很快被转译为其他欧洲语言。 路易斯·加莱格尔（Louis Joseph Gallagher）将金尼阁拉丁文译本转译为英文，于 1942 年出版，1953 年重印。[③] 何高济等人根据该英译本，将其译为中文《利玛窦中国札记》（以下简称《札记》）。[④] 现又有学者据意大利文原本译成中文。[⑤] 方豪评价道："利玛窦实为明季沟通中西文化之第一人。 自利氏入华，迄于乾嘉禁教之时为止，中西文化之交流蔚为巨观。"[⑥]

利玛窦从南京到北京，沿途经过了许多运河城市，其中就包括扬州、淮

---

① 意大利文手稿《论耶稣会士及天主教进入中国》（*Della entrata della compagnia di Gesù e christianita nella cina*），经德礼贤（Pasquale D' Elia）校注并改名为《天主教在华传播史》（*Storia dell' Introduzione del Cristianesimo in Cina*）收入其所编《利玛窦全集》（罗马，1949 年）。德礼贤所编《利玛窦全集》共计 3 卷，参见 P. D' ELIA ed.，Fonti Ricciane[M]. 3 Volumes，Rome：La Libreria dello Stato，1942—1949. 有关《利玛窦中国札记》的版本演变问题，参见林金水：《利玛窦与中国》，中国社会科学出版社 1996 年版，第 272—277 页。

② NICHOLAS TRIGAULT. *De Christiana expeditione apud Sinas uscepta ab societate Iesu*[M]. Augsburg：Christoph Mang，1615. 金尼阁于万历三十八年（1610）秋冬之际到达中国，其时利玛窦已去世半年。 1613 年 2 月 9 日，金尼阁奉命回罗马向教皇汇报在华传教进展。 返欧途中，他用拉丁文编译了利玛窦的意大利文手稿，并加入了自己在华的一些经历。

③ MATTEO RICCI. *The China That Was*[M]. translated from the Latin by Louis Joseph Gallagher，New York：The Bruce Publishing Company，1942. Reprited in 1953；MATTEO RICCI, NICHOLAS TRIGAULT. *China in the Sixteenth Century：the Journals of Mathew Ricci*，1583—1610[M]. New York：Random House，1953.

④ 本文在不特别说明的情况下，所引《札记》内容均出自何高济中译本。 参见（意）利玛窦：《利玛窦中国札记》，中华书局 1983 年初版，2010 年再版。

⑤ 台湾光启出版社、辅仁大学出版社于 1986 年联合出版了由刘俊余、王玉川据意大利文本翻译的中译本《利玛窦全集》。 2014 年，德礼贤据意大利原文编校的《利玛窦全集》（第 1 卷、第 2 卷）被文铮译为中文。 可参见（意）利玛窦：《耶稣会与天主教进入中国史》，文铮译，（意）梅欧金校，商务印书馆 2014 年版。

⑥ 方豪：《中西交通史》第四册，中华文化事业出版社 1954 年版，第 3 页。

安、徐州、济宁、临清等运河沿岸城市。 对明代运河漕运的有关情况，利玛窦详细地记载："万历十年至三十八年（1582—1610），每年南方各省要向皇帝运送各种在贫瘠的北京为生活舒适所缺少或需要的物品，水果、鱼、米，做衣服用的丝绸和六百种其他物品，这一切东西都必须在规定的日期运到，否则受雇运输的人将受重罚。"①建筑材料及其他物品也经运河运输，他写道："（万历间）经由运河进入皇城，他们为皇宫建筑运来了大量木材，梁、柱和平板，特别是皇宫被烧毁之后，而据说其中有三分之二都被火烧掉……中国人喜欢用砖而不用石，供皇宫所用的砖可能是由大船从一千五百英里之外运来的。 仅是为此就使用了很多船只，日夜不断运行。 沿途可以看到大量建筑材料，不仅足以建筑一座皇宫，而且还能建成整个的村镇。"②由此可见，当时经运河运输的建筑材料规模之大，数量之多。

明神宗万历十二年（1584），利玛窦到达广州，开始绘制《万国图志》。万历三十年（1602），太仆寺少卿李之藻出资刊行，称之为《坤舆万国全图》。 万历三十六年（1608），明神宗下诏摹绘 12 份，现仅存 1 份，现藏于南京博物院，该馆所藏《坤舆万国全图》通幅纵 168 厘米，横 382 厘米。 利玛窦《坤舆万国全图》是他根据当时欧洲世界通行的地图（类似 1570 年奥特里乌斯所绘《世界地图》）为创作原型而在中国国内创作的世界地图，影响巨大。 该地图原图已佚，现存世有四种版本：1602 年李之藻刻本、1603 年刻本（此版名《两仪玄览图》）、1608 年明宫廷摹绘本、1708 年日本彩绘本。

---

① （意）利玛窦、（比）金尼阁：《利玛窦中国札记》，广西师范大学出版社 2001 年版，第230 页。

② （意）利玛窦、（比）金尼阁：《利玛窦中国札记》，广西师范大学出版社 2001 年版，第230 页。

1602 年李之藻刊刻版《坤舆万国全图》，现藏明尼苏达大学图书馆

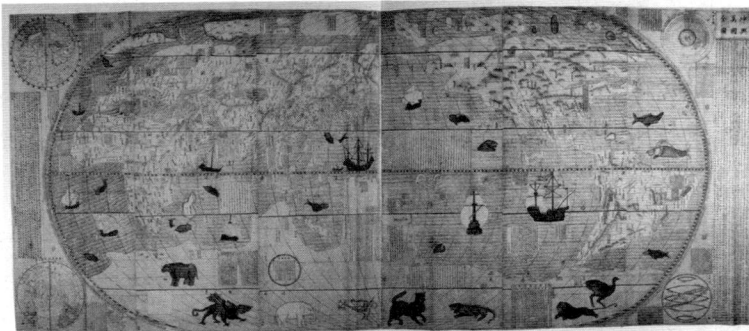

1608 年明宫廷摹绘本《坤舆万国全图》，藏南京博物院

在 1602 年李之藻刊刻本中，他将京杭大运河南北走向的示意图非常清楚地绘制在这张举世闻名的世界地图上。 而其运河路线所经之处正是利玛窦 1599 年北上北京的相关运河沿线城市，如临清、东平等。

《坤舆万国全图》上的是京杭大运河，所经之处正是利玛窦 **1599** 年北上北京的地点，如临清、东平等。 这时期黄河从淮河入海，根本与渤海不太相干。 实线是京杭大运河，虚线是黄河，短横线是淮河。

　　《坤舆万国全图》在日本流传较广，影响较大，甚至对日本研究者绘制世界地图的历史都产生了重要影响。 日本彩绘本编辑者是新井白石。 他根据明朝李之藻 1602 年刊刻的单色版地图，在 1708 年彩绘了此图。 而我们知道，李之藻刊刻本又是修改自利玛窦的 1584 年年初绘的单色地图。 在该日本彩绘本《坤舆万国全图》中，有关京杭大运河的信息基本与李之藻刊刻本一致。

　　而约在 1785 年，日本长久保赤水依据 1602 年李之藻刊刻版《坤舆万国全图》绘制的《日本山海舆地全图》（Sankai yochi zenzu）中，京杭大运河虽然主体仍然是根据李之藻刊刻版，但是注释文字细节等内容被删除了。

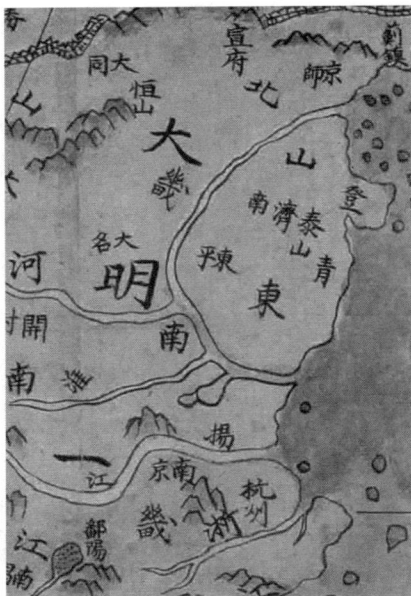

1708 年日本彩绘本《坤舆万国全图》
上的"京杭大运河"

1785 年《日本山海舆地全图》上的"京杭
大运河"

在梵蒂冈教廷图书馆、意大利博洛尼亚大学天文台、日本京都大学、日本内阁文库、日本宫城县立图书馆、日本东北大学附属图书馆狩野文库等他国机构，都有收藏着利玛窦绘制的《坤舆万国全图》或据此创作的类似世界地图，足见其影响力之巨大。

在利玛窦之前，欧洲影响甚大的奥特里乌斯（Abraham Ortelius，1527—1598）《地球大观》（*Theatrum Orbis Terrarum*，1584 年）中刊布的巴尔布达（Luiz Jorge de Barbuda）《中国新图》（Chinae olim Sinarum regionis，nova descriptio）是第一幅单幅中国地图，在欧洲流行甚广。① 巴尔布达在图上标出了明朝的两京十三省和一些府州县，地名分两级，两京十三省与府县地名分别用大小两种罗马字体表示。 该图上的元大都已经被称为明朝两京之一

---

① 奥特里乌斯《地球大观》最早问世于 1570 年，是第一部近代世界地图，最早集中反映了大航海时代以来西方人获得的新地理知识。引自黄时鉴：《巴尔布达〈中国新图〉的刊本、图形和内容》，《黄时鉴文集》Ⅲ《东海西海——东西文化交流史（大航海时代以来）》，中西书局 2011 年版，第 260—2619 页。

的京师（Qvincii），而不再是汗八里。 分隔北方游牧民族与中原地区的长城
也被描绘到地图上。 在长城与南边山脉之间有拉丁文写道 "Murus
quadringentarum leucarum inter montium crepidines a Rege Chinæ contra
Tartarorum ab hac parte eruptiones extructus"，英文的意思是 "A wall of
four hundred miles has been constructed between the edges of the mountains
by the King of China against the invasions of the Tartars in this part"，就是
说 "在山脉的边缘之间，针对这一带鞑靼人入侵的中国王国建造了一道 400 里
格的城墙"。

　　巴尔布达的《中国新图》绘制了中国长城这一伟大工程，但是却没有绘制
中国大运河。 可见那些没有到过中国的欧洲地图学家还没有对这条伟大的人
工运河引起重视。

巴尔布达《中国新图》

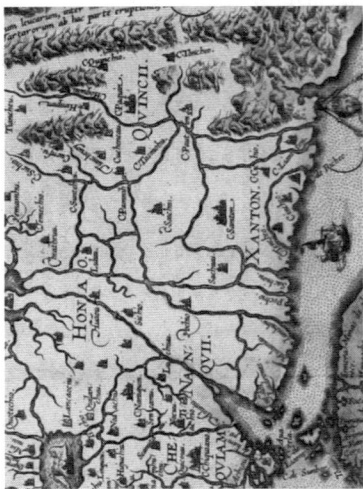

巴尔布达《中国地图》局部（沿海南北走向）

需要指出的是，1570 年奥特里乌斯《地球大观》初版的世界地图上，奥特里乌斯已经称元大都为京师了。 但是奥特里乌斯也只是绘制了一些东西走向的自然河道，这说明他对中国的大运河没有概念。

奥特里乌斯《地球大观》中的"中国区域"

利玛窦之后，入华耶稣会士意大利人毕方济（Francois Sambiasi，1582—1649年）1602年绘制的《坤舆全图》在吸收了利玛窦、南怀仁等前人的地理知识基础上，又增加了他当时所能得到的新的地理知识。 但是，毕方济的地图上没有如利玛窦一般绘制出京杭大运河的明晰的走势图。 这说明利玛窦能够注意到中国人的伟大杰作——京杭大运河，不仅在于他刻苦学习中国文化，有丰富的汉学知识，还在于他走南闯北的中国生活游历经验。 而后世毕方济的作品在反映京杭大运河的问题上，却不如前人利玛窦。

毕方济《坤舆全图》中的中华区域和长城，创作于 **1654** 年，比利时根特大学图书馆藏

四、十七世纪欧洲人对杭州运河的想象：以威尼斯水城为参照

长时间以来，欧洲对中国的认知夹杂着马可·波罗时代的旧知识以及大航海时代以后的地理新发现。 这个认知规律对于欧洲人所见的杭州形象同样成立。 Francesco Valegio 所著 *Raccolta di le piv illustri et farmose citta di tutto il mondo* 一书中，他根据《马可波罗行纪》有关行在城（Quinzai，杭州）的描述而在1600年绘制了《行在鸟瞰图》。 他在这幅地图中想描绘的是马可·波罗记载的杭州"12000 座桥、无数的运河河道、城市里的石铺道路以

及西湖"。

Francesco Valegio《行在鸟瞰图》

　　我们可以发现，虽然该图像描写的是杭州城，但是实际上整个绘画都是以威尼斯这样的水城作为创作参考。 Francesco Valegio 根据马可·波罗的记载以及自己对杭州的想象，绘制了一个具有欧洲异域风情的杭州运河城市图像。而在 1638 年 Matthew Merian（1593—1650）在法兰克福绘制的杭州铜版画，基本上是 Francesco Valegio 书中杭州图的翻版。 Matthew 的创作同样也参考了他所见到的威尼斯水城的模样——可以对照 Matthew 在 1641 年绘制的威尼斯城图。 此例亦可实证杭州运河形象在欧洲图书中的传播与流变，尽管这一杭州运河的形象是虚构与借鉴的居多。

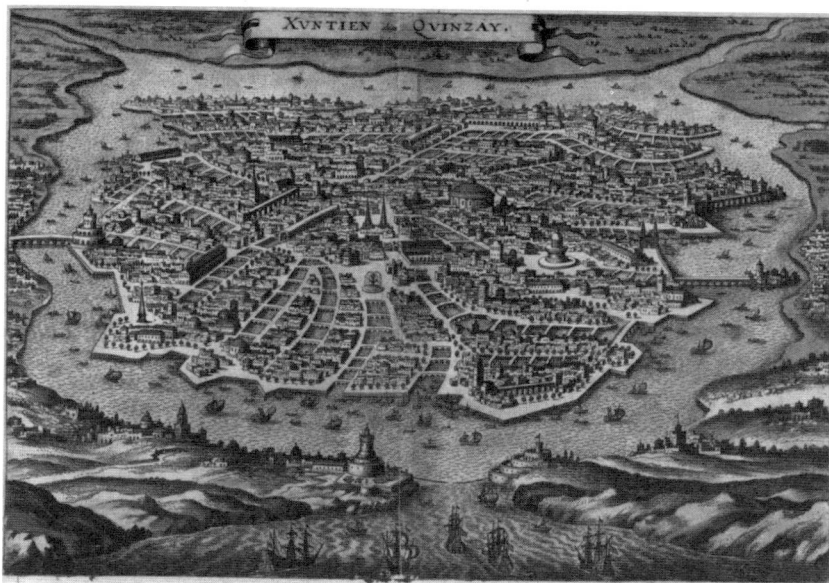

Matthew Merian 绘制的杭州铜版图，1638①

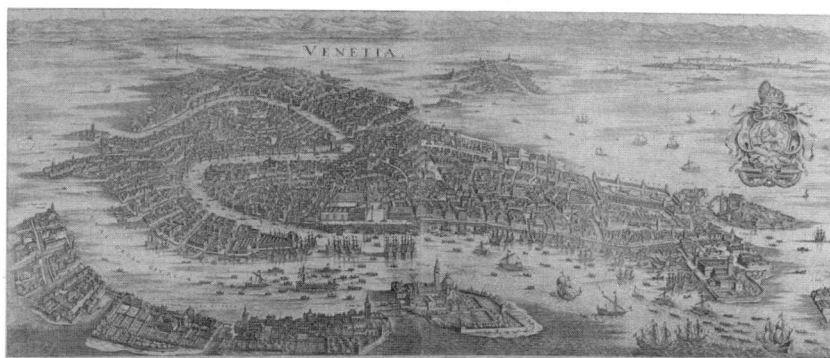

Matthew Merian 所绘威尼斯城图，1641②

①　MATTHEW MERIAN. *Xuntien alias Quinzay*［Z］. published in Frankfurt，1638.

②　MATTHEW MERIAN. *Antique town view of Venice*［Z］. published in Frankfurt，1641，see this picture from https：//www. vintage-maps. com/en/antique-maps/europe/italy/merian-italy-venice-1641：45,检索日期［2018-09-17］

参考文献

［1］司马迁.史记［M］.长春：吉林大学出版社，2015.

［2］袁康，吴平.越绝书［M］.杭州：浙江古籍出版社，2013.

［3］范晔.后汉书［M］.北京：中华书局，1999.

［4］白居易.白居易集［M］.北京：中华书局，1997.

［5］周密.武林旧事［M］.杭州：浙江古籍出版社，2011.

［6］周淙，施谔.南宋临安两志［M］.杭州：浙江人民出版社，1983.

［7］苏轼.苏轼文集编年笺注［M］.成都：巴蜀书社，2011.

［8］司马光.资治通鉴［M］.岳阳：岳麓书社，2011.

［9］欧阳修，宋祁.新唐书［M］.岳阳：岳麓书社，1997.

［10］梅尧臣.梅尧臣集编年校注［M］.上海：上海古籍出版社，2006.

［11］陆游.陆游集［M］.北京：中华书局，1976.

［12］李昉.文苑英华［M］.北京：中华书局，1996.

［13］李昉.太平御览［M］.石家庄：河北教育出版社，1994.

［14］洪迈.夷坚志［M］.北京：九州图书出版社，1998.

［15］康里脱脱等.宋史［M］.北京：中华书局，2000.

［16］苏天爵.滋溪文稿［M］.北京：中华书局，1997.

［17］张岱.陶庵梦忆注评［M］.上海：上海古籍出版社，2014.

［18］田汝成.西湖游览志余［M］.杭州：浙江人民出版社，1980.

［19］宋濂.元史［M］.北京：中华书局，1998.

［20］丘濬.大学衍义补［M］.北京：京华出版社，1999.

［21］朱彭.南宋古迹考（外四种）［M］.杭州：浙江人民出版社，1983.

［22］ 张之萧.栖里景物略［M］.北京：当代中国出版社，2014.

［23］ 翟灏.通俗编［M］.北京：东方出版社，2013.

［24］ 姚东升.释神校注［M］.成都：巴蜀书社.2015.

［25］ 王同.塘栖志［M］.杭州：浙江摄影出版社，2006.

［26］ 段玉裁.说文解字注［M］.上海：上海古籍出版社，1988.

［27］ 丁丙.武林坊巷志［M］.杭州：浙江人民出版社，1988.

［28］ 陈梦雷.古今图书集成［M］.成都：巴蜀书社，1985.

［29］ 刘琳.宋会要辑稿［M］.上海：上海古籍出版社，2014.

［30］ 陈善.杭州府志［M］.台北：成文出版社，1983.

［31］ 安国璋.中国运河文化史［M］.济南：山东教育出版社，2006.

［32］ 曹家齐.运河与两宋国计略论［J］.徐州师范大学学报（哲学社会科学版），2001（2）.

［33］ 陈峰.清代漕运水手的结帮活动及其对社会的危害［J］.社会科学在线，1996（2）.

［34］ 陈锋.北宋漕运押纲人员考述［J］.中国史研究，1997（1）.

［35］ 陈锋.北宋东南漕运制度的演变及其影响［J］.河北学刊，1991（2）.

［36］ 陈锋.略论北宋的漕粮［J］.贵州社会科学，1997（2）.

［37］ 陈桥驿.中国运河开发史［M］.北京：中华书局，2008.

［38］ 陈述.杭州运河历史研究［M］.杭州：杭州出版社，2006.

［39］ 陈学文.外国人审视中的运河、西湖与明清杭州城市的发展［J］.杭州师范大学学报（哲学社会版），2002（5）.

［40］ 范金民.朝鲜人眼中的中国运河风情：以崔溥《漂海录》为中心［J］.文明，2017（7）.

［41］ 方豪.中西交通史［M］.北京：中华文化事业出版社，1954.

［42］ 傅崇兰.中国运河城市发展史［M］.成都：四川人民出版社，1985.

［43］ 葛振家，崔溥.《漂海录》评注［M］.北京：线装书局，2002.

［44］ 龚缨晏，邬银兰.《1375 年加泰罗尼亚地图》新技术与新知识的结晶［J］.地图，2005（2）.

［45］ 龚缨晏.欧洲与杭州：相识之路［M］.杭州：杭州出版社，2004.

［46］何一民.中国城市史纲［M］.成都：四川大学出版社，1994.

［47］何忠礼.略论南宋的历史地位［J］.浙江社会科学，2008（9）.

［48］黄时鉴.黄时鉴文集Ⅲ［C］.上海：中西书局，2011.

［49］计翔翔.西方早期汉学试析［J］.浙江大学学报（人文社会科学版），2002（1）.

［50］江太新，苏金玉.漕运史话［M］.北京：社会科学文献出版社，2011.

［51］姜青青.《咸淳临安志》宋版"京城四图"复原研究［M］.上海：上海古籍出版社，2015.

［52］竞放.杜家驹中国运河［M］.南京：金陵书社，1997.

［53］李俊丽.天津漕运研究（1368—1840）［D］.天津：南开大学博士学位论文，2009.

［54］李泉.运河与区域社会研究国际学术研讨会论文集［C］.北京：中国社会科学出版社，2015.

［55］李文治，江太新.清代的漕运［M］.北京：中华书局，1995.

［56］刘亚轩.杭州中东河历史变迁研究［J］.河南牧业经济学院学报，2016（4）.

［57］倪玉平.清代漕粮海运与社会变迁［M］.上海：上海书店出版社，2005.

［58］潘镛.隋唐时期的运河和漕运［M］.西安：三秦出版社，1987.

［59］彭云鹤.明清漕运史［M］.北京：首都师范大学出版社，1995.

［60］沈弘.京杭大运河、之江校区和灵隐寺：记美国慈善家大来先生的杭州情结［J］.文化艺术研究，2011（1）.

［61］孙忠焕.杭州运河史［M］.北京：中国社会科学出版社，2011.

［62］汤象龙.中国近代海关税收和分配统计（1861—1910）［M］.北京：中华书局，1992.

［63］唐宋运河考察队.运河访古［M］.上海：上海人民出版社，1986.

［64］王国平.运河名城：杭州［M］.杭州：杭州出版社，2009.

［65］王健.积淀与记忆：古代西方旅行家书写大运河［J］.江南大学学报（人文社会科学版），2017（1）.

［66］王明德.大运河与中国古代运河城市的双向互动［J］.求索，2009
（2）.

［67］王瑞明.宋代纲运与阶级矛盾［J］.历史研究，1978（10）.

［68］王艳.北宋漕运管理机构概述［J］.洛阳师专学报，1998（4）.

［69］王永杰.卜弥格《中国地图册》研究［D］.杭州：浙江大学博士学位论
文，2014.

［70］魏嵩山，王文楚.江南运河的形成及其演变过程［J］.中华文史论丛，
1979（2）.

［71］吴琦.漕运·群体·社会：明清史论集［M］.荆门：湖北人民出版
社，2007.

［72］吴琦.漕运与民间组织探析［J］.华中师范大学学报（人文社会科学
版），1997（1）.

［73］徐吉军.杭州运河史话［M］.杭州：杭州出版社，2013.

［74］许明.运河南端说码头［M］.北京：新星出版社，2013.

［75］杨宽.中国古代都城制度史研究［M］.上海：上海人民出版社，2016.

［76］姚汉源.京杭运河史［M］.北京：中国水利水电出版社，1998.

［77］于德源.北京的漕运与仓场［M］.北京：同心出版社，2004.

［78］余华清.略述秦汉时期的舟车制造业［J］.青海社会科学，1995（1）.

［79］张叉.外国语文论丛［M］.成都：四川大学出版社，2010.

［80］张环宙，沈旭伟.外国人眼中的大运河［M］.杭州：杭州出版
社，2013.

［81］中国地理学会历史地理专业委员会《历史地理》编辑委员会.历史地理
（创刊号）［C］.上海：上海人民出版社，1981.

［82］钟丽萍.流淌的文化：拱墅运河文化概览［M］.杭州：杭州出版
社，2010.

［83］拉施特.史集.［M］.北京：商务印书馆，1997.

［84］费迪南德·冯·李希霍芬.李希霍芬中国旅行记［M］.北京：商务印书
馆，2016.

［85］包乐史，庄国土.《荷使初访中国记》研究［M］.厦门：厦门大学出版

社，1989.

[86] 尼古拉·斯帕塔鲁·米列斯库.中国漫记 [M].北京：中国工人出版
社，2000.

[87] 韩森.变迁之神：南宋时期的民间信仰 [M].包伟民，译.杭州：浙江
人民出版社，1999.

[88] 黄仁宇.明代的漕运 [M].厦门：鹭江出版社，2015.

[89] 曾德昭.大中国志 [M].何高济，译.北京：商务印书馆，2012.

[90] 成寻.新校参天台山五台山记 [M].上海：上海古籍出版社，2009.

[91] 宫崎正胜.航海图的世界史·海上道路改变历史 [M].朱悦玮，译.北
京：中信出版社，2014.

[92] 松浦章.清代内河水运史研究 [M].南京：江苏人民出版社，2010.

[93] 鄂多立克.鄂多立克东游录 [M].何高济，译.北京：中华书
局，1981.

[94] 利玛窦.利玛窦中国札记 [M].北京：中华书局，1983.

[95] 路易吉·布雷桑.西方人眼里的杭州 [M].北京：学林出版社，2010.

[96] 马可·波罗.马可波罗行纪 [M].冯承钧，译.上海：东方出版
社，2007.

[97] 卫匡国.中国新地图集 [M]//卫匡国全集（第三卷）.特伦托：特伦托
大学，2003.

[98] 爱尼斯·安德逊.英使访华录 [M].费振东，译.北京：商务印书
馆，1963.

[99] 斯当东.英使谒见乾隆纪实 [M].叶笃义，译.北京：商务印书
馆，1963.

[100] 伊莎贝拉·伯德.1898：一个英国女人眼中的中国 [M].荆门：湖北
人民出版社，2007.

[101] 杭州市地方志编纂办公室.杭州地方志资料（内部资料）
[R]，1987.

[102] 杭州市政协文史委员会.天城遗珍：杭州对外文化交流史迹 [M].杭
州：杭州出版社，2016.

［103］孙忠焕.杭州运河文献集成［M］.杭州：杭州出版社，2009.

［104］王国平.西湖文献集成［M］.杭州：杭州出版社，2004.

［105］谢国桢.明代社会经济史料选编［M］.福州：福建人民出版
社，2004.

［106］闫彦，王生云，金迪.浙江河道记及图说［M］.北京：中国水利水电
出版社，2014.

［107］浙江省地方志编纂委员会.宋元浙江方志集成（1—3册）［M］.杭
州：杭州出版社，2009.

［108］郑翰献.钱塘江文献集成［M］.杭州：杭州出版社，2014.

［109］政协杭州市委员会文史资料研究委员会.杭州文史资料［M］.杭州：
浙江人民出版社，1988.

［110］中共杭州市余杭区委宣传部.古今运河［M］.杭州：西泠印社出版
社，2007.

［111］J. B. DU HALDE. The General History of China, Vol. 1, trans
Richard Brooks［M］. London：John Watts, 1741.

［112］MATTEO RICCI, NICHOLAS TRIGAULT. China in the Sixteenth
Century：the Journals of Mathew Ricci, 1583—1610［M］. New
York：Random House, 1953.

［113］PHILIPPUS HONORIUS. Praxis prudentiae politicae［M］.
Wolfius, 1611.

［114］ROBERT DOLLAR. Memories of Robert Dollar［M］. W. S. Van
Cott&.Co., 1922.

［115］VEN. ARTHUR E. MOULE. New China and old：personal Recollections
and Observations of Thirty Years［M］. Seeley And Co. Limited, 1902.

［116］WILHELM GOTTLIEB TOBIAS. Unterhaltungen aus der naturgeschichte
［M］. Augsburg：Engelbrecht, 1800.

［117］WILLARD PRIVE. Grand Canal Panorama［J］. National Geographical
Magazine, Vol. 4, 1937.

［118］WILLIAM ALEXANDER. Picturesque representations of the dress

and manners of the Chinese [M]. W. Bulmer and Co. Cleveland-
row, 1814.

[119] WILLIAM ALEXANDER. The costume of China [M]. London:
W. Miller, 1804.